穿越寒冬

创业者的融资策略与独角兽思维

［美］史蒂文·霍夫曼（Steven S. Hoffman）————— 著

周海云 ————— 译

SURVIVING
A STARTUP

How Entrepreneurs Struggle,
Fail & Fight Their Way
to the Top

中信出版集团 | 北京

图书在版编目（CIP）数据

穿越寒冬：创业者的融资策略与独角兽思维 /（美）
史蒂文·霍夫曼著；周海云译 . -- 北京：中信出版社，
2020.1（2021.6 重印）
书名原文：Surviving a Startup:How
Entrepreneurs Struggle, Fail & Fight Their Way to
the Top
ISBN 978-7-5217-0850-9

Ⅰ . ①穿…　Ⅱ . ①史…②周…　Ⅲ . ①创业—研究
Ⅳ . ① F241.4

中国版本图书馆 CIP 数据核字（2019）第 261500 号

穿越寒冬——创业者的融资策略与独角兽思维

著　　者：[美]史蒂文·霍夫曼
译　　者：周海云
出版发行：中信出版集团股份有限公司
　　　　　（北京市朝阳区惠新东街甲 4 号富盛大厦 2 座　邮编　100029）
承 印 者：天津丰富彩艺印刷有限公司

开　　本：787mm×1092mm　1/16　　印　张：23.75　　字　数：342 千字
版　　次：2020 年 1 月第 1 版　　　　印　次：2021 年 6 月第 11 次印刷
京权图字：01-2019-4623
书　　号：ISBN 978-7-5217-0850-9
定　　价：79.00 元

把成功的创业者和失败的创业者区分开来的因素有很多，但我相信有一半的因素应该是纯粹的个人毅力。

——史蒂夫·乔布斯（Steve Jobs）
苹果公司联合创始人兼 CEO

当你开始创业的时候，我能给你的建议是，你需要对痛苦有很高的承受力。

——埃隆·马斯克（Elon Musk）
特斯拉和 Space X 太空探索公司创始人

谨以此书献给：

道格拉斯·霍夫曼（Douglas Hoffman）、扎卡里·霍夫曼（Zachary Hoffman）和斯凯拉·霍夫曼（Skylar Hoffman）

特别致谢：

直美小久保（Naomi Kokubo）和周海云（Joseph Zhou）

目　录

推荐序一　穿越寒冬，享受明媚春光

在霍夫曼的上一部作品《让大象飞》中，他向创业者诠释了创新的多种可能性以及创新的内涵与外延，好评如潮。

作为硅谷顶级的创业导师，人们都亲切地称霍夫曼为船长。这个称呼恰如其分，创业就像在大海上航行，一名经验丰富、果决勇敢的船长，对于航船能否成功抵达彼岸，至关重要。

霍夫曼船长在这本新作中，承接创新启示，以亲身经历向广大创业者传授创业法门、融资技巧、领导力策略，传授如何达成所有创业者都梦寐以求的目标：成为"独角兽"并持续扩大自己的商业版图。

创业需要勇气与力量，而不应是一时冲动之举，我非常感兴趣的是，在本书中，霍夫曼船长非常有针对性地给出了十条不要创业的理由，在这个创业热情高涨的时代，这不是泼冷水，而是一份发自内心的忠告。

我把这十条理由总结了一下，将它们归结为三种心态：暴富、逃避、跟风。

我们一直在谈创业初心的重要性，霍夫曼船长给出的十条理由，可以很好地帮助创业者尽快认识到自己的初心，如果出发时就是错误的，路只能越走越难，越走你就离目标越远。

这本书还涉及所有创业者最关心的一个话题：融资。

关于融资，媒体似乎在向公众传递着这样一个信息：融资约等于成功，至少融资的轮次越多，金额越大，创业项目距离成功就越近。这个道理的逻辑显而易见，我们假设创业是一场战役，那么一名士兵手里的弹药越多，他获胜的概率也就越大。

但需要注意的是，融资获得的弹药都是需要回报的，士兵在战场上的弹药则不需要偿还。

从这个角度看，霍夫曼船长的建议十分中肯，他开宗明义地告诉创业者，融资与获得明确的结果之间，距离非常遥远。一个有说服力的数据表明，在获得天使投资的初创企业中，只有不到两成在 4 年后依然运营良好，却有近四成已经倒闭，而剩下的，则还在努力奋斗。

创业真的是一项失败概率很高的事业。残酷的数据显示，超过 90% 的初创企业最终失败，在剩下不到一成的成功企业中，竟然也有绝大多数创业者经历过数次濒临破产的困境。

作为一名常青的创业导师，霍夫曼船长在书中为创业者指明了多种可以尝试的融资途径，并将其中的弊端或风险明确指出。

我们身处一个网络信息高度发达的时代，公众最喜闻乐见的新闻，或者说是故事，就是一个人倾其所有，投入全部家当，最后获得巨大的成功。这样的成功模式在很多财经新闻中可以看到，但少有人对那些同样倾其所有但最后输到倾家荡产的悲惨故事感兴趣，确切地说，媒体总是会投读者所好，所以，更多的疯狂冒险型的创业励志故事被传播开来。

这也是我向所有创业者推荐这本新作的最重要原因，诚如书名《穿越寒冬》所言，创业就是一场穿越寒冬的冒险。倾其所有的勇气是所有成功创业者的基础素质，但并不是所有倾其所有的创业者都必然会获得成功，你还需要更多的天赋、运气、学习能力、决断力和在逆境中的魄力与信念。

就像杰克·伦敦在《热爱生命》中所描述的那样，他不愿死去，是因为他热爱生命，渴望活下去，所以要前进。残存的、幽暗的生命之火还在驱使他前行，疲惫令他近乎熄灭，但求生欲还在顽强地抵抗死亡。

这4年多，身处创业大潮中的我，深刻领悟到创业维艰，初心可贵，信念如航灯。市场上有很多传授创业相关知识的图书，但我认为，霍夫曼船长的新作可以被当作创业必修课。因为书中的所有经验都不是纸上谈兵，而是作者亲历或亲见的，具有非常可贵的实操价值。

愿你从书中，收获更多创业心法，不忘初心，穿越寒冬，享受明媚春光。

毛大庆

优客工场创始人

推荐序二　水滴石穿，终见大海

史蒂文·霍夫曼先生的《穿越寒冬》是一部创业者在逆境中的生存指南和武林秘籍。这本书的与众不同之处在于，霍夫曼先生讲的都是自己的亲身经历，分享的是一名远航的老水手用心血写成的航海日志。

我作为创新学习者与创业实践者，能够深刻感受到这份航海日志中所描绘的心路历程。霍夫曼先生的创业经历让我联想起我创立北大创新研究院，建立创新创业学科，开拓中国价值互联网产业等沉浮经历，感慨创业者奋斗之艰苦卓绝，企业家精神之可贵。

创业的航程不就是一场生命的修炼吗？航程中虽有海阔天空，但更多的时候是大雾弥漫、风雨飘摇和惊涛骇浪。如果缺乏对市场的敬畏和对生命的尊重，不要说顺利走完整个航程，就连到达下一个港湾都异常艰难。

在激烈的商业江湖中，创业者的倚天剑和屠龙刀是什么？创业者能挺过逆境寒冬吗？其实真正的法器是精神的镜子。以人为镜，可以明得失。要通过接触、理解、与形形色色的人沟通来解决客户痛点，提升团队能力，创造股东价值。在真实创业中，要学习创业者的精气神，走好创业的旅程。

这本书中有不少引人深思的案例，它们对于创业者是非常宝贵的启发，特别是对年轻的缺乏经验的创业者来说，如果能够领会并践行，这本书会极有帮助。

一个是从失误中学。创业是动态的奋斗历程。一气呵成不大可能，需要正视现实，不断自省，不断磨炼，不断构造现实。

一个是从失败中悟。创业是螺旋上升的价值创造过程。创业者会面对各种失败的可能性。如果充分准备项目的死法，剩下的大多是活法了。

一个是从失去中得。创业者需要真正看清事物价值，产品服务价值不是自己孤芳自赏，要能够解决普遍问题，获得订单。要踏踏实实地服务客户。不要为了资本创业，获得投资仅是获得航行的燃料，风雨兼程，一切才刚刚开始。

水滴石穿，终见大海。创业者最宝贵的东西是生命和时间。创业者凝聚生命的点点滴滴，投身于有意义的工作，最终达到思想自由与人格完整的境地。这就是创业的意义。

蔡剑

北京大学光华管理学院实践教授

价值互联网创新院创始人

前言 船长日志

很久以前，

我曾迷失在暴风雪之中，

大雪遮蔽了我的视线，也掩埋了我的归路。

在那个冬天我死去了。

但没过多久，

春天回来了，冰雪融化了，

我复活了。

再一次地，我踏上了寻梦之路。

——霍夫曼船长

请允许我首先做个自我介绍。我叫史蒂文·霍夫曼，但因为我是"创始人空间"（Founders Space）的掌舵人和首席执行官，所以硅谷的人都叫我霍夫曼船长，今天"创始人空间"已成为世界领先的创业孵化器和加速器之一。

在过去的二十几年时间里，我在创建、指导和加速创业公司的过程中学到了很多东西。我自己也曾奋斗在第一线并亲眼见证了这一切。我曾完全靠自有资金创立了两家公司，另外还在风险投资的支持下创立了三家公司。我深知，当你站在悬崖边低头向深渊望去时，你会有什么样的感受，但是对于一个真正的创业者来说，即便他明白走在这条路上踏错一步都攸关生死，他也永远不会停下追寻梦想的脚步。

我写这本书，不但是为了帮助你从我过去的经验中吸取教训，还希望你能从我的亲身经历中获得启发，这些经历已经被我用来先后培训过数百名创业者。尽管其中有些创业者现在已经泯灭于众人，但另一些则开辟出了一条通往全新领域的道路。我将帮助你在创业的雷区中走出一条安全的道路，我还将告诉你一些有效的策略。另外，我还会和你深入地探讨那些聪明的创业者曾经采用过的策略，正是采用这些策略才让他们获得成功的概率得到了最大化，并使整个创业过程内蕴的风险降到了最低。

人们现在看到我，会觉得我所有的一切都来得非常容易，其实获得这一切的过程是极其艰辛的。我是在有了很多惨痛的经历后才学到这些的，所以我才会想把我的一切洞见与你分享。我想向你演示在运营一家真实的企业的过程中你肯定会遇到的那些点点滴滴的细节，还有你将要流下的汗水和眼泪。当然，在书中我还讲述了当你遇到团队出现问题，走进死胡同，几乎有大半的时间茫然不知所措，公司不断地亏损，员工对前途感到迷茫并失去自信等状况时，你该如何面对你的团队并再次奋勇向前。最后，我还想告诉你的是，当一切似乎都出现问题时，作为一个创业者你该如何去做。我的目标只是为了让你能成为笑到最后的那个人。

当你读完这本书的时候，我希望你不但已经度过了创业的寒冬，而且还无所畏惧地开始拥抱不确定性、永无止境的挑战以及运营公司的时候必然会遇到的混乱。

第一章

撒旦的糖果：创业

让我们首先来解决一个问题，这个问题是每个创业者在开始创业的时候都必须面对的。对任何人来讲，是否要辞去工作，把自己一生的积蓄（很可能还包括自己的婚姻）都用来冒险，并且踏上一段有 90% 以上失败可能性的旅途，绝不是一个很容易就能做出的决定。这也是每一个创业者每天都必须做出的决定。正是这一点才让那些创业者显得如此与众不同。

但你如何才能知道创业对你来讲是否是一个正确的决定呢？你适合成为一个创业者吗？你的创意真的如你想象的那样好吗？如果确实如此，你打算什么时候跨出创业这一步？你应该向自己的亲戚和朋友借钱吗？你如何才能建立起一个合适的团队？你需要首先做的最重要的事情是什么？还有，为什么绝大多数的创业公司最终都失败了？所有这些问题都是经常会有人向我提出的，在这里我将逐一为你做出解答。

等你读完这一章节后，我希望你要比我当初开始创业时更加理智，或者至少对于即将到来的一切做好了更周全的准备。

1. 你应该跨出那一步吗？

我经常在世界各地的创业活动中发表演讲，那些极其热切的年轻人往往会问我这样一个问题："我应该先创业，还是应该先获得更多的工作经验？"

　　我总是会反问他们：你为什么想要创业？通常我听到的原因是，他们之所以想创业，只是因为其他人都在这么做，或者他们很担心会错失眼前的机会，又或者他们在媒体上读到了很多让他们振奋的故事，所以很自然地认为创业是一条可以让他们快速发财致富的道路。但这些都不是什么很好的理由。我希望能听到的是，他们有解决某个问题的强烈冲动和激情，或者他们相信自己发现了一个前所未有的商机。

　　如果他们自己都犹豫不决，那么我给大多数人的建议是不要创业为好。为什么？因为如果你不能做到百分之百地投入，创业对任何人来讲不仅不是什么好玩的事情，还是一种折磨。成为一个创业者意味着你需要冒很大的风险并承受极大的压力。如果你需要没日没夜地工作，你能不能做到始终乐在其中？你会心甘情愿地放弃你的每一个周末和每一个夜晚的休息时光吗？你是不是已经准备好在这个世界上最专制、最苛刻的老板手下干活，尤其是如果这个老板就是你本人？你认为把你一生的积蓄都押在你那疯狂的梦想上是明智的吗？你会不会因为沉迷于你的工作而疏远、激怒并且忽视你的家庭和朋友？你能接受手头拮据并为下一个月是否能拿到工资而发愁的日子吗？你能忍受自己需要依赖那些只有很低的工资且随时可能会离职的员工吗？你已经准备好承受可能是你一生中最为剧烈的情感波动且无法随意摆脱它吗？如果你对于上面这些问题都能给出肯定的回答，那么，无论如何，你确实应该去创业。

　　我很认真地告诉你，只有一类特殊的人才会接受这一切。创业并不适合所有人，如果你缺乏信念，你就可能无法生存。你确实需要问一问自己，承受这些痛苦真的值得吗？如果你犹豫了，那么将来你必定会后悔。既然如此，你还不如去寻找一份普通的工作，绝对不要恋战。让那些傻瓜去承受痛苦吧，你完全可以安心地和你的家人共享晚餐，在周末的时候去享受水疗，或者享用一顿丰盛的午餐，再和你的朋友开一些没有营养的玩笑，与此同时，你还会有一份稳定的收入。这样的日子实际上还是相当不错的。

向我提出这种问题的人大多是在校的大学生，他们根本不知道自己想要什么。对于人学生来讲，答案是很明确的。你还很年轻，你对社会还没有全面的认识，而且，毫无疑问的是，你还可以从你即将从事的工作中学到更多的东西。所以，为什么不首先好好接触一下真实的世界呢？学一点企业运营的知识对你绝对不会有什么坏处。无论你现在只有22 岁还是已经 52 岁，无论你是一个职场新人还是一个毕生都在替人打工的老手，上面的这些建议适用于所有人。如果你想创业，那么在你走出这一步之前，你需要像一个创业者那样去思考，并掌握必要的技能。

要想做到这一点，你需要去发现或者创造合适的工作岗位，如果你感到你目前的工作已经走入了死胡同，完全没有成长和进行各种尝试的空间，而你又想成为一名创业者，你就需要明确哪种类型的工作可以成为理想的培训场所。你的首要目标应该是尽可能多和尽可能快地去学习各种技能。无论你决定从事什么工作，这份工作都应该能让你的学习效率最大化。不要基于薪资、职位或者福利保障来选择你的工作，而是要看这份工作能不能让你以最快的速度成长起来。你更应该关注的是你会被分配的职责、资源，以及可以进行自主决策的范围。一旦你接受了这份工作，不要等着别人来教你，你必须像你拥有这家企业那样真正把控住自己的工作岗位。你还需要不断寻找各种方法来为你的工作岗位增添价值，推动你所在的企业向前发展，避开前进道路上的各种障碍，并提出具有创造性的解决方案。

不要担心这样做会让你的老板感到不安。即便你真的让整个企业出现了震荡，或者你最终失败了，又或者你的行动让你看起来就像是一个傻瓜，这一切都没有什么，这只不过是作为一个创业者必然会有的人生经历。即便你被开除了也没有什么大不了的，你肯定能找到另一份工作。而真正会让你走向平庸的，是你日复一日地坐在办公桌前重复地干着完全相同的工作。如果你认可了这样的生活，那么你注定无法成为一个创业者。这样的生活可能会很轻松、很舒适，但你这一生绝对不会有很大的成就。

热播电视节目《创智赢家》的主持人兼 NBA 达拉斯小牛队的老板马克·库班（Mark Cuban）对于在什么时候该主动离职有很多自己的心得体会。他的第一份正式工作是为匹兹堡的梅隆银行打工。"我在梅隆银行的很多同事对于有一份这样的工作已经感到非常满足了。"库班说道，"但我因为想让自己更富有创业精神，所以经常会主动地折腾出一些事情来。"他曾在梅隆银行里成立了一个"菜鸟俱乐部"，并且还以俱乐部的名义组织了多次"快乐时光"的活动。在活动中，他邀请了不少公司的高层管理人员来和青年员工进行交流。之后他又向前跨出了更大的一步，他开始主动撰写俱乐部的活动通讯，并对一些项目的状态进行更新。他甚至想给银行固有的呆板氛围注入一点幽默的气息，他以为老板会因此对他刮目相看。

但出乎他意料的是，有一天，老板把他叫进了办公室，然后对着他大声嚷嚷起来："你以为你是谁？"

"当时我是这样告诉他的，我所做的事情只是想帮助梅隆银行赚更多的钱。"库班说道，"但他告诉我，他绝不允许有人越过他或者绕过他去做任何事情，否则他就会让我难堪。也就在这个时候，我知道是时候离开那里了。"

在得克萨斯州的达拉斯当了一段时间的酒吧服务员后，库班在"你的商务软件"公司找到了一份新工作，这家公司的业务是向企业和消费者销售个人电脑软件。对于那个时候的库班来讲，这是一份非常理想的工作，年薪为 1.8 万美元加提成。

"我很高兴。"库班回忆道，"我靠卖东西赚钱。但更重要的是，我可以从工作中了解个人电脑和软件这个行业，同时建立起我自己的客户群。"

大约在 9 个月之后，他获得了一份价值 1.5 万美元的销售订单，他可以从中拿到 1 500 美元的销售提成，这对于当时的他来讲已经是很大一笔钱了。库班让一位同事在办公室里为他打掩护，然后给老板打了一个电话，说他正要去那家公司拿支票。库班以为老板在听到这个消息后会很兴奋，但他告诉库班不要这样做。

"我当时的第一反应是，你是在和我开玩笑吗？所以我决定还是去做我该做的事。"库班说道，"我以为当我拿着 1.5 万美元的支票出现在他面前时，他根本就不会在乎我之前到底做了什么。但没有想到的是，当我回到办公室的时候，他当场就解雇了我，原因只是我没有服从他的命令。"

此时库班终于做出决定，跨出那一步，创立他自己的公司并从此不再回头。他很清楚之前所有的工作经历已经让他学到了很多东西。现在他对于计算机行业已经非常了解，他很清楚这个行业需要什么以及该如何进行销售。正因为他运用了之前学到的行业知识，他创立的MicroSolution（一家计算机资讯公司）最后成为一家年营业收入达 3 000万美元的企业。没过几年，他把 MicroSolution 卖给了 CompuServe（一家在线信息服务公司），然后又用这笔意外之财启动了一家从事互联网广播的创业公司，这家创业公司后来被他命名为 Broadcast.com。这家公司的成长是极其疯狂的，而这一次，他以 57 亿美元的价格把他的公司卖给了雅虎。

你可以把库班当作榜样，不断地逼迫你自己绝不满足于平庸。如果有一份工作能让你挑战自我，而另一份工作只是让你消耗你最宝贵的资源——时间，即使第一份工作会让你颗粒无收，而第二份工作会让你有一个稳定的收入，对于一个创业者来讲，他的选择也依然会是前者，因为只有时间才是最宝贵的。时间意味着成长，也是唯一的发展之路。你的大脑是你拥有的最为重要的资产，你绝不能让你的大脑出现萎缩，你必须每天锻炼它，不断地挑战它的极限，这样你就能看到你最终能走多远。这就是我所说的训练。

你还需要去寻找那些让你感到能为自己带来真正改变的机会，然后毫不犹豫地一头扎进去。即使你不知道自己正在做什么，也请不要担心。也许你会不知所措，但如果你不跳到水里，就永远没法学会游泳。去寻找一个让你真正尊敬的人来指导你，尽可能地和那些杰出的人交朋友，因为他们有能力改变他们周围的一切，包括周围的每一个人。如果有机会，你还可以主动向他们提供无偿的帮助，虽然这样做意味着你需要经常熬夜并且在周末也要加班，但只有这样你才有可能压缩学习曲线。

在你真正决定走出创业那一步之前，尽可能多地去尝试各种不同的工作。制订一个计划，尽你所能地去学习企业运营的方方面面的知识。企业如何才能扩大规模？是什么因素让一家企业最终获得了成功？为什么客户想要购买它们的产品？把你自己定位在这样一个工作岗位上，会促使你经常与不同的部门，例如工程部、物流部、销售部和市场部进行沟通，准确地理解他们在做什么以及具体又是如何做的。这家企业是如何获得客户的？是谁在负责公司的采购？团队中是不是有一个负责搜索引擎优化的专家？谁是最顶尖的销售人员，以及他们现在正在做什么？这家企业又是如何建立起自己的品牌的？尽你所能更深入地进行探究吧。

企业的规模无关紧要，毕竟学习的机会哪里都有。你可以把这看成是参加企业运作的MBA（工商管理硕士）课程，现在你有机会去实地解剖一家公司，就像你在科学课上自己动手解剖一只青蛙一样，你会尝试去理解它的每一个器官以及为什么它会以这种独特的方式进行演化。无论你对于自己的将来做出什么样的安排，是攀爬一家企业内部的职位阶梯，还是创立一家你自己的公司，以上学习方式都会让你受益无穷。你会因此而发现什么才是你喜欢做的，以及你的天赋在哪里，你还会认识到哪一类的工作才是最不适合你的。

只有在你已经走出那一步，并创立了你自己的公司后，你才会发现，原本那些对你来讲最晦涩难懂的知识突然之间都派上了用场。你很难预测在将来你会用到哪些知识，但是你的每一段经历都会给创业带来莫大的帮助。绝大多数我曾与之共事的创业者，当他们创立自己的公司的时候，都缺乏至少一个或两个关键领域的专业知识，这在有些时候很可能会引发你从未想到过的一系列问题。

例如，我曾经给一群创立了一家初创企业的工程师做辅导。他们在编写代码方面非常出色，但对于如何创造商机一无所知。这些工程师相信，写代码才是他们在创业过程中最困难的部分，而业务拓展、市场营销以及公共关系只是那些底层员工的工作领域。他们认为自己所需要做的就是做出一款更好的产品，这样客户自然会被吸引过来。但在现实中，根本没有任何客户找上门来，因为没有人知道世界上还有这样一款产品存在。那些工程师并没有将任何可以帮助他们开展市场营销或者公共关系的人拉进自己的团队，因为他们不相信这些工作同样也是非常重要的。甚至更为糟糕的是，他们认为做这些工作只不过是在浪费时间和金钱，所以他们完全无视这些问题并继续编写代码。他们在产品上添加了新功能，优化了服务器并拓展了后端的服务。但让人感到痛心的是，这一切的努力都无法改善他们的处境，他们的创业最终还是失败了。

这只是一个很极端的例子，但是，即便创业者非常清楚他们需要有人可以在市场营销、公共关系以及销售等方面帮助他们，也常常不知道该去哪里寻找合适的人选。想要雇用一个合适对象的最好方法，就是你自己也从事过同样的工作，只有这样你才有可能知道你想寻找的是什么样的人。如果你根本不知道某一份工作的具体要求，那么当你真正需要有人能接手这样一份工作时，你就很难找到合适的人选。所以我们有了更多的理由去尝试更多不同的东西，只有这样你才会知道，在什么时候你会需要什么样的人来填补哪些职位上的空缺，相应的人选应该具备哪些素养，以及相关的工作岗位有哪些具体的工作内容。

只要你认真去寻找，几乎任何工作都可以为你提供学习的机会。如果你从现在的工作中已经学不到任何东西，你完全可以考虑辞职，只是在你搜寻下一份工作的同时，你还应该坚持自学。请记住，在你的生命中，你所做的任何一件事对你来说都是一种积累，所以，你的目标应该是，确保走出的每一步都能让自己学到尽可能多的东西。只有这样，才能为你最后跨出那一步做好最充分的准备。

2. 你根本就不应该去创业

首先，让我们一起看看 10 个你根本就不该去创业的理由。

（1）成为自己的老板。这不应该是你创业的理由。如果你认为你与现在的老板完全无法相处，而且问题很严重，那么等你自己也成了老板后再回头来看这个问题，你就会发现，你和你员工之间的问题可能比你和你之前老板的问题还要糟糕10倍。

（2）能够很快地成名或者富起来。没错，我们都曾经读到过有人在一夜之间变得像扎克伯格那样富有，同时还获得了很多荣誉的故事，但这样的事情在真实的世界中几乎不太可能发生。反而更有可能发生的是，你一觉醒来发现自己已经破产，或者更糟的是，你还欠下了会让你感到绝望的债务。如果你只是想烧完你的那么一点钱，创立一家企业会是你能找到的最为可靠的方式。

（3）想逃避一份让你感到无聊的工作。如果你的工作无法让你兴奋起来，你可以换一份工作，但绝对不要创业。

（4）想要解决某个情感问题。如果你对自己的生活感到不满，并且还出现了各种情感问题，那么即使你创业也根本无补于事，而且这样做还会让事情变得更加糟糕，在这一点上我完全可以向你保证。运营一家创业公司所需承受的巨大压力只会加重你已经出现的心理问题。所以请首先处理好你自己的问题，只有这样你才有可能集中精力去创建一家企业，并管理其他人。

（5）让另一个人满意。绝对不要因为其他人，比如你的配偶、同事或者父母给了你很大的压力而去创业。你创立一家企业的想法绝对不应该和取悦某个人联系起来。如果你并不是真的想创业，那么走你自己的路可能会是一个更好的决定。

（6）跟风。这是硅谷人会去创业的最主要的理由，因为他们看到了周围的人都在这样做。但其他人都在做某件事情并不意味着这件事对你来说也是正确的。你需要了解自己，并弄明白做什么才适合你自己的个性。

（7）不想错过机会。我听到很多创业者会这样说："如果我现在不做，很可能会错过一些机会。"事实绝非如此，毕竟机会总是会有的。新技术正在不断地涌现，而每一项新发明都会给世界带来无数新的商机。除非人类消亡了，或者你自己消失了，你才会失去机会。

（8）为生活增添一点刺激。你有很多方法为你的生活增添刺激，但创业并不是其中之一。创业为你的生活添加的只有更多的工作和焦虑。如果你想要刺激，你可以去跳伞或者漂流。

（9）让生活更有意义。创业并不会为生活带来新的意义，能够让生活更有意义的只有你自己。你应该探究自己的灵魂并问自己，生活中什么才是真正重要的：是人际关系、宗教、社区还是国家？你在哪里投入时间和精力，将会决定你会获得什么样的意义。有很多不同的方法可以赋予生活以一定的目的，而这要靠你自己去探索。请记住，一家创业公司首先是一家企业。任何有意义的东西只能来自灵魂。

（10）改变世界。现在你已经有那么一点意思了，但还没有真正到位。这过于笼统了。我知道有很多人想要改变世界，但这并不意味着他们应该创立一家企业。你完全可以通过加入非营利性组织、发现治疗癌症的方法、保护环境、激励他人行动起来等做法来改变世界。你根本没有必要创业。事实上，绝大多数的创业公司并没有用一种真正有意义的方式来改变世界，这只不过是来自硅谷的那群人想让他们自己感觉良好而采用的一种时髦的说法而已。

我相信创业的正确理由应该是你想要解决某一个特定的问题。你也许并不知道该如何解决这个问题，但是你知道其解决方案会产生巨大的商业价值，而且你还有一种非常强烈的愿望想要给出相应的解决方案。你想挑战自我，你相信生活本就应该是一次探险；你有能力处理某种极端的不确定性；你知道自己的强项和弱项；你的配偶或者其他很多人都在支持你；你并不在乎在这个项目上赌上你所拥有的一切；在没有工作的情况下，你仍然有足够的积蓄可以维持你至少一年以上的生活；而且你还很享受创立并运营一家企业的过程。如果你能诚实地在所有这些选项上都打上钩，那么放手去创业吧。你已经通过了测试并做好了准备，可以坐上创业这辆过山车了。

3. 承受债务风险

从小到大我的父母就一直在告诫我，借债是一件很危险的事情。也许除了房屋抵押贷款之外你不应该有任何其他的债务，因为对于大多数人来讲，只有房屋抵押贷款是无法避免的。作为一个创业者，现金是你的企业得以正常运转的燃料，如果你缺少了这一燃料，也许你就只能坐在马路边大声骂街了。你需要现金，而当你还无法获得天使投资以及风险投资的时候，使用你的信用卡来为你的企业加油就是一件非常有诱惑力的事情了。

"等一等，你绝不能这么做！信用卡会毁掉你的。"这是我的本能反应。就我个人而言，即便在不产生利息或者相关费用的情况下，我也从来没有欠下过我无法偿还的信用卡债务。我很清楚信用卡的复利累积的速度有多快，而且我还知道这些利息会让原本就很糟糕的情形变得更加糟糕。我曾亲眼看见我的朋友是如何掉进这个坑里的，这让他们花了好几年的时间才最终从里面爬出来，所以他们所有人都发誓这一辈子再也不使用信用卡了。这样说吧，当你创业的时候，你常常会别无选择。你需要钱来证明你的创意，而这笔钱必须要有一个来源。

所以，这里的关键是找到一种方法，尽可能花最少的钱和时间来证明你的设想。对此你也许会感到惊讶，但世界上还是有很多创意是不需要花数百万美元，甚至数十万美元就能得到验证的。我们大多数人都有笔记本电脑，而且当你的用户不是很多的时候使用云托管服务还是很便宜的。另外，让员工因为股权而不是现金来为你工作，这不仅是有可能的，还是一种更好的做法，因为他们将和你一起在公司里投资他们宝贵的时间。

谷歌公司有一条规定，如果你想做一个项目，你无须获得管理层的批准。你要做的只是说服你的同事，让他们放下正在做的事情并转而致力于你的项目。对于一个创业者来说，我认为，你应该大胆地采用类似的做法。如果你无法说服至少两位你认为是最出色、最有才华且最具有魅力的朋友辞去他们的工作和你一起创业，那么，或许你还没有准备好。

这似乎是一个很简单的忠告，但是当你发现有多少创业者根本无法组建起自己的团队时，你一定会感到非常惊讶。在刚开始的时候，因为他们的内心充满了狂热，所以他们会义无反顾地一头扎进去，但到后来他们就会发现自己的天才创意似乎根本就行不通。他们常常会雇用一些人来帮忙，但这样的做法很快就会产生很大的费用，在短时间内就烧完他们一生的积蓄，所以这让我想到了另一个问题。

我认为，最好还是不要动用你的退休金账户或者你的孩子上大学的资金，来为你虽然宏大但完全未经证实的梦想买单。另一件你应该尽量避免的事情就是向你的朋友和亲戚借钱，这是真正的"撒旦的糖果"。这种做法很让人动心但非常危险。你在乎你的亲朋好友吗？你珍惜你们之间的关系吗？你想和他们在将来形同陌路吗？如果你对这一切都无所谓，那么你可以拿了钱再说，但如果你不想失去你的亲朋，而且还想继续在家庭聚会上露面的话，就绝对不要向他们借钱。

在这里，我先给你们一些数据。按照全世界最大的天使投资网站之一 Gust 的数据，他们的网站上只有 2.5% 的上市公司获得了融资。而按照美国小企业管理局的数据，平均每 400 份商业计划书中只有不到 1 份计划书获得了风险投资，所以 Gust 的比例与风险投资人的相比，还是比较高的。

即使你获得了融资，距离你获得一个明确的结果还有很长的距离。按照由哈佛大学、麻省理工学院以及美国国家经济研究局的教授共同进行的一项研究表明，在样本组中，只有 17% 的获得天使投资的初创企业在 4 年后依然表现良好，而在同一个时间段，有 34.6% 的初创企业已经倒闭，或者有了一个并不成功的退出，其余的则还在努力奋斗的过程中。

由加州大学伯克利分校和斯坦福大学的教员们共同撰写的《创业公司基因组报告》对于上述这个问题做了一个更为广泛的研究。他们从超过 3 200 家处于高速成长中的技术创业公司那里采集到了大量的数据，数据表明有超过 90% 的初创企业最终都失败了。而在不到 10% 的成功案例中，绝大多数的创业者都曾有过好几次差点破产的经历。

让我们再次回到向亲朋好友借钱这个话题上来。假设你的创业公司是上面的统计规律的一个例外，并且是绝对不可能失败的，那么你还会向他们伸手借钱吗？即便在最好的情况下，一家创业公司想要最终上市或者被大公司收购也还有很长的路要走。你的亲朋好友很可能在10年或更长的时间里看不到拿回他们钱的希望。但如果他们想要更快地拿回他们的钱呢？或者万一他们需要钱来应付紧急情况呢？创业公司的股权和上市公司的股票或者不动产不同，并不可以很容易地抛售出去。通常，在它的股权上会有很多限制，或者根本就没人愿意接手。单为这一个理由，你向亲朋好友进行融资就不是什么明智之举。

请记住，没有人会愿意做赔本买卖。无论他们曾对你说过些什么，在内心深处他们还是会有怨言的。一旦你让他们亏了钱，你和他们的关系就可能和以前完全不同了。在以后和他们的相处中，你总会有某种说不出的尴尬，单单这一个理由就足以让你不那么干了。看在上帝的份儿上，永远也不要让他们投入输不起的钱，难道你真的想让你的亲朋好友最终都倾家荡产吗？

但如果他们真的想要投资呢？如果他们真的了解其中的风险呢？如果他们有钱而且还有能力承受可能会出现的亏损呢？另外，如果他们真的不想失去这样一次投资机会呢？如果你真的不让他们参与的话，也许他们甚至还会和你生气。对于上面所有假设，你的回答依然应该是"不"，因为这是"撒旦的糖果"，而且它还会回来不断地纠缠你。如果他们真的如此急切地想要快速致富，你完全可以让他们投资其他的创业公司。如果你的创业公司幸运地成为下一个谷歌，你可以很容易地免费给他们一些股权。没有人会阻止你赠送自己的一小部分权益，这样做只会让他们更加高兴，而且绝不会有任何风险。

好吧，我想我应该已经说清楚了我想说的东西。但是在这样的大声疾呼之后，我不得不说还有一个例外，那就是你的父母和祖父母。如果你和他们的关系很好，而且他们也常常支持你并很愿意给你钱，即便他们没有机会把那些钱拿回来，那也应该不是什么问题。但是请把这些钱当成礼物，而绝不要让他们认为这是一种投资。这可以说是一种测试，如果他们愿意把这笔钱看成是你提前继承遗产，那么他们就不会期待可以从中得到任何利益。他们唯一的动机就是支持你实现梦想，只有这样也许才不会损害到你与他们的关系。

如果你没有什么富有的亲戚，你也许可以尝试一下存货贷款、设备贷款、应收账款贷款以及发薪日贷款。其中有一些可能并不适合你，而另一些也许会要求你支付高额的利息。高利率的贷款最终会反咬你一口，尤其当相应的贷款和你的个人信用捆绑在一起时。如果这笔贷款只和你的公司有关，这不会有什么问题。在美国，如果事情变得无法继续下去，你可以随时关门走人。但如果你是向高利贷借的钱，情况可能会完全不同。假如你无法还钱，你也许就要和你的膝盖骨说再见了。

你的另一个选择是向当地的银行进行融资，但是不要抱太大的希望。银行是非常保守的，它们不是风险投资公司，所以它们会想办法尽可能地降低风险，而不是追求回报的最大化。这就是为什么银行几乎总是会回避那些处于创业初期的公司，它们既想看到现金流，又想要有可预测性。至少，它们希望看到有顶级风险投资公司也在这笔交易里面。

我的一些朋友曾经用硬资产，比如自己的房产，来担保个人银行贷款。这样的做法好不好呢？这样说吧，这种做法绝对要优于你使用信用卡，而且毫无疑问，也要比你向亲朋好友借钱好很多。毕竟这是你自己的家，如果你最终失去了房子，你还可以租房子住。只是不要在你年龄已经很大的时候这样做。如果你还很年轻，你可以重整旗鼓，底线就在于你对于你的公司是不是有足够的信心。但是在这样做之前，最好还是先获得你配偶的许可，否则，你也许会后悔终身。

除了上面提到的，还有很多其他的方法可以获得融资，但是我对其中的大多数都持保留意见。有很多创业者会使用ICO（首次代币发行）这种方式。这是一种非常成功的筹资方式，可以很轻松地让你筹集到数十亿美元的资金，但这种方式现在看起来已经越来越像是一个庞氏骗局。很不幸的是，有一些害群之马滥用了整个系统，他们通过不断地推高代币的价值，从中赚取现金，却没有用所获得的资金来创办一家真正的企业。即便没有发生欺诈行为，这种形式的融资模式在得到验证前也有很长的路要走。在目前这个阶段，在加密代币上下注更像是赌博而不是投资。从长远来看，我还无法判断ICO是否真的能给整个社会或者创业公司带来好处。

当然，还有一些其他的众筹选项，但它们同样伴随着各种风险和债务。所以你必须仔细地研究每一种方式，并提醒你自己，你所做出的选择关乎你的声誉。毕竟亏损的钱早晚还是能赚回来的，但挽回你失去的声誉将会是一件极其困难的事。所以我建议你始终谨慎行事。

接下来我们需要面对的是真正困难的部分，即在哪个特定的节点上你才会知道你想要创立的企业是否值得你下那样大的赌注。事实上，如果不实际去创立一家企业，你永远也无法知道这样做是不是真的值得。但我想告诉你的是，真正重要的并不是你的感受，也不是你有多少激情或者有多么自信，而是更多的客观和理性，因为人们很容易被自己的激情冲昏头脑。我们都曾听过这样的故事，埃隆·马斯克是如何在特斯拉最困难的时候把他的个人财富投入进去，并成功地把特斯拉公司从死亡的边缘拉回来的。我们都很希望自己也拥有同样的魄力。

如果你是埃隆·马斯克，那当然不会有什么问题，但生活通常十有八九是不如人意的。永远也不要期待你的生活会有一个童话般的结局，你所做出的任何决定都不能建立在你的梦想之上。你真正需要的是获得外部的认可，你需要有这样一个人，他对于你想成为下一个天才的梦想通常会不加理会，对于你的商业计划却会用极其严苛和冷静的眼光加以审视，然后他会告诉你，你是否应该把你毕生的积蓄完全投入进去。绝不要仰赖于你那个在当地汉堡店里工作的最好的朋友比利给你的建议，你需要有一位对创业有一定经验的人来评估条件是否都已具备，并权衡你将要做出的决定。

但不要以为有这样一个人就足够了，你还应该向第二个人、第三个人甚至第四个人征询相关的建议。去寻求尽可能多的聪明人的意见吧，去听一听他们是否建议你在这次冒险中投入所有的资金。另外，还有一种更好的方式是你可以直接向潜在客户和投资人进行咨询，你应该坦白地告诉他们这里有你毕生的积蓄，接着你应该非常有耐心地引导他们读完你的全部商业计划。如果他们喜欢你的创意，你应该当下就询问他们是否愿意投资。如果他们是你潜在的客户，你还可以问他们要一份预订单或者合作意向书。他们愿意向你做出的承诺越多，你也会越有信心，同时这也说明有些事情你可能真的做对了。但绝不要在他们仅仅向你点了点头之后就让他们脱身了。你能收集到的数据越多，以及你能够征集到的中肯的意见越多，你就能更好地对风险做出评估。

那么你所需要的又是哪一种类型的数据呢？实际上很简单，你需要的数据就是在将来你可能会向风险投资人演示的数据。毕竟你也是投资人，你投入的是你自己的时间、金钱、个人关系以及个人的声誉。但你不能盲目地做出决定，在你真正跳入泳池之前，你需要尽可能多地了解各种信息，否则，等你跳入泳池后才发现里面居然连一滴水都没有，这是会让你遍体鳞伤的。

下面我打算全面地反驳我在上面所说的一切。到目前为止，我告诉你的都是一个过来人的忠告。事实上我自己就亲眼见过数百家不同的创业公司是如何走向失败的，那种感受是非常糟糕的。所以很自然地，对这一切我会感到厌倦，同时也会更加小心谨慎，毕竟我的身上至今还有当初受伤时留下的疤痕。但是，在这里，我并不想只给你一些现实的建议，我真正想做的是激励你去大胆地承受一些风险。

很多创业者并不会完全遵循这些现实的建议，而他们中的一小部分人也确实获得了成功。正因为有了这些人，生活才变得如此激动人心，他们的成功故事一直在激励着我们，而且直到今天，仍然在我们的记忆中历久弥新。当我们的英雄做出了某种不可思议的大胆举动的时候，即便那些举动是非常鲁莽的，但只要他们能克服所有的困难，并且最终成功地登上顶峰，我们都会不由自主地为之而欢欣。一个小心谨慎的创业者往往是理智而又精明的，他会非常小心地管理各种风险，并且常常在经过了 20 年的努力工作后才逐渐建立起了一家繁盛的企业。但大多数人都不想阅读这种毫无新意的故事，这也太无聊了。当我们打开《快公司》或者《华尔街日报》的时候，我们最想听到或看到的故事肯定是：有一个疯狂的傻瓜，他押上了自己的农场，但最后大赚了一笔。

这也正是我们这些创业者愿意在一大清早就从床上爬起来的原因。

创业是非常艰难的，如果你无法让自己沉溺在某种毫无节制的梦幻中，那么创业对你来说还有什么意义呢？你还不如去找一份有稳定收入的工作呢。在这里，让我来告诉你一个故事，这个故事和我提供的以上所有理智的建议是背道而驰的。这个故事的主人公是一个在冰激凌行业中的创业者。是的，没错，某个人坚信他可以做出最好的甜品，即便是那些著名的大公司，比如已经有了些年头的冰激凌品牌 Ben & Jerry's 和 Baskin-Robbins，也全都不被他放在眼里。因为他知道他的冰激凌将会是与众不同的，他的产品将会是一种健康食品，而且还能替他赚得数百万美元。

冰激凌和健康食品这两者似乎是相互矛盾的，但这恰恰就是贾斯廷·伍尔弗顿（Justin Woolverton）的梦想。他当时是一家公司的律师，由于太喜欢冰激凌，他已经彻底为之沉迷。他的愿景是能创造出一种低热量的健康冰激凌，但问题的关键是他能否做到让这种新式冰激凌和传统的冰激凌在口味上没有差别，这似乎是一项不可能完成的任务，但他并没有因此而却步。他是一个没有受过正规训练的疯狂科学家，他首先将甜叶菊（一种低卡路里的甜味剂）与希腊酸奶、浆果、奶油、鸡蛋、浓缩蛋白、巧克力等多种配料根据不同的比例进行混合和冷冻。

既然已经把这一大堆杂七杂八的东西冷冻了起来，接下来就该做出判决了，伍尔弗顿自己吃了第一口。这东西吃起来像冰激凌吗？味道还可以吗？就这样在他尝试了数千次以后，通过不断试错，他成功地获得了一种原料的配比，这使得那东西品尝起来确实像真正的冰激凌。在获得了这个神奇的配方后，他兴奋得无法入睡。

在你自己家的厨房里做冰激凌是一回事，批量生产能在全美各地的超市中销售的冰激凌又是另一回事了，也就在这个时候，他完成了从一个古怪的发明人到创业者的转变。他没有生产冰激凌的工厂，也不知道实际生产能够进行销售的产品需要哪些前期的投入。在打了一连串的电话后，他成功地说服了一家本地的生产商让他在周末的时候去工厂，然后利用那里 6 加仑的搅拌器做一批他发明的特殊冰激凌。最后，他做出来的是一堆垃圾，那些东西甚至无法被冷冻起来。

伍尔弗顿不得不又从头开始，花了整整一年的时间才找到问题出现的原因。他成功地对配方进行了完善，最后制作出来的冰激凌每品脱①只含 300 卡路里的热量，味道尝起来也很不错，而且进行冷冻后还拥有合适的黏稠度。接下来的问题就是钱了，他花 3 万美元请了一名平面设计师来设计商标和包装，接着他又用超过 10 万美元来购买更多的原料。为了推出产品，他很快就花光了自己的薪水和积蓄，最后却发现他的品牌名称"伊甸奶制品"侵犯了另一家公司的商标。这意味着他不得不放弃之前所做的一切，并且还需要另想一个新名字，最后，他选择了"光晕之顶"（Halo Top）这个名字。

伍尔弗顿将目标瞄准了天然食品商店，为了更健康的食品，这些商店的客户并不在乎需要为此支出更多。尽管他的事业已经有了很大的进展，但依然还是需要有人能够帮助他，于是，他拉来了另一个律师道格·布顿（Doug Bouton）。没错，在一家生产冰激凌的创业公司里你绝对不能有太多的律师，但是这个律师拥有伍尔弗顿不具备的很多技能。布顿在企业运营上表现出来的能力可以说是天生的，他全面接管了财务报表、供应链以及销售，这让伍尔弗顿可以将注意力更多地集中在食品

---

① 1 美制品脱 ≈473.177 毫升。——编者注

以及游击营销^①上。

这一对充满了活力的组合开始了他们征服全美冰柜的征程。布顿拜访了 75 家公司并和其中的 3 家达成了交易，全食超市是他们的最大客户。现在除了他们的财务状况外，其他一切都进展得很顺利。他们是如此迫切地需要现金，所以他们打破了之前我告诉你的所有规则。首先，他们从自己的亲朋好友以及前同事那里借来了 50 万美元，他们估计，在他们的业务可以真正起飞并且现金流为正之前，这些钱已经足够维持公司的正常运营。

只是，有一个问题是他们当时根本就没有意识到的，那就是他们还需要另外支付超市的摊位费。没错，那些超市明确要求他们必须支付货架空间的使用费，如果是一家大型连锁超市，这笔费用可能会达到数十万美元。这也太坑人了！另外，他们出现了品质管控的问题，因此一些超市取消了他们的订单。此时，他们的报表上开始出现赤字，盈利的目标也基本上完全没有可能达到了。

在没有任何资金可以用于支撑公司的情况下，伍尔弗顿打破了我的另一条规则，他在 5 张信用卡上欠下了总计 15 万美元的债务。但是这些钱还不足以支付日益增长的费用，于是出于绝望，他又向前走了一步，把手伸向了更多的"撒旦的糖果"，这次他的目标是"掠夺性贷款"，这种贷款的利率可能高达 24.9%。他最终被拒绝了，因为对于那些放高利贷的人来讲，他已经没有足够的信用。因此，他的合作伙伴布顿

---

① 1984 年，杰伊·康拉德·莱文森（Jay Conrad Levinson）出版了著名的《游击营销：小企业创造高额利润的秘诀》一书，提出了"游击营销"这一名词。游击营销注重与消费者建立个性化的联系，大多不借助单向的、被动式的传统传播媒介，而是采用具有互动性的传播路径，强调体验，营销费用低。——译者注

代替他申请了高利贷并拿到了 3.5 万美元的贷款，这笔钱又多给了他们两个月的时间。

你完全可以想象他们承受的压力有多大，但是当他们已经深陷其中的时候，他们就已经没有了回头路。幸运的是，在最后的时刻他们听说了众筹网站 CircleUp，并且在现金用完之前，他们成功地筹集到了 100 万美元的资金。这笔钱在公司能成功起飞之前足以让他们支撑 16 个月的时间，这一次他们如果还无法成功，就意味着彻底地失败了。因为整个过程是如此痛苦，所以伍尔弗顿和布顿两人都同意，如果这次他们不能用这笔钱把事情做成，他们就会主动关闭公司。这实在是太折磨人了。

幸运的是，到了这个时候，他们已经学会了很多东西。他们发现，如果由他们自己进行广告宣传和送货，在摊位费上他们就可以和超市商谈一定的折扣。通过在 Facebook 和 Instagram（照片墙）上巧妙地使用精准定位广告，他们将目标客户锁定为那些居住在超市附近的冰激凌爱好者，这种做法比起他们在店内做广告牌展示能更有效地吸引客户前来他们的摊位。

一位在 GQ 男士网任职的专栏作家在品尝了光晕之顶后喜欢上了这种冰激凌，也就在这个时候，他们的业务开始出现真正的转机。这位专栏作家撰写了一篇题为《连续 10 天只吃这种神奇的健康冰激凌，是一种什么样的感觉》的文章，在文章中，作者详尽地记录了他是如何在整整 10 天的时间里只吃光晕之顶冰激凌的。这篇文章在网上迅速走红，之后又有更多关于这种冰激凌的文章出现。这件事发生的时机恰好是光晕之顶在全美拿下了接近 5 000 家杂货店的时候，两个因素叠加在一起使得光晕之顶的销量出现了飙升。

当你想在冰激凌蛋糕上添加糖霜的时候，比起普通的冰激凌，人们会觉得，光晕之顶吃得再多也不会有什么问题，因为他们相信后者比前者更加健康且含有更少的热量。因此，很多光晕之顶的粉丝开始彻底地放纵自己，现在他们一个晚上可以消耗掉整整一品脱的光晕之顶，而之前他们可能只会挖一勺普通的冰激凌。这意味着光晕之顶的销量会比普通冰激凌的销量更大，同时利润也会更多。光晕之顶的销售额现在已经超过了 1 亿美元，但如果他们当时没有在绝望中把手伸向"撒旦的糖果"，那么这一切都不会发生，你也不会坐在这里阅读这个故事了。毕竟，阅读一家公司如何凄惨地走向灭亡并不是一件很有趣的事情，我们都喜欢幸福的结局。在这里我想要传达的是，有时候你可能没有其他的选择，只能全力以赴，哪怕这种做法意味着你可能需要承受让你陷入疯狂的风险。

现在让我回过头来再次澄清一下。当时那两个家伙绝对不是异想天开，伍尔弗顿和布顿知道在他们的手上有某些很真实的东西，他们没有在做梦。他们很清楚自己的产品会有很大的市场，因为美国人非常喜欢甜品，冰激凌一直是自己的最爱。但问题是甜品会让人发胖，而美国人正在承受着肥胖症流行的困扰，人们也因此开始努力提高自己的健康意识，此刻无疑是推出一款健康冰激凌的最好时机，他们俩发现的恰好就是所有甜品中的圣杯。这样一款产品意味着任何人都能每个晚上吃一品脱的冰激凌而不用担心体重增加。谁能拒绝这样的诱惑呢？这完全是一座金矿，而他们俩正站在这座金矿上，只不过他们当时没有足够的钱把金子挖出来。

这也就是为什么他们会向自己的家人、朋友、傻瓜以及恶魔借钱，他们当时愿意拿任何人的钱，甚至是那些高利贷的钱，因为他们知道这款产品肯定会畅销，而他们所需要做的就是想办法把产品放到货架上。如果当初是你处在他们的位置上，并且你还有足够的信心和证据来支撑自己的信念，那么你也可以无所顾忌地打破我之前叙述的所有规则。这样说吧，如果是我处于类似的情形，我也会毫不犹豫地做出同样的事情，如果你不下一笔大的赌注，就根本没有机会赢大钱！只是你要确保你的赌注押对了。

4. 你的想法真的很差劲吗？

有很多创业者是从一个想法或者创意开始创业的。他们会花数周、数月甚至数年的时间构想出一个完美的商业概念。但是你知道吗，这样得到的所谓商业概念通常都是错误的。绝大多数的创业公司最后都会抛弃最初的想法，那些想法很少会有真正的价值。这是为什么呢？因为一个没有数据支撑的想法或创意只不过是空想，所以在你对某一个想法建立起信心前，你首先需要证明这个想法是行得通的。也许你会认为你拥有的是这个世界上最为出色的企业，但是在你能出示一些证据表明这家企业确实能为客户提供价值之前，这些只不过是你的梦想而已。

不要担心，很多人都和你一样。在硅谷有很多非常成功的创业公司都是从一个错误的想法开始的。领英（LinkedIn）在刚开始的时候只是一个叫作社交网的约会网站，但这个网站很快就凄凉地收场了。领英的共同创始人里德·霍夫曼（Reid Hoffman）曾说过，如果没有这次失败，他就不会去创办领英了。社交网教给了他大量关于社交网络应该如何运营的知识，正是这些知识造就了领英后来的非凡成就，并为它那次让投资人赚得盆满钵满的上市奠定了基础。

尼克·伍德曼（Nick Woodman）的创业同样也是从一个错误的想法

开始的，他最初想做的是一个关于游戏和市场营销的平台，在这个平台上用户可以有机会赢得现金。他把这个平台叫作 Funbug，并且在 1999 年创立了运营这个平台的创业公司。在两年的时间里他烧完了 390 万美元，最后不得不宣布破产，原因很简单，用户来过一次后就再也不来了。没有人在乎 Funbug。沮丧之下，他跑到海边去冲浪度假，此时他想到了 GoPro 运动摄像机这个创意，并开创了可穿戴相机这个概念。现在世界上有很多人利用 GoPro 运动摄像机来记录从跳伞、冲浪再到骑鲨鱼等一系列的极限运动。

这种现象实际上是非常普遍的。谷歌在转向开发通用网络搜索之前只是一款在线搜索学术研究论文的工具；YouTube 在刚开始的时候只是一家视频约会网站；Groupon（团购网站）的前身只是一家社会公益网站；Slack（聊天群组）在当初只是一款游戏；推特则是从一家播客公司中分离出来的一个子项目。所有这些创业公司没有哪一家是从一开始就已经想清楚了它们到底想要做什么的，所以为什么你会认为你的公司应该比它们更聪明呢？

更让人惊讶的是，有很多极其成功的创业者甚至根本就没有为他们的创业公司构想出什么创新的概念。最早提出特斯拉公司的创意的人并不是埃隆·马斯克，他甚至不是特斯拉公司的共同创始人，而只是一个投资人，只不过当这家电动汽车公司增长停滞时，他接任了 CEO。非常相似的是，优步公司最初的创意也不是由特拉维斯·卡兰尼克（Travis Kalanick）提出来的，他同样也只是一位早期的投资人，只不过在他看到了优步的潜力之后，他毅然跳槽加入了这家公司。所以，作为一个创业者，你的工作并不一定是构想出这个世界上最为出色的创意，而是发现机会并抓住机会。这才是最重要的。

在刚开始的时候把太多的精力集中在别出心裁的创意上不仅浪费时间，而且还会让你误入歧途。我看到过有些创业者花了几个月甚至几年的时间，自己一个人在那里挖空心思地想要拿出一个与众不同的创意来，而且他们通常在陷入困境无法继续前进的时候才开始到处寻找合伙人。但问题是到了那个时候，他们已经不想给一个新来者太多的股权了，毕竟他们已经在那个创意上花费了大量的时间和金钱，放弃任何权益对他们来讲都是很痛苦的。最终的结果会是，那些最优秀合伙人根本不会对他们的项目产生任何兴趣，与其只能获得少量的股权，还不如去做自己的事情。

仅仅因为这一个原因，大多数以牺牲团队建设为代价、专注于个人想法的创业者最后都失败了。我总是告诫创业者，还是忘了他们的想法或创意吧，创意并不重要，那只不过是一个起点而已。相反，他们更应该集中所有的注意力将最出色的人才吸引到自己的团队中。人才是最重要的，没有什么比人才对你的成功有更大的影响了。事实上，如果你把最初的想法抛开，你的日子可能会更好过。与其挖空心思想什么创意，还不如认真地思考一下你应该朝着哪个方向去发展。你可以首先聚焦于某个能够让你真正感兴趣的领域或者问题，然后尽全力去寻找那些沉迷于相同领域或问题的人。你们这样的人聚集在一起必定能够发现哪些才是解决此类问题的有效途径，而哪些又是根本行不通的。最后，只要某个想法或者创意是能够行得通的，那么这究竟是由谁提出来的已经无关紧要了。

这种做法可以让你的共同创始人立刻充满活力，因为你并没有要求他们为你的想法或创意工作，而是要求他们贡献出自己的想法，并一起来寻找创立一家成功企业的途径。只有这样他们才会把创立一家企业看成是自己的事情，而不仅仅为拥有企业的股权。这种心理上的所有权让他们能够和你一起来创立一家企业，并共同努力使企业不断地成长。因此，在你能成功组建一支最佳的团队之前，暂时不要扩展你自己的想法或创意。

5. 如何组建一个合适的团队？

首先我想告诉你的是，当你一个人单干的时候，创立一家企业会是一件非常困难的事。我在很多我曾经指导过的创业者身上都看到过这种现象，作为一个单枪匹马的创始人，当你遇到低谷的时候，你会很容易放弃；当你摔倒的时候，没有人会扶你起来。但是，如果你有一个曾经对他做出过承诺的共同创始人，你就有更大的可能性坚持下去，因为你做出的承诺还未兑现。这就好比你在海军陆战队里服役，你和你的弟兄们在同一条战壕里，他们的身家性命全都仰仗于你，到了关键的时候即便你很怕死，你也绝不会让他们失望。而当你面临绝境时，他们会在背后默默地支持你，你同样也会支持他们，你们会共同渡过所有难关。

绝大多数的创业者都很缺钱，所以招聘到合适的人是很难的。你需要的是一支愿意疯狂工作的团队，队员们相信公司的使命，并对公司有归属感，而不仅仅为了工资而工作。即使你有足够的现金，最好还是用公司的股权进行支付，这样做你不仅能把他们和你的愿景捆绑在一起，还能把现金存下来，以便填补无法避免的开支。

和支付现金相关的另一个问题是，这种做法会在员工的心中设定一个错误的期望值。绝大多数的初创企业早晚会在某个时候花光手上的现金，而那些已经习惯了定期拿到薪资的员工常常会因此而感到气馁并最后离开公司，这样的情形在我的眼前曾经发生过很多次。对于初创企业来讲，早期的某些创意往往是行不通的，所以创业者不得不反复地重新开始。这导致了原本似乎是完全可控的预算很快就会失去控制，直到银行账户中的现金枯竭。此时，这家创业公司就会停滞不前，随后缓慢而又痛苦地走向死亡。

当情况变得越来越糟糕，你也已经没有任何现金时，通常你唯一剩下的就只有你的共同创始人了，如果没有了他们你也就彻底完蛋了。看看大多数的独角兽企业创始人的数量，你就能体会到拥有一支敬业的合伙人团队是多么重要。以下数据来自 2013 年对独角兽企业进行的统计：

◎ 只有 1 位创始人的独角兽企业有 4 家。

◎ 拥有 2 位创始人的独角兽企业有 13 家。

◎ 拥有 3 位创始人的独角兽企业有 14 家。

◎ 拥有 4 位创始人的独角兽企业有 4 家。

◎ 拥有 5 位创始人的独角兽企业有 3 家。

◎ 拥有 6 位创始人的独角兽企业只有 1 家。

正如你所看到的，创业公司的成功和创始人的数量存在着直接的联系，最理想的数量似乎是 2 位或者 3 位。如果你没有共同创始人，至少也应该招聘一些非常敬业的员工，并尽可能地用股权来对他们进行补偿。你需要为这些员工着想并且把他们看作你的合伙人，你的核心团队中的每一个成员都应该被给予一定的股权并赋予相应的责任。如果这些最早期的员工不够优秀，达不到合伙人的标准，他们对于你的创业公司来讲肯定也不是合适的员工。

到这里，我不得不谈一谈所谓的承包商，在思考方式和行动方面，承包商刚好和你的共同创始人完全相反，尤其是当你支付给他们的是现金而不是股权时。固定费用的承包商考虑的是如何才能在最短的时间里完成工作，因为提早完成工作，他们可以实现回报最大化，这就使得双方各自想要达成的目标发生了错位。不仅如此，即便他们没有告诉你，他们仍然很可能在同一时间兼顾多项不同的工作，他们这样做只是为了让不稳定的收入变得更加平衡。但这就意味着他们不可能在任何项目上持续地投入很长时间，他们必须在不同的项目之间平均分配时间，这就必然会分散他们对任何一个项目的关注度。不要期望一个典型的承包商会为了你的项目而构想出很多能够让人眼前一亮的点子，他们关心的是如何尽快地完成任务，而不是发明什么新东西。但是一家创业公司如果想要有所突破的话，它所需要的恰恰是在某些方面出现创新。

如果你想提高获得成功的概率，你组建的团队就应该全心全意地致力于你的项目而不是其他什么东西。你需要所有的人，从售后服务到工程团队都能真正关心如何才能让你们的公司成为业界第一。在周末的时候、在上下班的路上、在淋浴的时候以及在午夜时分，你的团队中的每一位成员都应该在思考如何才能更快、更聪明以及更好地完成自己手上的工作。如果你打算把你的时间投资在他们的身上，那么他们也应该全身心地投入你的企业。否则，你只不过是在消耗你自己的实力。

把团队看成是你自己的延伸，你们都是整体中的一部分。如果某一部分出了问题，那么整体的表现也会受到影响。在创业的早期，每个人都应该和创业公司同呼吸共命运，只有这样你才可能获得那个能够改变一切的独特创意和洞察力。如果你的团队一半处于高速运转的状态，而另一半始终心不在焉，那么即便你再努力也将无济于事。创新就是要比其他人都走得更远，但如果团队中的成员不朝着共同的目标努力工作，那么这样的团队将和创新绝缘。

这里我有一个原则，那就是如果某个人不愿意放下他们自己手上正在做的事情，并且全心全意地投入你的公司的使命中，那么这样的人就绝对不能成为你的共同创始人或者早期员工。我还记得我的第三家创业公司的共同创始人亚当·兹巴（Adam Zbar）总是会这样问："我们所有人都在吗？所有人都愿意参加吗？"直到我们所有人都承诺我们会110%全身心地投入，他才会停止这样的询问。因为他很清楚，如果没有发自内心的承诺，我们什么也做不成。

我曾经看到太多的创始人因为他们的团队不是所有人都上场而出现了失误。你也许能找到一个在全世界都数一数二的人才，但如果这个人没有真心做出承诺，你就很有可能会因此陷入麻烦。相信我。我曾辅导过的一个CEO在谷歌找到了一位极其出色的工程师，他对于这位CEO的创业公司正在做的事情非常感兴趣，但是这位工程师只愿意在晚上和周末为这位CEO工作，他不想放弃他在谷歌的生活方式。在最开始的时候这根本不是什么问题，那个工程师非常投入，毕竟这是一个很有意思的项目，而且事情也一直进展得非常顺利。但最终原本的乐趣还是转变成艰苦的工作，同时那位工程师在谷歌的工作也面临着一个截止期限，他必须履行他的个人义务。你猜最后发生了什么？这位工程师不再和CEO进行任何联系。起初，CEO会有好几天的时间没有他的音信，接着是一周，然后就是数周。而在等候他的时间里，公司的整个创业项目不得不停下来，这对于那个CEO来讲真是一场折磨。但他又能做什么呢？他已经在这个工程师身上投资了好几个月的时间，那个家伙也已经写完了整个代码库。这家创业公司根本无法承受另外找人从头做起所需付出的代价。

不要让你自己陷入这样的窘境，当某个人并不像你那样对某件事极为上心的时候，没有什么会比要求这个人和你一样去做这件事情更糟糕的了。所以当你为公司引入共同创始人或者早期员工的时候，你应该问他们一个问题："你只是对此感兴趣还是会全身心地投入？"如果他们只是感兴趣，那么你完全可以就此打住，他们对你来讲几乎没有任何用处。没错，他们确实可以成为一个兼职顾问，但是你绝不要天真地以为，当你真正需要他们的时候，他们会马上出现在你的身边。如果他们对你说他们愿意对此做出承诺，你还应该再观察一下他们的诚意。他们愿意辞去现在的工作吗？在每天晚上和周末持续地加班对他们来讲会有问题吗？他们有没有打算在今年夏天出去度一个长假？为了让这家创业公司获得成功他们愿意付出多少？

承诺更关乎一种心态。并不是每个人都能在一开始就辞去他们现在的工作，但是每个人都必须有不惜一切代价也要让这家公司取得成功的心态。如果团队中有某个人不具备这样一种心态，那么在今后的前进道路上肯定会出现这样或那样的问题。答应我，你一定会遵循这一条原则，即只有当你相信他们已经在心理上准备好会一路走下去，你才会将他们引入你的团队，但如果他们没有对你做出这样的承诺，你就应该果断地拒绝他们。另外，你还应该不断地搜寻合适的人选，无论是谁，只要他无法做到全身心地投入，那么他就不适合在任何创业公司里工作。

关于组建团队的另一条原则是，如果你自己也认为某个人并不是无可置疑的最佳人选，这个人就不是你应该要的那个人。创业公司只聘用卓越的人才。我并不在乎你有没有没钱；我也不在乎你刚刚面试过的那个人好像真的有能力胜任这份工作。只要他们不是真正的出类拔萃，你就是在浪费时间。早期的团队成员将决定你创业的成败，寻找创业团队的成员也是对你能否成为 CEO 的第一项测试。如果你无法找到合适的人选，并说服他们在只拿股权的情况下为你工作，那么，你就还不具备运营一家创业公司的基本素质。这样的话，你还不如去寻找一份普通的工作，反而可能会更加幸福。

你绝不能将一个连你自己都认为并不优秀的人引入团队，因为将来你也许会因此而后悔。开除某个人是一件很糟糕的事，最终既浪费时间也浪费金钱。现实世界中只有两种类型的人：一种叫作"放大型"，另一种叫作"缩减型"。放大型的人会把你在他们身上输入的能量放大 10 倍以上，你在他们身上花一个小时，他们就会以指数级增长的方式为你完成更多和更好的工作。而缩减型的人则刚好相反，无论你在他们身上投入多少时间和精力，最终的收益肯定会少于你的投入。创业公司需要的是放大型的人才，创业者需要的是能够超越你的团队成员。甚至在你能够想到他们下一步应该做什么之前，他们就已经在做了。

对于一家初创企业来讲，理想的工程师应该是一个全栈开发人员。当你只有一个或者两个程序员的时候，他们最好有能力处理各类问题。理想的工程师应该是这样的：他认为在周末花时间为一些开源项目做出自己的贡献、参加黑客马拉松、调试服务器以及在当地的电子产品商店里为他正在制作的小发明搜寻合适的配件等才是真正有意思的事情。当你需要解决一个非常困难的问题的时候，如果你有一个做梦的时候都在使用 16 进制的"怪胎"，或者有一个能够对"正确使用代码语法会有哪些好处"高谈阔论的家伙，你就有福了。

你的核心团队中的每个人也都应该如此。无论是市场营销人员、销售或者设计师，你需要的是具备全方位能力的人才。每个人都必须对他自己的工作负有全部的责任，这样就没有什么事情是不可能的。如果你对此哪怕有一丁点儿怀疑，你都必须马上改变方向。当你组建一支团队的时候，尤其是在你创业的早期，只要这个人不是最出色的，都不应该是你选择的对象。在你的公司里绝不应该有允许平庸的空间，任何一个不是那么优秀的人都可能会给团队拖后腿。除非你有一支让人感到不可思议的团队，否则你所拥有的也只不过是一个创意罢了，没有执行力，单单创意本身是没有任何价值的。

最后，你应该去寻找那些和你完全不同的人，你不会想让一群你自己的克隆体整天围着你转，他们根本无法给你带来任何竞争上的优势。你需要的是能用不同的方式观察世界的人，是能够挑战你的想法，并且把他们自己的思想和观点注入整个过程中的人。许多成功的团队都具备这种特点。Salesforce[①] 的 CEO 马克·贝尼奥夫（Marc Benioff）是一个体重 300 磅、身高 1 米 98、性格大大咧咧的天才拳击手，而他的共同创始人帕克·哈里斯（Parker Harris）则是一个谦逊、脾气很好的倾听者。

查克·迪特里希（Chuck Dietrich）曾经在 Salesforce 工作了 9 年时间，对此他是这样评论的："他们两个人一个是阴，一个是阳。但你绝对不能给他们两人贴上乐观主义者和悲观主义者的标签，更加恰当的说法应该是，他们中有一个人是未来主义者，而另一个人是现实主义者。"在苹果公司也有着完全类似的互动，史蒂夫·乔布斯是一个外向的、有创造力的梦想者，而史蒂夫·沃兹尼亚克（Steve Wozniak）是一个有思想深度的实用主义者。如果你仔细观察那些最成功的团队，他们往往都是由性格和思维方式完全相反的人所组成的，但是他们能很好地合作，并相互补充。

---

① Salesforce 是一家全球性的云计算企业，他们以收取月费的方式向客户提供客户管理解决方案以及其他的商务应用软件。——译者注

6. 支付给人才的报酬

一旦你找到了你想要的人才，首先你要做的是给他们一个大大的熊抱，并且在任何情况下都绝不放手。我说这话是完全认真的，这些家伙会成为你公司的灵魂，他们会将你一路带往应许之地，但前提是你必须善待他们。

我说这句话的意思是，不要小家子气。让他们成为你真正的共同创始人，而不是带有光环的员工。如果在早期你给他们的是只有不到 5% 的股权，他们也就仅仅是你雇员罢了。但如果你想让他们成为真正的共同创始人，你给他们的就至少应该有 5% 或者更多的股权，当然具体还要看他们承担的角色以及表现出来的价值。在我自己的那些初创公司里，所有的共同创始人会平分股权。但这并不是什么强制性的要求，很多时候，CEO 可能会拿得更多，但我们感到这种做法更适合我们。

我所描述的这些做法在硅谷是没有任何问题的，但在像中国这样的亚洲国家，情况可能会完全不同。在中国，投资人通常会认为 CEO 应该保留对公司的绝对控制权，并且尽可能少地将股份分给其他人。这是一种文化上的差异，中国是一个等级社会，而且人们也已经习惯了有一个大老板对企业拥有绝对的控制权。事实上，如果 CEO 无法掌控绝大多数的股权，中国的投资人甚至会为此感到担忧，他们把赌注全都押在了 CEO 的身上，并且希望能够确保他不会失去权力。

文化上的差异甚至牵扯到了更深的层面。在硅谷，绝大多数的人相信对公司股权的分享绝不应该仅限于共同创始人。团队中的每一个人，从早期的员工到公司的顾问都应该获得一份股权。我曾看到有很多创业者为了股权的分配而忧心忡忡，他们不想自己的股权被过快地稀释，所以他们开始囤积股票。我能够理解那种感受，我曾经也有过同样的担忧，但这样做最终会适得其反。还记得吗，创业实际上是一场孤注一掷的游戏。在大多数的情况下，最终你要么会获得不可思议的财富，要么会失去所有。从你开始接受风险投资起，事情的结果就会是这个样子。除非你以大获全胜的姿态跨过终点线，否则你的那些债权人和投资人就会吞噬掉你的一切。所以，在这里，小家子气是完全没有意义的，你应该用你珍贵的股权来吸引整个行业中最出色的人才，并且不要瞻前顾后，你的股权就是用来干这个的。

当你在硅谷进行融资时，你会遇到的情形大致也是如此。一个资历老的顶级风险投资人给你报的估值很可能会比一个投资新手要低，即便如此，你的选择仍然应该是那位传奇人物（没错，对于你应该接受多少估值确实存在着一定的限度，但我并没有说你应该廉价抛售）。因为投资人很可能会成为你的董事会成员，并参与决定你的公司的命运，所以选择一个错误的人很可能会导致公司出现严重的失误和错失机遇，由此产生的损失也会远远超出因股权稀释所造成的损失。

当涉及为公司选择一位顾问时，情况也同样如此。在公司成长的每一个阶段，招聘一位顶尖的顾问都是必不可少的。他们越是有价值，你就应该给他们越多的回报。在创业的早期，给一位顾问 0.25%~1% 的公司股权并不罕见。如果你担心会分出去太多的股权，那么你可以以书面形式写下你对他们的期望，并且将这些期望与股权的支付直接联系在一起。你还可以分期兑现股权，这样一来，万一他们没有达成你的期望，你也不会有什么大的损失。

一旦你完成了一轮很大的融资，你就应该考虑如何具体奖励你的团队、顾问，甚至董事会成员。尽管这样做很可能会加快你烧钱的速度，但这是一种完全正确的做法，而你的团队也会因此意识到你是多么看重他们。你并没有在利用他们，相反你还对他们百般照顾。我想再一次地提醒你，绝不要小家子气，你应该支付他们高于行业平均值的工资。如果你希望所有人都能和你一起坚持到最后，那么金钱能表达你的诚意。请记住，公司因为一位员工跳槽而付出的代价要远远高于你支付的工资和行业平均值之间的差额，即便你因为慷慨而犯错，你也不会后悔。

7. 你应该模仿你的竞争对手吗？

是的，没错，不断地模仿吧！这个世界上最出色的人都在模仿，马云在创立阿里巴巴的时候模仿了易贝（eBay），现在阿里巴巴已经是中国最成功的在线零售商。马化腾在模仿了 ICQ 之后推出了 QQ，而 QQ 则是微信的前身。马克·扎克伯格在模仿了 Friendster 和 MySpace 后推出了 Facebook。拉里·佩奇（Larry Page）和谢尔盖·布林（Sergey Brin）把 AltaVista[①] 当作他们创立谷歌的灵感来源。史蒂夫·乔布斯在推出 Mac（苹果电脑）的时候实际上模仿了施乐公司帕克研究中心的成果。你绝对不会相信有多少突破性的产品是从模仿他人起步的，这是因为模仿绝对是世界上最好的商业模式。

没有什么比模仿更能降低风险了。如果你能够利用一个已经被证明是行之有效的创意抢先进入一个全新的市场，那么毫无疑问，在那里会有大把的钱等待着你。Rocket Internet（德国电商孵化器）就利用这一战略在全球建立起了最大的山寨工厂，他们在东南亚推出了亚马逊的克隆体 Lazada；在德国推出了贝宝（PayPal）的克隆体 BillPay；在

---

① AltaVista 是一个以网页全文检索为主，同时提供分类目录的搜索引擎。1995 年美国数字设备公司创立了 AltaVista。2003 年 Overture（搜索引擎）以 1.4 亿美元现金加股票的形式买下了该公司，同年又转手给雅虎。——译者注

尼日利亚推出了易贝的克隆体 Kaymu；在拉丁美洲推出了优步的克隆体 EasyTaxi；在德国推出了 Facebook 的克隆体 StudiVZ；在欧洲推出了移动支付软件 Square 的克隆体 Payleven，我们还可以继续罗列更多的项目。有那么一段时间他们非常成功，在超过 50 个国家里总计创立了 75 家公司。但随后整个市场终于反应了过来，几乎所有人都开始模仿硅谷的创意，只不过因为缺少创新，所以市场上的竞争更加激烈了。

不过你必须记住的是，模仿应该只是你的起点。只要你想获得任何形式的长期成功，你就需要通过创新来超越现有的模式。如果你观察今天的阿里巴巴和腾讯，它们和刚刚创业的时候是完全不同的。阿里巴巴在量子计算、互联设备、金融科技、人机界面、人工智能以及大数据上投入了 150 亿美元，而微信则用一种革命性的支付系统开创了移动商务的先河，并让 Facebook 显得已经有些过时了。

模仿是你创业的很好的起点，但如果你就此止步不前，就肯定会失败。我从之前的经验中获得的一条原则是，首先你应该模仿你的竞争对手曾经做对的每一件事，然后在这个基础上开始创新。没有人是完全从零开始的，今天的每一项创新和发明都建立在前人的成果之上，所以绝不要小瞧那些模仿者。实际上我们所有人都是这样做的，另外，如果你拒绝模仿你的竞争对手做得最好的方面，你就过于迂腐了。你的竞争对手投入了无数个小时和大量的金钱才走到今天这一步，如果你不充分利用他们所学到的东西，那你就太傻了。

当我和创业者坐下来聊天的时候，我总是会问他们关于他们竞争对手的情况。我想知道他们在哪些产品上花了多少时间；他们是不是真的明白是什么因素让他们的竞争对手逐渐壮大。如果他们对自己的竞争对手所知甚少，并且还没有模仿对方最好的创意，我会为此而感到不安。

这家创业公司到底出了什么问题？聪明的创业者会冒险深入敌人的领地，并摸清所有的信息。如果他们想要赢得战役，他们就需要获得尽可能多的有关敌人的情报。他们必须在一个大的竞争背景中仔细分析所涉及的每一项产品的性能、功能以及其他的方方面面，唯有知识才是取胜的关键。

如果你还没有这么做，你就应该从每天优先使用你的竞争对手的产品开始，你最好还能成为它的超级用户之一。这是深刻理解竞争对手所做的每一件事情的唯一方法。观察你现在的竞争对手是一件很重要的事，但是留意你过去的竞争对手也同样重要，后者甚至可以教会你更多东西。我曾经指导过一家创业公司，他们想推出一款基于位置的社交网络产品。他们的创意是，在一张地图上你能看到所有朋友的位置，并与他们进行互动。我开门见山地对他们说道："如果你们沿着这条路走下去，肯定会失败，你们是否知道在你们之前有多少人曾经尝试过这个创意最终却失败了？甚至 Facebook 也曾经添加过这个功能，但结果并不尽如人意。是什么让你们认为现在这样做可以获得成功呢？"

这并不是我所遇到的唯一没有进行充分的市场调研的创业公司，这也是创始人最常犯的错误之一。每个人都希望他的想法是独创的，所以他会非常急切地登录谷歌，并且在进行了一番快速搜索之后，就大胆地对外宣称他的想法是真正的原创。但在网上搜索是远远不够的，因为我也曾经为我的创业公司这样干过，所以我很清楚这是一件让人很尴尬的事。我们曾经花了好几个月的时间去做一款我们认为肯定是革命性的产品，最终却发现，在几年前就已经有人推出过完全相同的产品，只是他们不仅没有取得成功，而且最后还破产了，而现在我们还沿着他们的老路向前狂奔，这太让人震惊了。所以，即便是那些已经失败的创业公司也能教会你很多东西，那就是绝不要犯同样的错误！

8. 杰出的想法和创意从何而来？

你是如何想出一个绝妙的点子的？你又是从哪里获得灵感的？你可以尝试着从你自己的需求出发，很多非常成功的创业者都是从制造某些能满足他们自己的迫切需要又在市场上无法找到的东西开始他们的创业的，接着他们又充分利用了周围的所有资源和人脉。这一策略之所以有效，是因为这些创业者很清楚他们的客户想要什么，因为他们自己就是客户，所以他们不需进行任何形式的猜测。

户外奢侈品牌巴塔哥尼亚（Patagonia）的创始人伊冯·乔伊纳德（Yvon Chouinard）就是这样做的。因为他找不到用于登山的高质量岩钉，所以他将他父母家后院的鸡舍改造成了一个铁匠铺，然后自己制作岩钉。他的那个价值数十亿美元的户外装备和服装的帝国就是从这里开始的。之后他又这样反复干了很多次，因为找不到一件满意的登山服，他就自己动手剪裁，接下来是登山短裤……最终，他通过不断地扩张进入了其他的户外装备领域。"如果你想弄明白什么是创业，"乔伊纳德说道，"那么你就应该去问问负债的年轻人，因为他们都会说这很糟糕。我打算用我自己的方式去创业，所有的创业者都是这样做的。"

另一个从自己的需求出发的创业者名叫萨拉·布莱克利（Sara Blakely）。当时她经常穿着连裤袜在佛罗里达酷热的阳光下挨家挨户地推销传真机，但当她穿露趾凉鞋的时候，连裤袜袜头的缝合线会露出来，所以布莱克利很不喜欢这样的装束，但是她又注意到，连裤袜的腰臀设计消除了内衣的痕迹，还使她的身材看起来更加苗条。所以她大胆地尝试将连裤袜包脚的部分剪掉，然后在外面再套上一条宽松的长裤。

除了袜腿部分会向上卷起之外，实际的效果好得出奇。她当时就想办法筹集了 5 000 美元，然后开始着手解决这个问题，没过多久她就推出了 Spanx 这个内衣品牌，并获得了全美女性的热烈追捧，她也因此成为亿万富翁。

当黄杰创立移动电商 Boxed 时，他正在尝试解决一个他所面临的问题。他过去经常在好市多超市购物，但自从他搬进城里后，他放弃了开车，因此在超市购物后把那一大堆的大包小包运到自己的公寓就变成了一件很麻烦的事。就在这个时候，他眼前一亮，决定创立一家公司，目的是让千禧一代的年轻人可以很方便地在手机上下单，并享受门到门的送货服务，这样他们就不用再担心那些大包小包的运输问题了。

"我实际上只是想解决我自己的问题。"黄杰说道。显然还有很多人也有着同样的问题。在仅仅 3 年的时间里，Boxed 从一家在他父母的车库里办公、销售额只有 4 万美元的创业公司，成长为一家营业收入超过 1 亿美元并且还拿到了 1.6 亿美元风险投资的企业。

在创始人空间里，我总是在寻找那些正尝试解决他们自己所面临的最棘手问题的创业者。我现在还记得理查德·林（Richard Lin）跑来见我时的情景，他当时刚刚创立了 Thryve（快速检测智能化平台）。他对我讲述了他在服用抗生素后病情却加重，不得不住院的故事，这激发了他研究微生物组的兴趣。微生物组由细菌、酵母以及病毒构成，它们会驻留在我们的体内并影响我们的身体健康。令人惊讶的是，我们体内的细菌细胞数量是人体细胞数量的 10 倍。因此，他想到了一个主意，即采用最为全面的方法来收集、测试并分析微生物组，然后将结果在线提供给相关的客户。

在处理某个问题的时候，再好不过的情形就是你就是自己的客户，你没有必要去和任何人见面或沟通，也不需要进行胡乱的猜测。你很清楚你想要的是什么，并且明白可能会涉及什么问题。这正是当创业者关注自身的问题时会更容易获得成功的原因。如果你不知道该做些什么，你可以到你自己的生活中去寻找和发现那些让你感到苦恼的事情，然后再进行逆向操作。

9. 界定你想解决的问题

在你决定创业之前，最好还是先清晰地界定你需要解决的是什么问题，以及谁能够从你的解决方案中获利。下面是每一个创业者都应该回答的几个问题：

你想要解决什么问题？_____

你的解决方案是什么？_____

谁是你的客户？_____

问题解决后会带来哪些好处？_____

市场的容量有多大？_____

在回答上面这5个问题的时候，每个问题都不要超过3句话。你应该多花点时间用尽可能简短的语句把你的答案写下来，然后大声地朗读给那些对你的企业一无所知的朋友听，看看他们是否能听明白。如果他们听不懂，你就应该重写你的答案直到他们能听明白为止。

10. 准备一场只需半分钟的路演

接下来你要做的就是精心准备一场只有半分钟的路演。当你在电梯里、鸡尾酒会上或者高尔夫球场上偶遇一位友善的投资人时，如果那时你已经准备好可以随时开始进行的路演，那么你能获得的好处将是不言而喻的。下面是进行这样一场路演时你可以用上的模板，对其中的每一个空格，你应该尽可能地用一句话来给出你的答案。请记住，这是一场"电梯路演"，也就是说你必须在电梯门重新打开前完成你的所有陈述，这段时间可能只有 30 秒或更少。

你好，我是＿＿＿＿＿＿＿＿＿＿＿＿（插入你的姓名）

我是＿＿＿＿＿＿＿＿＿＿＿（插入你的公司名称）的创始人

我们生产和制造＿＿＿＿＿＿＿＿＿＿＿＿（描述你的产品）

我们的客户群体是＿＿＿＿＿＿＿＿＿＿

我们想要解决的问题是＿＿＿＿＿＿＿＿＿＿

我们的做法＿＿＿＿＿＿＿＿＿＿＿（描述你的解决方案）

我们的优势是＿＿＿＿＿＿＿＿＿＿（是什么让你们与众不同）

现在找一个从来没有听说过你的创业公司的人来测试一下你的答案，然后花 5 个小时的时间学习如何在电梯里与人搭讪，去看一看他们是不是真的能明白你说的是什么。如果他们的脸上出现了困惑的神情，你就知道你已经搞砸了。等到你一切都准备就绪的时候，你的电梯路演应该是简单明了的，甚至你的姨妈艾格尼丝不用提出任何问题也能明白你在说什么。

11. 你应该谨慎行事吗？

我们都知道创业是需要承担风险的，但冒巨大的风险真的是明智的吗？难道你不应该减少风险、谨慎行事，并且坚持那些你知道肯定是有效的方法吗？

这还要看你想要的是什么，对于成长缓慢的传统企业，控制风险是一种很好的策略。但如果你想开拓全新的领域，超越所有的竞争对手，并体验高速的成长，那么风险就是你根本无法回避的东西。你根本做不到在消弭所有风险的同时还能在一个赢者通吃的市场上脱颖而出。

让我们假设你选择了一条风险最小的道路，并且专注于一个你知道肯定能获得成功的想法，因为你曾经看到有人这样做过，并且还赚了不少钱。尽管这样做可以降低你的风险，因为你很清楚市场就在那里，但这种做法同时也限制了你的上升空间。如果你没能开辟出一个全新的领域，你就无法改变你所在的行业；如果你无法通过创新超越那些成功的先例，你就无法获得真正有意义的竞争优势。创新，按照这个词汇的定义，意味着去尝试一些从来没人做过的事情。创新的跨度越大，风险就越大，但收益获得指数级增长的概率同样也会更大。

换句话说，没有风险的创业公司对于风险投资来讲是不值得投资的。如果你下的赌注完全没有风险而且还能够赚大钱，那么可以肯定的是，每个人都会冲过来，想看一看自己能不能分一杯羹。整个市场将会在很短的时间里变得非常拥挤，利润空间也必然会因此受到挤压。所以在毫无风险的情况下建立起一家独角兽企业几乎是没有可能的。

当我看到那些创业者甘愿承担巨大的风险时，我会不由自主地兴奋起来，但是当我看到他们因害怕而不愿冒险时，我又会担心他们最终将无法获得重大的成就。真正伟大的创业者总是会对他们相信的东西加倍下注，他们会不由自主地再向前走一步。在耐克公司创立的早期，公司的创始人兼 CEO 菲尔·奈特（Phil Knight）几乎一直处在破产的边缘。

而当耐克处于爆炸式增长的阶段，他又不断地把所有的东西都押在了下个月的营业收入上。当时他根本不知道下个月他会不会有钱来支付员工的工资，但每一次他都赢了，这使得耐克成为世界上成长最快的制鞋公司。

如果你不是一个敢于承担风险的人，而且在内心深处也没有这样的冲动，那么你最好还是考虑一下其他的职业。

12. 你的创意是否该保密？

不，绝不要保密！这是一个重大的错误。正如我在之前所说的，你的想法和创意并不一定能行得通，而你能够确认这一点的唯一方法就是把你的想法和其他人分享，在这里，其他人可以是你的客户、顾问、投资人、战略伙伴、朋友以及家人。如果你把你的创意当成是秘密，就无法得到所需要的反馈和数据，等你发现这个创意根本行不通的时候就已经太晚了。

我并不是说你应该在某一次会议期间向一屋子的竞争对手宣布你的想法和创意，这样做就实在太蠢了。但是也绝不要让某个人会剽窃你的创意这种无谓的担忧阻止了你和外部世界的接触。这样说吧，某个你认识的人剽窃了你的创意这种事情，在现实中发生的概率也许要低于千分之一，但如果你没有在早期将你的想法与合适的人进行沟通，并在你有时间和资源的时候做出相应的调整，最终失败的概率很可能会超过80%。所以你会选择哪一种呢？对你的想法和创意保密说得好听些可以叫作不理性，而说得难听些就叫作自杀。

按照我个人的经验，我能告诉你的是，有更多的初创企业是因为对自己的创意过分保密，而不是因为过度公开而走向失败的。让我来告诉你一个例子。洛杉矶的一家公司对一种从来没人开发的产品有了一些让人惊讶的想法。创始人并没有对这些想法保密，而是做了一件完全相反的事情。他制作了一段视频，在其中展示了他的创意的全部潜力，然后他把这段视频放在了众筹平台 Kickstarter 的网站上以便全世界的人都能看到。这位创始人甚至没有任何技术可以支撑他的这个创意，事实上，对于如何构建最终的产品，他心里有的也只是一个模糊的概念，但这并没有阻止他。他毫不畏惧，一点也不担心其他人会剽窃他的创意，他更关心的是如何让这件产品问世。

当然，世界也对他做出了回应。人们看到了他的创意之后，纷纷开始向他预订产品，这已经大大超越了他对于 Kickstarter 的期望。他的创意同时也引起了技术类博客作者的关注，他们开始就他的那些让人感到震惊的愿景撰写文章。接着，整个故事又开始在主流媒体上疯传开来。很快所有人都在谈论他的创意，在这个时候他的创意已经完全不是什么秘密了。

消息传到了在硅谷的投资人那里，他们根本无法拒绝这样的诱惑，他们开始争先恐后地向他的公司提供资金。还记得吗，他甚至还没有任何产品，而他的创意又完全基于任何人都能使用的开源软件。尽管如此，他还是筹集了数千万美元的资金，并且他的创意也传遍了全世界。就在这个时候，Facebook 注意到了这家公司，然后花了 20 亿美元买下了它。这家创业公司甚至还没有发布它的产品，此时离正式推出产品还有好几年的时间。那么这家公司叫什么名字呢？我相信你肯定听说过，它就是 Oculus VR[①]，其产品就是 Oculus Rift 头戴式显示器，这款产品在

①　Oculus VR 主要专注于开发虚拟现实平台以及相关的虚拟现实产品，公司位于加州门罗公园，成立于 2012 年 7 月 6 日。——译者注

上面所提及的第一个视频文件引发轰动的 4 年后才正式发布。

这就是分享你的创意具有的能量。Oculus 首先使用了"虚拟现实"这个名词，并声称虚拟现实应该是他们独有的品牌名称。他们甚至在将产品推向市场以前就建立起了一个品牌，而这个品牌以及引领虚拟现实这波浪潮的承诺对于马克·扎克伯格（Mark Zuckerberg）来讲价值 20 亿美元。如果 Oculus VR 因为担心某个人会剽窃他们的创意，而不愿意将其分享出来，事情会怎么样呢？也许这一切都不会发生。虚拟现实并不是什么秘密，全世界有很多研究人员正在开展这一领域的研究工作。这家公司的创始人帕尔默·拉齐（Palmer Lucky）只是发掘了南加州大学的一个开源项目，他本人并没有参与相关技术的研发。但其中的区别在于，通过向全世界展示这项技术具备的潜力，并利用其在全世界引发的狂热，他一路乘着浪潮抵达了彼岸。而其他人，即使其中有一些人或许在他们的实验室中还拥有更先进的技术，最终什么也没得到。

这只不过是分享创意的一个极端例子。帕尔默·拉齐确实非常幸运，但我看到的是同样的事情还在不断地重复上演。在上面这个例子中先人一步是巨大的优势。如果你能够通过激发起人们的狂热，顺势而为，你就能走在其他人的前面；如果你站到了发展的前列，那么先一步提出愿景就会让你成为意见领袖；如果你还能做到在接下来的每一步中都不犯大错，你就会成为这个市场的领导者。

我建议你向全世界分享你的创意还有另一个更加重要的原因，即这样做能让你获得你所需要的反馈来测试你的设想。你也许会认为你的产品在市场上是有需求的，但在你将产品放在你的客户面前并且具体衡量他们的反应之前，你是没有办法知道市场真正的需求的。这一点对于那些开创了一个全新领域的概念尤其如此。所以你的愿景越是创新，越是激进，你就越是需要更早地获得客户的真实反馈。

　　每一家初创企业的目标都应该是尽早获得更多的市场反馈，这样创业者才有可能改变自己的航道。另外，只要有必要，你应该尽可能地在没有完全耗尽你有限的时间和金钱之前改变企业的前进方向。时间才是你真正的敌人，如果你不能快速地做出反应，你就会输给你的竞争对手。请记住，你的创意或许并不是什么新鲜的东西，世界上有接近80亿的人，肯定会有其他的创业者和你有完全相同的想法。你想让他们因为开辟了一条全新的道路从而获得所有的荣耀吗？如果你的答案是否定的，那么你就不应该对你的创意保密。在尽可能多的聪明人面前，在尽可能早的时间里将你的想法公之于众吧，并且在你的公司被收购或者上市之前不要停止这样做。

13．什么时候你该放弃？

　　总会有一些创业者找到我，然后问我他们是不是该放弃了。通常他们都已经创业了1年以上，并且还把自己所有的钱都投在了里面。创业已经成为他们生活的一部分，只是他们的公司并没有起飞。他们很想知道还需要坚持多久。

　　每一次当我听到这样的问题时，我总是用同样的方式回答："是的，没错，你现在就应该放弃了。"

　　为什么在我知道了那些可怜的创业者在那个项目中已经投入了他们的名誉、毕生的积蓄、时间以及梦想后我还会这样说呢？我为什么会如此冷酷无情呢？我会告诉你其中的原因。如果那些创业者不是已经知道了答案，他们是不会向我提出这样的问题的。没有人会想要放弃他们自己的孩子，也没有人会愿意亏钱，更没有人会想要失败。他们来问我只是想从我这里得到一种许诺，这样他们就可以回去继续过自己的生活。他们知道自己的企业已经走不下去了，否则我们之间根本就不会有那样的对话。当企业还在不断成长壮大的时候，没有人会来问你他是否应该放弃。当他们提出这个问题的时候，事情就已经很清楚了，所有的希望都已经不复存在，失败也只是时间早晚而已。当下就开始考虑如何减少损失要远比再浪费 6 个月或者 1 年的时间更好，只不过做出这样的决定实在是很痛苦的一件事。

这就是为什么我告诉他们现在就应该放弃。我并没有说让他们放弃成为一个创业者，我只是告诉他们应该果断地放弃眼前的这个项目。他们已经尝试了所有的方法，已经用尽了所有的资源，所以他们不应该再原地踏步了。杰出的创业者经常会放弃一些想法，但他们永远不会放弃自己的理想。他们会尝试一种创意，只是一旦这种想法是行不通的，他们就会及时止损，并吞下眼前的苦果，然后继续向前去尝试另一个创意。很多创业者会失败，原因就在于他们害怕放弃，并且还比那些在较早的时候就放弃的人坚持了更长的时间。

放弃某些你原本坚信的东西是很困难的，但是一旦有数据证明你的论点不成立，你就应该立刻放弃。否则，你就像《荷马史诗》中那个科林斯国王西西弗斯那样，每天将同样的巨石推上山顶，再看着巨石从山顶滚落。我告诉那些创业者，在推出产品的 6 个月之后，如果你没有办法从你的目标客户那里得到非常正面的反馈，在这个时候就应该果断放下，并重新起步。否则你就会成为那个西西弗斯了。

14. 放弃你的"孩子"

创业者总是自以为是地认为，向世界演示他们的创意有多么杰出是他们应尽的义务。尽管有各种不确定性和众多的怀疑者,但他们必须说服投资人、员工、客户、博客作者以及所有其他的人去相信,无论发生什么事情,他们都必定能实现他们的愿景。他们必须尽一切的可能来证明他们的概念是完全行得通的,哪怕整个世界都不看好他们。对此,我感到很遗憾,因为这只不过是一个神话罢了。毕竟现实与道理往往相去甚远。当创业者开始创业的时候,其目标恰恰应该与上面所说的完全相反。

你的使命并不是去证明你的创意能行得通,而是应该证明你的创意根本就是异想天开。你必须证明你的远大理想是没有可能获得成功的。事实上,绝大多数的创意都非常糟糕,一个没有任何数据支撑的创意是没有任何价值的,你只不过是在自欺欺人而已。你的目标并不是让所有人都相信你的手上有所有问题的答案,而是去找出每一个理由来解释,为什么你的计划不能转变成一项真正的业务。你应该问自己,通过什么样的实验你才可以揭示出项目中的漏洞?如何才能颠覆你的设想?在你的设计中哪里是最薄弱的一环?

这听起来好像很简单,但其实不然。在你的生命中必然会有一段时间,你感到你的孩子就是你的一切,你会想要把他永远留在身边,但这只不过是你的梦想。尽管你已经在他的身上投入了你所有的希望、金钱以及生活,但在这个时刻你必须记住一句话:你的孩子早晚会离你而去。

放下你的所爱并不是一件容易的事,但有时你别无选择。我会遵循一条原则:如果有人对你说你的孩子很丑,你就应该相信他的话。幸运的是你的创意并不是什么生命体,你也许孕育了它,但当你把它扔进垃圾桶的时候它不会哭泣。也许你会哭泣,但它对于你的哭泣不会有任何感受。

如果你的构想必然会被抛弃，那么你最好还是习惯于放弃，因为你的工作就是尽快地放弃各种不切实际的想法。我知道用孩子做比喻听起来非常可怕，但我需要一种更加明确的方法来阐述我的观点。你必须向你自己以及世界证明，你的美好愿景根本只是白日梦而已。你放弃得越早，你就能更快地构想你的下一个愿景。只有当你再也找不出任何可能的方法来动摇自己的想法时，你才可以开始相信你的愿景。也只有在这个时候，你的"孩子"才成为某种真实的东西，而在这之前，这个"孩子"只存在于你的梦境中。

15. 速度以及实验

你越快学会放弃，你就越有可能成为一个更好的创业者。这就是我们所说的更快地走向失败。具有讽刺意味的是，失败来得越早，成功也会来得越早。这一切的关键就在于速度、迭代以及实验。

整个过程是，首先你进行了某种尝试，很抱歉，这种方法是行不通的，接着你又尝试了其他的方法，仍然还是行不通。你再接再厉，很好，这次终于行了。这次是真的行了！但如果还是不行，你就必须重新开始。

杰出的创业者会一遍又一遍地重复这一过程，直到他们发现了真正有价值的东西。在这一过程中，每一次失败都能够让他们对市场和客户有更多的了解。他们学得越快，获得的竞争优势也就越大。这是一场关于知识的竞赛。创业者需要构想出一些他们的竞争对手不知道的东西，并用这些东西来获取重要的竞争优势，然后再从竞争对手的手中把市场抢夺过来。这既是创业者最为擅长的方式，也是他们超越老牌玩家的方式。

这不仅是一场你与你的竞争对手之间的比赛，也是你与自己展开的对抗。你必须在烧完所有的现金、消耗完你的家庭关系、用尽各种人情和善意，还有最重要的，磨灭你内心所有的希望之前跨越终点线。时间一直在不停地流逝，你绝不能在一些无法让你更进一步的东西上浪费哪怕一天的时间。

这场比赛的赛道不是直线的，它更像是一个环状螺旋，你将沿着这条跑道一路狂奔，上面的每一个弯道都会让你进入另一个螺旋。我们把这个过程称作创新循环。

（1）构思出一个创意。

（2）把你的创意分解成可以进行测试的不同假设。

（3）从你认为最关键的假设开始入手。

（4）设计一个实验来否定这个假设。

（5）从实验中收集数据。

（6）分析数据并从数据中学到有用的东西。

（7）如果数据能够支持你的假设，那么进行迭代并测试下一个新的假设（接着回到上面的第二点）。

（8）如果数据无法支持你的假设，重新构建你的下一个创意（回到上面的第一点）。

上述这8个步骤定义了你的跑道。构思出你的创意仅仅是第一步，真正困难的是如何设计出一个聪明、快捷、低成本的实验。每一次成功的实验都意味着你距离验证你的创意更近了一步。那些最杰出的创业者会以尽可能快的速度沿着这样一条轨道不断地循环，而且在这个过程中，他们学到的东西会更多、更深入，这就是他们获得成功的方式。

你应该把这一过程放在企业的核心位置。你应该把你的创意看作一根指南针，它指向的就是你会感兴趣并进行探索的方向。创意本身并不是你寻求的答案，它只是指引你去寻找答案的指南针。你可以朝着那个方向去进行探索，但同时还要保持一定的灵活性。随着不断地迭代，你也会不断改变你的跑道。如果你走进了死胡同，你就应该重新开始，并把你之前学到的每一样东西都带入下一轮的竞赛中，就这样不断地重复，直到你最后寻找到一条通往成功的路径。

16. 为什么创业公司会失败？

我花了很多时间来谈论失败，因为这是每一位创业者最可怕的噩梦。虽然你没有办法消除创业的风险，但是有一种方法可以增加成功的概率，那就是学习其他人犯的错误并始终对之保持警惕，这样你就不会重走他们的弯路。

美国硅谷风险投资数据智库 CB Insights 组织了一项研究，在这项研究中，他们分析了 100 家以上最终失败的创业公司，并得出了导致创业公司失败的 20 种最常见的原因。其中很多公司都提到了多种不同的原因，所以统计数据中的百分比加在一起并不等于 100%。另外还需要注意的是，这是一个从创业公司创始人自身的观点和角度所做的自我分析，所以它并不完美。尽管存在着个人的倾向性，但这份分析依然对于创业公司为什么会失败，以及该如何避免出现这样的失败提供了非常有价值的洞见。

◎ 42% 的创业公司无法找到与市场相匹配的产品——这些创业公司的目标客户并不需要或者并不想要使用它的产品。这是导致创业公司失败的首要原因。创业者在推出了一款创新的、开创性的产品后却发现没有什么人对他们的产品感兴趣，而这种情况实在是太普遍了。

◎ 29% 的创业公司缺乏足够的现金——很多创业公司在建立起相关的业务后就遇到了困难，常常不得不在缺少现金的情况下支付薪金或者还贷。如果创业公司无法及时获得现金注入，即使它的长期前景很被看好，也依然有可能不得不关门大吉。

◎ 23% 的创业公司没有一个合适的团队——团队的质量可以决定你创业的成败。导致创业失败的一个很常见的原因是创业者的团队没有执行力，以及有时候缺乏关键的技能或者对于不断改变的环境的适应能力。这是一个完全可以解决的问题，但是很多创业者并没有在团队建设上投入足够的时间，之后在公司的发展过程中就不得不付出代价，浪费了宝贵的资源和时间。

◎ 19% 的创业公司在竞争中被击败——这是一个竞争非常残酷的世界。今天或许你的创业公司一马当先，但第二天它就可能被一大堆捕食者团团包围。这些捕食者也许是拥有无限资源的大型企业，或者是在市场上倾销廉价产品的低毛利抄袭者。无论对手是谁，这对于一家毫无抵抗能力的初创企业来讲都很可能意味着公司的破产。

◎ 18% 的创业公司会出现定价以及成本方面的问题——很多创业者是基于他们的感觉来设定产品价格的，他们会顺着自己的情绪，而不是依赖数据以及经验丰富的专家来确定最优价格点。

把产品的价格定得很低是一件很容易的事情，但这样做的后果是你必定会成为成本超支、质量控制问题以及生产延迟的牺牲品。当然有时候创业者还会把产品的价格定得过高，但他们很快就会发现他们的客户并不愿意支付更高的价格。一家创业公司如果能事先进行更多的市场调研和测试，它的产品定价就会更加精确。

◎ 17% 的创业公司缺少一款好的产品——制造出一款杰出的产品并不是一件容易的事，但这也正是一家创业公司在竞争中能够胜出的关键。在技术领域，通常来讲都是赢者通吃，只有最好的才有可能生存下来。

◎ 17% 的创业公司缺乏一个好的商业模式——正如我们在前面讨论过的，一家创业公司需要找到它自己的商业模式，并不是所有的商业模式都是完全适合它的。有些能让你赚很多钱，有些可能根本就行不通。

◎ 14% 的创业公司缺乏良好的市场营销能力——一家创业公司也许拥有世界上最好的产品，但如果没有人了解这款产品，它就不可能获得成功。市场上的产品实在是太多了，其中有一半以上的产品并不为人所知，尤其是那些小公司生产的产品。

◎ 13% 的创业公司忽视了它们的客户——创业公司忽视它们自己的客户是肯定要付出代价的。接触客户、收集反馈以及收集和分析相关的数据对于企业的发展是至关重要的。没有这些，任何创业公司就好像在夜间不开灯行车，早晚它会一头撞在树上。

◎ 13% 的创业公司没有把握住一个好的时机——时机意味着一切。如果一家创业公司推出产品的时间不是太早就是太晚，那么它很可能会错失机会。

◎ 13% 的创业公司缺失业务发展的焦点——同时做太多的事情要比你几乎不做任何事情还要危险。专注于解决客户最为关心的问题才是创业公司获得成功的关键。我曾经看到有很多创业公司想同时完成五六件不同的事情，但没有例外的是，最终所有事情都失败了。只有专注才能让一家创业公司在某个特定的方向上获得对问题更加细致和深入的认识，也只有这样才能让一家创业公司超越其他所有的竞争对手。在 Salesforce 创业的早期，有一家大型电信公司为了给自己的客户定制解决方案从而给了他们一份价值数百万美元的订单。这在他们短暂的历史上可以说是一份最大的订单，但他们最终还是拒绝了，因为当时他们正集中精力想尽一切办法构建出一个最好的 CRM（客户关系管理）平台，他们不想为此分散自己的注意力。

◎ 13% 的创始人和投资人或者创业团队的关系不佳——我曾经看到过企业创始人之间的意见不合是如何扼杀一家初创企业的。同样的情况也会发生在创始人和投资人之间。如果两人之间的沟通有问题，而且每个人在工作中都带有自己的目的，距离公司内部矛盾的爆发就已经不远了。

◎ 10% 的创业公司会在调整公司方向的过程中失败——对于一家初创企业来讲，调整企业的方向并不是一件容易的事，大多数这样做的企业都会失败。很多时候，调整方向意味着重新开始，只是在需要这样做的时候，大多数创业者往往会缺乏资金、资源以及坚持到底的决心。

◎ 9% 的创业公司缺乏激情——如果创始人对他们的企业缺乏激

情，当企业陷入低谷的时候他们就很难再走下去了。

◎ 9% 的创业公司因地理位置的原因而失败——地产行业关乎成败的最重要的三个因素是：位置、位置、位置。而对于有些企业来讲位置同样是非常重要的因素，尤其是零售行业。

◎ 8% 的创业公司缺乏来自金融机构或者投资人的兴趣——了解投资人想要投资什么样的公司，是非常有价值的。当某一个行业或者技术在市场上失宠的时候，绝大多数的风险投资公司甚至都懒得再仔细看一眼你的企业。相反，如果你所在的行业非常热门，投资人对你却根本没有任何兴趣，通常来讲这家创业公司肯定存在着某些非常严重的问题。

◎ 8% 的创业公司会面临法律方面的挑战——了解相关的法律肯定是有好处的。有时候政府会对某些类型的企业进行严格的控制，甚至完全禁止。在其他的时候，专利引发的诉讼或者由员工提起的诉讼都有可能扼杀一家创业公司。所以，在早期和最好的律师签署相关的服务合约是一件非常重要的事。

◎ 8% 的创业公司没有充分利用他们的人际关系网络或者所聘用的顾问——绝大多数的创业者不懂得如何充分地利用他们的人际关系网。另外，一个顾问委员会以及一个相应的深层关系网络是不够的，创业公司还需要知道该如何有效地利用这些关系来达成他们的目标。

◎ 8% 的创业公司因为精力消耗过度而无以为继——创业团队干到筋疲力尽是一个经常会出现的问题。正确的思维框架以及平衡的生活才是获得成功的关键。创业不是一场短跑比赛，而是一场马拉松。请确保你有时间去散步、锻炼、冥想，并且能花一些时间和朋友、家人在一起。一种很好的方式是每周指定一天专门用来在公司以外安排活动，绝不要让任何公司的业务干扰这些活动。没有这些似乎是浪费时间的安排，你不可能有一个平衡的生活。

◎ 7%的创业公司在转向时失败了——有太多的创业公司在同一条路上走了太长的时间，以至已经无法看出他们正在做的事情实际上是行不通的。当他们承认自己犯了错误的时候，往往已经太晚了。他们已经没有了现金、时间以及继续走下去的意愿。请时刻准备好不断地改变企业的方向，当你感到是时候该转变方向时，也许这就是最恰当的时机。

如果你能够避开以上这20种错误，那么你的企业肯定会处于一个相当不错的状态。但正如我们所有人都知道的那样，单单嘴上说很容易，真要做到却很难。你往往根本就不会意识到你正在犯错，更遑论在这种情况下采取果断的行动了。有时候你会意识到某个地方出了问题，但你最终还是会选择忽略，因为你实在太忙了，或者你会感到不知所措，无法想出一个可行的解决方案。这就是为什么从来自外部的顾问那里获得反馈非常重要，他们能够指出一些你甚至不想承认的问题。定期和这些顾问接触并得到他们诚实的反馈能够帮助你避开那些扼杀了很多初创企业的短视行为。不要讳疾忌医，通过这样的方法你就能认清现实。

17. 重新制定规则

创业者可以通过重新制定规则获得非常大的益处。如果你遵循现有的规则，你就很难赢得竞争。为什么这么说呢？因为现有的规则是那些大型的、成熟的企业所制定的。这就像你玩《大富翁》游戏，如果开局的时候你的对手早就垄断了所有的酒店，你却一点固定资产也没有，那你还怎么玩？

相反，你应该问自己："我该如何让被他们垄断的物业变得毫无价值？"观察那些成熟的企业正在做些什么，然后再一次地问你自己："我能不能用另外的方式来做他们正在做的事情？"如果他们使用的是零售分销的渠道，你就应该寻找其他的替代渠道，比如网络、移动端以及社交媒体；如果他们用长期合约来锁定客户，那么你就应该考虑不签署任何合约；如果他们零散地销售相关的产品，那么你也许可以考虑批量销售。无论他们采用什么样的方式，你都可以尝试反其道而行之，并以此来获得一种不公平优势。

巴塔哥尼亚品牌的创始人乔伊纳德对此做了一个很好的总结："如果你想在商业上获得成功，你就不应该和可口可乐这样的大公司进行正面对抗，它们想要掐死你实在是太容易了。所以你必须与众不同，你需要想出之前没人想到过的一些东西，并用一种截然不同的方式去做。想要打破规则，你就必须发挥创造力，而这一点正是经营企业的乐趣之一。我就很喜欢打破规则。"

在你打破了规则后，你也许就进入了灰色区域，在这个区域中你甚至不知道你所采用的方式是否合法。优步在没有出租车牌照的情况下并没有申请出租车运营服务许可；爱彼迎（Airbnb）根本没有考虑过所谓的城市分区以及相应的行政管理法规；类似比特币这样的加密数字货币根本就没有等待政府的批准就已经开始进行它们的首次代币发行了。

如果你想创业，重新制定规则是让你脱颖而出的最佳方式。有时候也许你会受到轻微的警告；有时候你也许会被迫关门。这些只是一家创业公司必须承担的风险，但如果你遵循别人的规则行事，你的风险会更大。如果你不想突破极限，承担一定的风险，并且重新制定规则，你也许根本无法在别人的游戏中击败他们。

18. 与客户进行互动

曾经有一个创业者问我，他的产品是不是好产品。

你知道我是怎么回答他的吗？我说："我不知道，你应该问你的客户，然后再回来告诉我他们都说了些什么。"

作为一个充满了激情的创业者，在接下来的数周里他跑了很多地方，并向潜在客户询问他们是如何看待他的产品的。

当他回来的时候，他告诉我，90% 以上他接触的潜在客户都很喜欢他的产品，并且希望他在产品完成后再去他们那里一次。

你知道我是怎样对这个急切而又年轻的创业者说的吗？我说他的问题很严重，他的产品并不是他的客户想要的。客户绝不会购买他的产品，如果他继续沿着这条路走下去，他的企业最后肯定会失败。

为什么我会这样说呢？难道我是一个残忍的、总是想打破人们梦想的人吗？不，我始终在尽力对他人友善，但我也不想对他们撒谎。我之所以说那个小伙子的创意行不通是因为我没有听到我想听到的东西。因为没有一个客户说："哦，我的天！这东西太神奇了，我喜欢这款产品，明天我能拿到手吗？这东西要多少钱？我可以预订吗？"如果你听到的是像这样一类的反馈，你实际上根本没有得到任何反馈。没有人会当着你的面对你说你的产品太差了，他们并不想在你的面前显得粗鲁。他们会很有礼貌地微笑着说，这东西不错，然后要求你以后再来。

要让人们愿意为你的产品付钱，首先必须让他们喜欢你的产品，这意味着要么你的产品能够帮助他们解决一个非常关键的问题，所以他们必须拥有你的产品，要么这款产品提供了一种他们无法在其他地方获得的价值。如果他们不是真的需要或者喜欢你的产品，他们就永远也不会采取行动。如果你仔细地回想一下你最近在手机上下载的 10 个应用，那些你认为不错但还不是非常杰出的应用现在是什么状况？它们要么被扔在了一个你永远也不会打开的文件夹里，要么已经被你彻底删除了。

在"必需品"和"好东西"这两类产品之间存在着巨大的鸿沟。如果你销售的是"好东西"，没有人——哪怕是你最好的朋友——会长期使用它。我们都会专注于那些"必需品"。大家都很忙，没有人有时间来关心那些无法提供极致价值的东西，这意味着产品所提供的价值必须大于生活的惯性。我们所有人都不喜欢改变，如果没有一个很好的理由，没有人会愿意去学习使用一种新的软件。我们只有在迫不得已的时候才会考虑这样做。我很喜欢对我的那些创业者说："对于创业公司来讲'好东西'实际上是死亡之吻，但愿上帝保佑，你的产品不会成为这一类型的产品。"如果你发现自己正处于这样一种窘境中，那么你只能重新开始。

如何才能知道你的产品是否属于"必需品"这个范畴呢？如果你的产品是卖给企业的，那么你很容易就能做出判断。你只需要询问你的客户他们排在前五的优先事项是什么。如果你的产品无法帮助他们达成其中的某一个目标，你的产品马上就会被他们拒绝，而且你不会再和他们有任何业务往来。即使你的产品能够满足他们排在第六位、第七位或者第八位的优先事项也无济于事。没有人会在乎这一点，没有人会有时间去思考后面的这些事项。甚至他们可能根本就不知道排在第八位的优先事项是什么。所以，如果你的产品能够被他们排在前三的优先位置，你就肯定能够和他们建立起业务往来。

面向消费者的产品也同样如此。如果你有了一种全新的消费产品的创意，你可以进行一次小范围的广告推广。首先，你可以制作一个视频，建立一个登录页面，然后观察有多少人会点击购买按钮，即便那个购买按钮只不过是链接到了另一个页面，在那个页面上他们可以进行注册并在产品发布后收到通知。

如果你的产品是一种软件，你可以先做一款最小可行性产品，然后进行贝塔测试，接着让潜在客户尽早使用这款产品，并分析客户对这款产品的反应。他们会回头吗？他们使用这款产品的频率是多少？他们会向朋友介绍这款产品吗？征求这些客户的反馈，并询问他们，这款应用是"必需品"还是"好东西"？

Slack 的 CEO 斯图尔特·巴特菲尔德（Stewart Butterfield）在最终完成他的企业即时通信应用之前就已经把这款产品送到了客户的手中，而且在 7 个月内他就准备好了阿尔法版本。"我们祈求并哄骗那些在其他公司的朋友试一试我们的产品并给予我们反馈。"巴特菲尔德回忆道，"最开始的时候，我们在 6~10 家公司里进行了尝试，很快我们就发现这是一种很有效的方法。"每添加一家新的公司，他的团队就能学到一些新的东西，并随后对产品做出某些关键的调整。"我们采用的方式是逐步与更大的企业共享 Slack。"巴特菲尔德说道，"那个时候，我们常常会不由自主地脱口而出，'哦，原来这个主意并不如想象中的那么好'。我们通过添加更多的贝塔测试人员来增加我们在每一个阶段获得的反馈数量。"

在这一点上总会有人问我："你怎么看史蒂夫·乔布斯？他从来不在市场上测试他的产品。他根本就不相信这些。"

我的回答是，"那是因为他没有必要这样做"。当乔布斯推出苹果第一代电脑（Apple I）的时候，他早就知道个人电脑拥有一个很大的市场。那是一个由 MITS Altair 8800[1] 所开创的业余爱好者的市场，在一年前这款产品就已经出现在了市场上。当乔布斯在市场上推出音乐播放器 iPod 的时候情况也是如此，当时市场上已经有了无数的 MP3 播放器，而且销售情况还非常好，他只不过做了一款非常出色的产品而已。同样的事情也发生在 iPhone（苹果手机）上。掌上电脑 Palm Pilot 是在 1997 年推出的，几乎比 iPhone 早了整整 10 年，Palm Pilot 和智能手机 Treo 开辟了一条全新的道路并验证了市场的需求。所以乔布斯不需要向任何人求证，他只需要看着那不断增长的销售额，判断将来的市场需求量，然后制作一款更好的产品。

如果你没有这些数据，那你最好还是去收集一些相关的数据，在没有能看到未来的魔法水晶球的情况下，你唯一能获得相关数据的方法就是去接触你的客户。尽早地把客户拉进来，然后让他们与你的产品互动，从他们那里抽取相关的信息并进行分析。不要领会错我的意思，我并没有说要让你的客户来为你设计产品，设计只能完全靠你自己来。客户常常在看到产品之前甚至根本不知道他们自己想要的是什么。你需要从你的客户那里了解的是，他们是否认为你向他们展示的产品是一种必需品。如果他们等不及想马上拿到你的产品，你的产品就真的很有价值。

19. 是否要创造需求？

那些认为他们能够为他们的产品创造需求的人都是在白日做梦，没有人能够凭空创造需求，这根本就是神话。需求总是独立于产品而存在的。一款产品很酷，运用了某些最新的技术，而且还有一大堆花哨的功

---

[1] MITS Altair 8800 是历史上第一款真正在市场上被广泛接受的个人电脑。——译者注

能，并不意味着这款产品肯定能获得成功。任何产品都需要能解决一些客户最为基本的需求。

我曾经看到许多类似的事情。一些创业者带着他们失败的产品跑来见我，急切地想要说服我，他们的手上有一个真正伟大的发明。我总是会听到他们说："这款产品就是未来，尽管我们的销量并不好，但那只是因为人们还不能理解它。如果我们的手上有更多的市场推广预算，这款产品就肯定能畅销。"

真的很抱歉，世界并不是这样运行的。就算是世界上最有天赋的市场营销人员，在某个特定的时刻，他也无法让某个人购买一件他不需要或者在当时并不想要的产品。如果你做的产品太超前了，那就太糟糕了，你也许不得不去尝试其他的东西。因为你不能走在市场前面而指望市场去追赶你，这样的事情永远不会发生。

有创业者对我说："我们只需要耐心地培育市场"，这实际上是另一种死亡之吻。当我听到这句话时，我感到很痛心，因为这让我想起了当时我的第一家创业公司"蜘蛛舞"面临的情形。我们不得不一字一句地向好莱坞解释什么是互动电视，以此来获得订单。在整个市场崩溃之前，我们没有遇到很大的阻碍，但在这之后我们就没那么幸运了。客户砍掉了互动电视的全部预算，因为他们对此没有需求了。

培育市场是永远走不通的，你没有办法通过教育来让一个人购买你的产品。事实上，要么他想要这款产品，要么他根本没有兴趣，事情就这么简单。我同意，你的产品也许会很复杂，但这并不是客户不购买你的产品的理由。世界上有很多非常复杂的产品销量好得惊人，这只不过是因为这些产品满足了某种极其强劲的需求。当你向客户展示某款产品的时候，如果客户能够立刻辨识出其中的价值，这款产品就必定能够畅销。

作为一个创业者，你唯一的职责就是寻找到一种没有被满足的需求，并且创造出能填补这一需求的产品。有悟性的创业者绝不会专注于开发一款没有得到验证的新产品，相反，他们会专注于发现需求。这听起来很简单，但是当你知道创业者会花费多少时间去制作一款根本没有人要的产品，而不是用这些时间去发现用户的真正需求时，你肯定会感到非常惊讶的。

从你创业的第一天起，你的使命就应该是去发现用户真正的需求。你应该先放下设计、编写代码、市场营销以及融资，所有这些都可以等到以后再说。没有被发现的需求才是真正驱动一家创业公司的动力，你发现了新的需求，这就像你成功地开凿了一口油井，所有相关的东西都会开始流动起来。客户会蜂拥而至前来购买你的产品，投资人会排队上门向你提供资金，专栏作家会跟在你的身后撰写关于你的文章。需求越大，企业的前景也就越好。

如果在这一章里有一样东西是我希望你能记住的，那就是需求为王，需求制定了规则，而你必须遵循这一规则。

第二章

获得风险投资：让我看到你的钱

　　新闻记者喜欢将得到了风险投资公司注资的创业公司以及独角兽企业神化。成千上万充满了渴望和幻想的创业者从全世界涌向硅谷，期望能够实现他们的硅谷梦想。这是来自一个特殊俱乐部的邀请，是一种荣耀的象征，也是一种你已经准备好加入大同盟的标志，它赋予了你的企业能够快速超越其他公司的动力。谁不想有一间真正的办公室、可以自由支配的市场营销预算、没有同时打两三份工的员工，以及在 21 世纪才刚刚发明的笔记本电脑呢？

　　等等，不要做白日梦了。生活不是电影，想要说服投资人把钱投给你绝不是一件容易的事。尽管你可能听说过很多故事，但你不能期望只要背着一只编织袋走在沙丘路上，就有风险投资公司往你的袋子里装入现金。在绝大多数的情况下，融资是一件非常折磨人的事情，尤其是当你并不知道你正在做什么的时候。

　　我帮助创业公司进行融资已经有超过十年的经验，我曾看到全世界各地的很多创业者浪费了大量的时间和金钱用完全错误的方式和投资人进行沟通。他们并不清楚风险投资公司真正想要了解的是什么信息，或者这些公司又是如何进行思考的。理解投资人的观点和看问题的视角才是达成融资交易的关键。可能会对融资的结果产生影响的要素包括创业公司陈述相关数据的方式，以及所有的信息是如何组织起来并传递给投资人的。

下面我会和你深入地探讨，作为一个创业者你必须认真处理的问题，其中包括：如何确定企业的估值？什么样的律师才是一个好律师？为什么社会资本很重要？以及如何做一次完美的融资路演？你还要处理一些非常困难的问题，比如，创业者如何才能识别出一个合格的投资人？在什么时候放弃交易对你是非常重要的？创业公司需要做些什么才能脱颖而出？管理投资人渠道的最佳策略又是什么？

我希望这些可以帮助你减轻一些痛苦，减少你在融资上所投入的时间，并使你能够通过谈判获得更加有利的条款。至少，所有这些可以让你了解一些风险投资人很少会与人分享的秘密。

1. 风险投资的内幕

让我们首先从风险投资的内幕开始。硅谷的风险投资分为几个不同的阶段，首先是天使投资人，他们往往是成功的商业人士，他们中有很多人曾经也是创业者。天使投资人一般会在创业公司最需要帮助的时刻进行投资，从而获得他们的收益。在创业的早期，你能够筹集到的钱通常是非常有限的，所以在这个时候天使投资人就会起到很关键的作用，因为他们不仅投入现金，还向创业者提供他们的经验、指导以及商业关系网络。

按照美国国家经济研究局的数据，创业公司在接受了天使投资后，能够存活 18 个月或以上的概率将增加 14%。有天使投资的公司平均多雇用了 40% 的员工，而且天使投资使企业成功退出的概率至少增加了 10%。有天使投资的公司还更有可能吸引后续的融资。所有这些都意味着你绝不应该对天使投资嗤之以鼻，并且更倾向于选择其他形式的融资。

天使投资人会因为不同的原因而决定是否要投资。有些人想要借此赚大钱，而另一些人则很乐于向创业公司提供帮助，并以此来回报社会。还有一些天使投资人想通过证明自己能够在早期就介入了某个行业的明日之星而获得吹嘘的资本，再有某些天使投资人并不想承担创业过程中的艰辛和困苦，却又想体验一把创业者的荣耀。当然，有时候还会是上述原因的综合。

硅谷的绝大多数天使投资人对于那些有潜力成为大企业的创业公司非常有兴趣。他们想要的通常不是一家开在社区附近的自助洗衣店、发廊或者餐厅，而是那些在创业后期风险投资人也会瞄上的相同类型的创业公司。二者选择的标准大致相同，但其中一项重大的差别是，大多数天使投资人对于在早期阶段就退出实际上并不在乎，这是由于它有着不同的商业模式。创业公司在更早的时期所需的资金也更少，他们也没有必要投入更多的钱，所以让一家创业公司成长为一家独角兽企业并不一定是他们的首选。天使投资人通常投入的金额从几千美元到数十万美元不等，他们几乎随处可见，但具体投入多少取决于他们的钱袋大小和风险偏好。

其次，是种子投资人，他们在天使投资人和较大的风险投资之间建立起了一座桥梁。种子投资人通常会有一个比较小的基金，其规模常常不到1亿美元。有时候天使投资人也会在种子轮进行投资，尤其是那些有一个很大资金池的超级天使投资人。种子基金往往会专注于早期的创业公司，而这些创业公司也是风险投资的目标。这些创业公司通常都会有一些很实在的东西，但它们需要更多的时间和金钱去验证这些东西。典型的种子基金的投资金额从数十万美元到数百万美元不等。

在种子轮之后就是被人们通常讲的"A 轮前"融资，这是一个全新的名词，直到 2013 年才流行开来。当时，那些比较大的风险投资公司在进行 A 轮投资前提出，它们想要看到目标企业能够表现出更多的上升势头。而与此同时，超级天使投资人、种子基金以及投资萌芽期的风险投资则乘虚而入，填补了由此而出现的空缺，它们的投资金额从 50 万美元到数百万美元不等，从而在种子期和 A 轮融资期之间架起了一座桥梁。

请不要误解，这几轮融资在规模和性质上并没有非常严格的区分，更多取决于创业公司所处的行业、所需要的资本、创业公司的创始人、交易的竞争程度以及其他很多变量。在这里我所叙述的只是某种经验法则，事实上并不存在这样一条规则。我曾经看到过有些公司，比如，增强现实公司 MagicLeap 在还没有表现出任何上升势头的情况下就已经融到了数十亿美元，事实上，这样的公司拥有的只是一些非常吸引人的创意、很酷的视频以及完美的时机。

顶级的风险投资公司通常在创业公司进入 A 轮融资的时候才会开始介入。在这个节点上，公司的估值还没有真正开始高企，但是很多风险已经无须再加以考虑，所以这是一个最佳的时机。一些著名的风险投资机构如红杉资本、凯鹏华盈、Accel Partners、格雷洛克（Graylock）以及安德森·霍洛威茨（Andreessen Horowitz）通常都是在 A 轮开始投资的，它们的投资金额通常在几百万美元到数千万美元不等。对于一些极其热门的 A 轮交易，竞争往往会非常激烈。正因为这一点，一些顶尖的风险投资公司已经开始参与一些非常有前景的种子轮融资交易，甚至可能还会参与一些更加早期的融资。如果能确定当前的项目就是下一个大数据公司 Palantir 或者 Square，他们肯定会在早期就介入，即便这样做只不过是为了在台面上确保有他们的位置。

很多创业公司所面临的问题是，如果你在早期就引进了一些大牌的风险投资公司，比如红杉资本或者 Accel Partners，它们却选择在后面的几轮融资中不再参与，它们的决定很可能会吓跑其他的投资人。一般来讲，天使投资人和种子期投资人在后面的几轮融资中不会跟进，但如果一家财大气粗的风险投资公司拒绝参与接下来的几轮融资，这就有可能给这家创业公司带来麻烦。毕竟，如果这家公司拥有真正的潜力，为什么原来的投资人会对这笔交易毫不关心呢？他们不参与后期的融资，实际上是在告诉其他的投资人，这家创业公司在某些方面出了问题。这就是为什么我会告诉那些创业公司，在它们准备好以前，最好还是避开大型风险投资公司，毕竟负面信号所蕴含的风险是不可控的。

"投资人联合投资基金"是资金的另一个来源，这里的"联合投资基金"是指由一大群天使投资人联合在一起所形成的一个很大的资金池。通常来讲，一位名人或者一家公司会作为领投人来管理这样的联合基金，并且会从这个基金中抽取一定百分比的利润作为回报。他们中有很多人会用股权众筹平台 AngelList 的网站来组织众筹并对创业公司进行投资。"联合投资基金"以前主要专注于早期的创业公司，但现在一些更大的"联合投资基金"已经更像是传统的风险投资。事实上，除非有一家很有资历的风险投资公司进行领投，否则很多"联合投资基金"绝不会贸然进行投资，这也使得他们开始脱离天使轮和种子轮的投资。显然，他们这样做的主要目的是降低风险。

创业公司还能从孵化器和加速器那里获得资金。人们总是会问我这两者之间有什么区别，而我的回答是这要看你来自哪里。在绝大多数的情况下，这两个词汇在使用时是可以互相替换的，但是从字面意义上来讲，孵化器通常会在一家创业公司极其早期的阶段向创业者提供帮助，往往在那个时候，创业项目可能还只有一个未经验证的创意。Idealab、Betaworks 以及 Rocket Internet 等孵化器就是如此。有时候孵化器会构想出相关的概念，并出面组建团队，然后再为整个项目提供资金，当然，到最后它们还会拿走这个项目的绝大多数的股权。然而在中国以及大多数其他的地方，孵化器更像是共享的办公空间，它们中的大多数不会进行任何形式的投资，只是向创业公司提供一个办公的空间以及社区。

加速器往往专注于已经建立起来的创业公司，这些创业公司有完整的团队，而且它们的产品要么正处于研发阶段，要么已经推向市场。加速器的使命就是加速这些创业公司的成长。它们常常向创业公司提供所需的资金、培训、社区以及共享的办公空间。创始人空间、Y–Combinator、500 Startups、Plug and Play 以及 Techstars 等都是加速器。加速器不但会进行投资，而且还会向创业公司提供各种机会，让它们去接触由天使投资人、风险投资人、导师、顾问以及战略合作伙伴等组成的人际关系网络。

进行融资的另外一个选项是企业投资人。在过去，企业风险投资往往到了后期才会介入，且总是跟随一些老资格的风险投资的脚步。但最近有很多大公司开始自己直接领投，并且会在一些更早期的项目上进行投资，甚至有些大公司还提供孵化和加速服务。但你需要注意的是，企业往往有自己的计划，它们更多是出于战略上的原因而不是为了获得财务上的回报而进行投资的。当然，在企业想从创业公司那里获得的东西与创业公司自身的最大利益之间可能会存在某种形式上的利益冲突。

在大多数的情况下，企业的参与还是非常有价值的，尤其是如果企业能够提供有价值的资源，比如软件平台、技术、分销渠道、工程和制造。只要企业不在创业公司身上施加各种麻烦的限制，这就将是一种双赢的局面。创业公司则需要密切关注利益的冲突，如果一家创业公司和一家企业形成了某种形式的同盟，今后也许它就很难再和这家企业的竞争对手做生意了。天使投资人和风险投资公司的钱就没有这种缺点。在这里我有一条规则：当你面对企业投资人的时候，如果这家企业是你其他客户的竞争对手，就绝对不要拿它的钱。因为这样做会对你的业务造成非常严重的限制。

当你转向风险投资公司进行融资时，你需要明白的一件重要的事情是，投资人想从一家创业公司那里获得什么。大型风险投资公司往往倾向于从机构投资人那里筹集资金，这些机构投资人可能包括大学接受的捐赠、银行、工会、养老基金以及保险公司。这些机构投资人被称为有限合伙人，它们会在基金中投入大量的资金，并期望能够获得超出市场平均值的回报。这对于运营基金的风险投资人来讲是一件好事，因为他们通常能从中获得2%的年度管理费以及在基金到期后再获得20%的利润。对于一个规模为数十亿美元的基金来讲，无论这个基金最终是否能产生利润，单单管理费就可以达到每年2 000万美元。现在想必你已经能够理解为什么有些风险投资公司会如此富有了，因为它们根本就不可能会赔本。

这样的结构激励了风险投资公司去筹集尽可能多的资金。在硅谷，顶级的风险投资公司经常会有10亿美元以上规模的投资基金，但这里的问题是，风险投资公司筹集的资金越多，它们要求的退出规模也会越大。这是因为风险投资公司需要让这样大的一笔钱运转起来，另外，寻找到一些合适的创业公司并向其投入它们手中的10亿美元也并不是一件容易的事，而且绝大多数的风险投资公司需要在基金生命周期的前三年内把钱投给合适的对象。

这意味着大规模的投资基金要能够很快地把大量资金用出去，在这方面它们承受着巨大的压力。用 2 000 万美元的价格收购一家创业公司，这对于一家大型的风险投资公司来说实在是一笔可有可无的交易，哪怕这笔交易的投资回报率可以达到 10 倍以上。你只需要做一道很简单的算术题就能明白这一点。我们假设有一个基金投资了 100 万美元并且还获得了 10 倍的回报，这听起来相当不错，但是 1 000 万美元对于一个 10 亿美元的基金来讲实在只是一个很小的数字，在小数点后面简单的四舍五入所造成的误差就有可能超过 1 000 万美元。换句话说，这样的交易对于大型的风险投资公司来讲实在是浪费时间。单单这一个原因，那些大型的基金正在寻找的创业公司就必须是那些在退出时可以达到 5 亿美元以上估值的企业。这是他们投入足够的资金以满足投资人期望的唯一途径。

风险投资公司最为看重的东西是时间，它们手上的资金看上去似乎是取之不尽的，但是它们的时间肯定不是这样。对创业公司进行尽职调查会花费很多时间，填补董事会的席位并承担相应的责任也要花很多时间。要想有效地承担起董事会的责任，任何风险投资公司能够兼顾的董事会席位都是有限的，所以它们很自然地会限制参与的交易数量。这意味着它们会首先过滤掉那些不需要很多资金的创业公司，换句话说，它们想要投资的公司要能够发展得足够快并且规模还要足够大，这样它们就可以在基金的生命周期内向这家创业公司投入数百万美元，并以此来催生出一家独角兽企业。

风险投资公司很清楚，它们的绝大多数投资根本无法为它们带来期望的回报，但它们也知道，只需要有一到两个投资项目可以获得重大成功，就足以弥补它们在所有其他项目上的损失，并且还能获得巨额的回报。它们想要的是下一个小米、DocuSign（电子签名）、Spotify（声田）或者 Dropbox（多宝箱）。所有这些公司被称作基金的"贡献者"，因为只需要有一家这样的创业公司就能够赚回整个基金在所有其他方向上的投入。

在过去的几年时间里，一些大规模基金始终专注于这一类型的交易，从而完全忽视了其他类型的交易。你的创业公司也许有非常好的机会成为一家盈利的企业，这对于那些风险投资公司来讲却毫无意义，因为他们对于任何中小型企业都不感兴趣。如果你的公司没有成长为一家独角兽企业的潜力，你的公司和他们的商业模式就不匹配。这意味着整个硅谷都被捆绑在了一种由热门产品驱动的系统中，在这样的环境中，所有人都在寻找下一个能够一鸣惊人的创业公司。

任何规则均有例外，但如果你来到硅谷，任何不遵守规则的行为都将是无用功。虽然不是完全没有成功的可能性，但那样做只会让你更难获得融资。我之所以在这里告诉你这些，是因为并不是所有的创业公司都适合风险投资。事实上，只有极少数的创业公司是适合向风险投资进行融资的，绝大多数的初创企业最好还是远离风险基金。

我曾花费大量的时间与那些非常早期的创业者相处，想搞清楚他们的企业是否适合硅谷的融资模式。在大多数的情况下，那些企业都无法真正满足硅谷资本的需求，所以它们要么改变自己的方向，要么调整自己的预期。除非一家创业公司能够证明它可以在接下来的三年时间里实现指数级增长，即到第三年的时候，它每年至少有 5 000 万美元的营业收入，否则根本没有必要去接触风险投资，那样做只不过是在浪费时间。很多创业公司都会抱怨这一点，但世界就是这样运作的。如果你的商业模式不适合风险投资，那么任何一厢情愿的想法和喋喋不休的抱怨都无济于事。

2. 了解你的估值

投资人很喜欢问创业者："你的公司估值是多少？"这是一个不怎么公平的问题，因为绝大多数创业者，尤其是当公司还处于早期的时候，对于这样一个问题都不知道该如何回答。事实上，投资人要比创业者本人更清楚问题的答案。那么，为什么投资人还会提出这样的问题呢？那是因为投资人并不想与自己进行竞价，他们想看一看创业者给出的估值是否与他们的估计相一致。如果创业者给出的估值低于他们的预期，那么投资人会非常高兴。如果创业者给出的估值更高，那么他们就应该做好谈判的准备了。创业者给出的答案同时还告诉投资人，前者对于他的公司到底了解多少。一个聪明且有悟性的创业者往往对于市场承受能力有着非常良好的感知。

那么，用什么方法能知道公司的真正估值呢？答案很简单，没有办法。除非你已经完成了一轮融资定价，否则你永远也无法知道你的公司的真实估值。到了那个时候，公司的估值就是投资人愿意为其股份所支付的价格。这一点对于任何公司都是如此，无论你是上市公司还是私营公司。上市公司的股票始终在不断地被交易，所以每个人对于上市公司的价值都会有一个清晰的概念。但对于创业公司，那就是另外一回事了。

我喜欢将私营公司的估值与不动产的价值进行类比。某套房子的价值是多少？房子本身的大小和具体特点并不总是最好的判断指标，同样一套房子的价值在富人区就比在贫困地区高很多。想要确切地知道一套房子的价值，唯一的方法是看在同一社区里其他的房子可以卖到什么价格，然后基于最近的销售数据来估算相应的价值。

在过去，你需要向一个房产中介来询问这些信息，但今天你可以很简单地在网上查询到所有信息。但不幸的是，对于创业公司来讲事情就没有那么简单了。事实上，创业公司的类型很多，并且它们还覆盖了大量不同的行业。让事情更加复杂的是，大部分的融资数据都是保密的，所以你很难获取相关的数据。在大多数的情况下，你唯一可以寻求帮助的人就只有投资者本人了。

那些已经投资了很多创业公司的投资人非常清楚，在某一个特定市场上的某家创业公司可能具有多大的价值。交易量越大，数据质量也就越高。投资人通常会首先在自己的大脑里构建一个模型，这个模型可以对处在不同阶段和不同领域中的创业公司进行估值。当一家新的创业公司出现在他的视线里的时候，这家公司就会被自动映射到模型中。如果创业者开出的价格过高，投资人就很可能会犹豫不决。

我曾经就遇到过这样一家创业公司，这家公司的创始人来到创始人空间，对我说，他的公司的交易前估值应该有 1 500 万美元。我很明确地告诉他这个数字太高了，能拿到一半的估值就算幸运了。他的手中甚至还没有一款真正的产品，有的也只不过是一个创意。没错，他的团队非常出色，但是为了融资报出的估值太高了。但是这位创始人非常坚持，他发自内心地相信他是正确的。为了打破僵局，我把他介绍给了一些投资人，让他对市场有一个更加清晰的感受。

正如我预料的那样，投资人很喜欢这家创业公司，但是无法接受其报价。即便有了这样的反馈，那位创始人依然还在坚持，不愿意降低他的估值。看到这样的情形实在是太让人尴尬了。那位创始人在之后的一年里继续到处寻求投资，但最终不得不回到我这里表示愿意接受我最初的估值，只是市场在不断地变化，此时在那个领域想要获得融资已经比上一年要困难很多了。在我们初次会面的两年后，我们双方最终还是以我当初的估值达成了融资协议。

这里的教训是，你应该尽早地从多个不同的渠道获得对于公司的估值，然后以此来调整你的预期。不管你认为你的创业公司值多少钱，它的真正价值只等于市场愿意支付给你的金额。如果你想进行融资，你就必须与市场保持一致。我的建议是，在进行融资之前，每一位创业者应该尽可能多的与风险投资公司的内部人员进行沟通，但不要向他们提出你的融资要求，而是要求他们对你的公司的价值进行快速地评估。

与此同时，你还应该主动去接触其他创业者，向他们询问市场行情。在这里我想强调的是，你能够收集到的数据越多越好。另外有些网站，比如 TechCrunch（技术咀嚼）网站的数据库 Crunchbase，它能够告诉你有哪些交易将会很快达成。在 Angel.co 以及其他类似的融资网站上，你还可以看到所有创业公司的估值排名。如果你能登录这些网站，你很快就能对整个市场有所了解。

在你了解了所有这些数据之后，你对于自己的创业公司在硅谷的价值就能有一个相当清晰的概念，但是你对它在北京或者柏林的价值到底是多少依然毫无头绪。这就和房产一样，一栋房子所在的地理位置不同，其价值也不同。一栋位于纽约的房子要远比同样的一栋位于底特律的房子值钱很多。一家创业公司的估值会随着它在不同的地方进行融资而变化。有时候它的价值会更高，比如，中国创业公司的估值现在依然高得离谱，但有的时候估值又会非常低，比如绝大多数欧洲国家的情况就是如此。而所有这些都取决于风险投资在市场上的供应量以及创业公司的需求。

我建议，创业者可以在估值区间内选取一个恰当的中位数。如果你选的价格太低，你实际上就吃亏了，但如果你选的价格太高，这只会减慢你的融资进度，所以最好还是在钟形曲线的中部选定你的创业公司的估值。如果你的公司真的非常热门，也许你会有很多竞标者，并最终有权利选择你的投资人，在谈判中能够处在这样的位置是非常难得的。正如在房地产市场中的情形一样，如果你能让很多人同时竞标，这不但能提升你的公司的估值并获得更好的交易条件，而且还能够大大缩短你在融资过程中花费的时间。

3. 尊重并喜欢你的律师

律师、律师、律师。没有人喜欢他们。但你确实需要一个律师，绝对不要以为在硅谷你能在没有律师的情况下为一家创业公司完成融资。在其他的国家也许会不同，但是在美国，我可以向你保证，不请律师是一个大错。所以在这里我将告诉你应该找一个什么样的律师。

你必须做出的第一项选择是，找一家著名的律师事务所还是一家精品律师事务所。大的律师事务所有一系列的优势。它们能为你的企业带来你所需要的公信力。它们拥有品牌、顶尖的律师、全球化的联系网络以及强大的法律团队，能为你解决从公司法到知识产权以及法律诉讼等所有的事情；那些最令人尊敬的律师事务所带着一种光环，人们会认为没有一家顶尖的律师事务所会在它认为无法获得成功的创业公司身上拿自己的声誉冒险。那些顶尖的硅谷律师事务所对于投资人来讲就像是过滤器，它们会选择最好的创业公司然后定期将这些公司介绍给风险投资人。这些顶尖的硅谷律师事务所包括 Wilson Sonsini、泛伟律师事务所（Fenwick & West）、DLA Piper、Cooley、Goodwin、博钦律师事务所（Perkins Coie）等。我没法在这里把它们一一列举出来，因为那将会是一份很长的清单。

如果你遇到的是一家顶级的律师事务所，你应该充分利用它的社会关系，让它把你热情地介绍给风险投资社区。请记住，推介的数量和质量取决于你的合作律师事务所，以及它对你的创业公司到底持有多少信心。有些合作律师事务所会竭尽全力地帮助你获得融资，而其他的不过只想处理你的法律文件罢了。从一开始就分辨出你正在与之打交道的是哪一种类型的律师事务所是一种很明智的做法。

一个用来衡量你的合作伙伴会为你付出多大努力的聪明的指标是，他们是否愿意推迟收取你的律师费，直到你完成融资交易。这对于一家正在艰难求存的创业公司来讲这可能就是一根救命稻草。一种典型的做法是，他们会对允许你延期支付的款项设定一个最高的限额，这个最高的限额可以从 5 000 美元到 5 万美元不等，甚至是更高的金额，具体将取决于他们对你信赖的程度。一笔大金额的可延期支付的款项意味着这家律师事务所正在对你的成功进行投资，而且很有可能它还会为你做一些非常有价值的推介。这实际上也是一种激励措施，因为如果你无法获得成功，它也就没有办法获得报酬。

但是绝不要天真地以为它这样做是免费的，其实它知道你肯定会在事后支付相关的费用。事实上，律师事务所承担的风险越大，它所期待的回报也越多，越是大的律师事务所收费也越高。在硅谷，顶尖律师的收费标准可以达到每小时 1 000 美元甚至更高，所以请做好心理准备，在将来你肯定会面对一张巨额的律师费账单。一种安全的预防措施是尽可能地从相关的律师事务所拿到某种形式的打包价，从公司的组建到专利的申请再到后期 A 轮融资协议的达成，所有这些事情的成本都会以书面形式一一列明。想要拿到这样的打包价是很困难的，但有时候律师事务所确实会这样做，所以如果你事先就提出这样的要求，对你绝对不会有什么坏处。

另外的选项是和一些较小的律师事务所进行合作，或者去找独立律师。他们通常没有资格把你介绍给一些顶尖的投资人，或者有足够的资金可以允许你延期支付相关的服务费用，但是他们可能会非常便宜。我总是建议创业公司与所有能够遇到的不同律师进行协商，在最开始的时候你手上拥有最多的筹码，一旦你与律师签订了协议，再想要拿到一定的折扣就会困难得多，但也不是不可能。如果你与之打交道的是一家小型的律师事务所，通常你能拿到一揽子交易。其内容可能包括从注册公司、申请临时专利以及用一种单一的固定费率来设立股票期权的方案。当然达成这样的交易你得先付钱，但这确实是一种相当不错的省钱方式。它这样做的目的就是把你这笔生意从更大的律师事务所那里抢走，而且在将来为它带来回报。

很多较小的律师事务所以及独立律师缺少大型律师事务所的那种光环效应以及全球性的网络，但是在专业领域他们的工作能力和那些大型律师事务所相比丝毫不逊色，而且他们能够以非常低的时薪极其出色地完成工作。不过小型律师事务所的缺点是你必须事先付款，如果你没有钱，当你达成交易时就很有可能会遇到障碍。另外，除了钱的问题，最重要的事情是，在这家律师事务所里你应该找一个什么样的人来作为你的合作伙伴。没有什么比律师的质量更重要的了，你也许能找到这个世界上最好的律师事务所，但如果你无法做到和律师和谐相处，那将会是一场真正的灾难。

在你签署协议之前，你应该首先问一些问题。你即将与之合作的律师是会亲自积极地参与交易的谈判并最终帮助敲定协议文本，还是会由一个刚入行的助理接手所有的工作？在一家大型律师事务所里，有很大的可能是一些底层的员工在实际处理绝大部分的工作。那么他们是谁？他们的能力真的足以处理相关的事务吗？所以你完全有必要和他们先见一见面，因为也许你和他们在一起的时间会远远多于其他任何人。请务必当面向对方提出上述这些问题，不要感到不好意思，这不过是整个流程的一部分。另外，再多花一些时间与其他的律师事务所进行沟通，是你在花钱雇用他们，所以你应该确保他们的文化、个性以及价值观能够与你相吻合。

我们先把成本放在一边，首先来看一下具备什么样的品质才算是一个好律师？最为重要的品质是他能为你提供什么类型的建议。差的律师往往会给你一些很模糊的建议，比如，你也许会就协议中的某个条款询问他的意见，他给你的却是一系列选项，接着他会向你解释每一个选项可能带来的微妙的法律后果。请相信我，这绝不是你付钱来让他做的事情，你并不需要他给你上一堂法律课，你需要的是直截了当的商业建议。通常在他解释完所有的选项后，你对于真正问题的理解并不比他开始解释前更加清楚。那么为什么律师会做这样的事情呢？因为他们认为做出一项艰难的决定是你的责任，他们的工作只是向你提供法律上的建议。这完全是一派胡言，一个好的律师绝不是这样做事的。

我欣赏的是像艾莉森·蒂利（Allison Tilley）这样的律师。艾利森就职于 Pillsbury Winthrop Shaw Pittman 律师事务所，在我先后两次创业最为艰难的时刻，她一直是我的律师。她明白该如何给出清晰而明确的商业建议。无论什么时候，当我向她提出一些非常困难的问题时，她总是会这样回答："我建议你这样做，尽管这样做有风险，但在目前的情况下这是你最好的选择。"她知道该如何回答，因为她在和很多创业公司接触的过程中已经经历了太多类似的事情。你需要的是一个知道如何以一个创业者的方式去思考问题的律师。创业者所做的每一件事都蕴含着一定的风险，你没有任何方法可以消除其中的风险，你能做的只有尽全力去管理相关的风险。一个好的律师绝不会让你淹没在一大堆法律术语中，她只会清晰地告诉你冒哪些风险是值得的，而哪些风险应该尽力避免。

艾莉森身上的另一个品质是，当你需要她的时候，她总能出现在那里。当我为创业公司谈判协议的时候，我所面临的结果往往都是要么达成交易要么关门大吉。在那个时候，我的身上只剩最后一分钱了，而我需要的结果只能是达成交易，否则我的公司很可能在几周后破产。有些律师可能只是反应不够及时，你也许在谈判的过程中需要他们的参与，但他们可能一两天都不给你回电，这就会耽误谈判的进展。我总是希望当我谈判的时候，我的律师能守候在电话的另一边，并能帮助推动整个谈判出现我想要的突破，这样我们就可以很快地达成交易。而我的律师艾莉森，当我们最需要她的时候，总是会出现在那里，但不是所有的律师都能做到这一点。

我曾看到因为律师的反应太慢而造成的损失，当时我正在和一家创业公司合作，它的律师对于每一项请求都要花数周的时间才会做出回应。这家公司的 CEO 都快发疯了，因为即便是一件很小的事情他都要等很长的时间才能获得反馈。我直截了当地告诉那个 CEO，"不要再用这个律师了。"他并没有接受我的建议，理由是那个律师已经参与了他们太多的事务。在接下来的 6 个月里，我不得不倾听无穷无尽的抱怨。

请记住，律师是你花钱雇来为你做事的，任何时候你都可以让他走人。你可以很容易地将相关的法律文件转交给一位新的律师处理，因为98%的法律文件都是按照一个标准的模板进行起草的，任何一位还算过得去的律师都可以接手他前任的工作。事实上，换掉一位律师要远比你换掉一位首席工程师简单得多。

不要忘了你还应该自己做一点功课，不要仅仅面试你想招募的那个律师，最好去和这个律师的客户见一面。找找看有哪家创业公司和这个律师配合得很好，请这家创业公司的人员吃一顿饭，然后尽可能多地询问你想知道的细节。比如，这个律师是不是反应很及时，是否能向你提供清晰明确的答案，是否对相关的法律有透彻的理解，以及会不会随意增加法律服务的账单。这里的最后这个问题是最难得到答案的，因为你几乎无法做出判断。

最后，律师是你的团队至关重要的成员，而且你需要有人可以在背后支持你。我从我的律师那里学到了很多东西，那些好的律师实际上能教会你如何通过谈判来达成一个协议，而且还能清晰地告诉你哪些条款值得你努力去争取，而哪些可以放弃。比利·施瓦茨（Billy Schwartz）是 Morrison & Foerster 律师事务所的律师，可以说我欠了他一个很大的人情，正是他帮助我从我的第一家创业公司中解脱了出来。在收取了一笔固定的费用后，他花了好几天的时间教会了我和我的合作伙伴在谈判授权协议的过程中可能会涉及的各种错综复杂的问题。这样的律师是非常稀少的，但他们是肯定存在的。在过去的数年时间里，我和我的合作伙伴已经学到了很多东西，现在我们已经能自行处理大多数比较小的交易而不再需要律师的参与。我的合作伙伴起草或者修改合同的方式，常常会让和我们谈判的律师误以为前者也是一位律师。所以，你真正需要知道的是，什么时候你应该花钱雇人去做，什么时候风险很小，你完全可以自行处理。

有很多顶尖的律师事务所，比如 Orrick，已经把大量的法律文本模板放在了网上，你可以在网上通过搜索"Orrick 工具包"免费下载这些模板。如果你作为创业者目前囊中羞涩，没有办法拿到延期支付的待遇，并且会使用法律术语，这也许就是你最好的选项。这里我并不是说你不需要聘请一个律师，但如果你确实负担不起，那么就尽你所能向前迈进。在适当的时候我也会使用这些模板，这些模板在法律层面上是非常扎实的，一些世界上最为顶尖的律师都曾经仔细地审查过这些文档。只要你能够严谨地遵照模板，并且能理解你所选用的模板文档中的相关条款，那么应该不会有什么问题。

如果我是一个用自有资金创业的创始人，我会毫不犹豫地浏览硅谷的每一家主要律师事务所的网站，并下载所有我能够找到的免费法律文本，之后在任何适用的场合我都会直接使用这些文本。为了省钱，有一种相当不错的策略是从一开始你就直接参与谈判，并在谈判的过程中使用已经被认可的法律文本模板，直到进入最后的阶段你再去请一个律师，让他对所有的法律文件进行最后的审核。这样的做法可以让你的法律服务费减少 90%。我甚至下载过微软和谷歌的《终端用户授权协议》文本，然后按照我的需求对这些文本进行修改。我认为如果这些文本对于这个世界上最大的公司来说都已经足够好，对于我的创业公司来说也应该是完全没有问题的。任何有自尊心的律师都会反对这样的做法，但事实上又有哪家使用自有资金创业的创始人，在他们甚至还没有验证自己的创意时，就有能力花费数千美元在法律文件上呢？如果你面临的选择是，要么你根本就没有任何《终端用户授权协议》，要么就使用对微软和谷歌的文档进行修改后的这个版本，你会怎么选择呢？我知道我的那些律师朋友会因此而斥责我，但严格来讲，在这些文档中绝大多数的条款都是格式条款。在你完成了融资后，再请一个律师对你原先使用的条款和条件进行有针对性的调整和更新即可。

请记住，在一些简单的事情上，模板文档还是相当有用的，比如保密协议、授权及发布表格、独立承包商协议等。但是在一些更加复杂的交易中，比如谈判某一轮融资的价格时，模板文档就派不上用场了。在这种情形下，请一个你能请得起的最好的律师还是非常明智的。因为你看不到可能会存在的陷阱，万一你把事情搞糟了，在将来你就有可能付出高昂的代价。类似于清算优先权以及董事会所占比例这样的事情对于你公司的将来都是非常关键的，而且你也绝不会想承担失去所有的风险。不要因小失大，正如我在前面说过的，所有这些都涉及你如何去管理风险。最后，我的建议是，充分运用你的判断能力，不要过度紧张。你做的每一件事都会有一定的风险，法律仅仅是其中之一。

4. 为你的投资人准备的路演文档

一份当你面对投资人时用于现场路演的演示文稿和一份以书面形式递交给投资人的说明文档并不是一样东西。路演文档是在你与投资人会面后，你亲自向其讲解项目时所使用的 PPT（演示文稿），而那份完整的（未删减的）说明文档是你发送给投资人，让他们对项目进行审核时使用的 PPT 文件。路演所使用的 PPT 文件必须简洁和直观，并且每一张投影页面上的文字越少越好，而以书面形式递交的完整说明文档肯定需要包含更多和更全面的内容，因为这样一份文档是当你不在投资人的面前时专门供投资人自己阅读使用的。

下面是我给所有我曾辅导过的创业公司用于路演演讲的文档模板，这个模板是为进行 3 分钟的路演而设计的，它短小但能直指要点。在这里我尽可能地精减了幻灯片页面，你完全可以自行添加页面来为一个用时更长的演讲做准备。

第 1 页：标题页

◎ 给出你的公司名称以及商标，你应该选用大号粗体，字体必须清晰可辨。

◎ 标题应该只有几个单词的长度。

◎ 包含一张可以突出你的主要业务的漂亮图片。

◎ 不要忘了在右下角加上你的名字、电话号码以及邮件地址。

第 2 页：痛点

◎ 你为客户解决了什么问题？

◎ 尽可能用图片来说明你想说明的东西，最好只使用几个单词做解释。

第 3 页：大愿景（解决方案）

◎ 这里会有什么重大的机会？

◎ 你将如何改变你所在的行业？

第 4 页：你的产品

◎ 你的产品能做什么？

◎ 它是如何工作的？

◎ 你的产品为客户带来了什么好处？

◎ 如果你有一个简短的、让人耳目一新的产品视频，你可以把视频放在这一页上。

◎ 视频的长度不要超过 30 秒。

◎ 如果你的视频质量马马虎虎，那么最好还是不要放在这里。

第 5 页：目标市场

◎ 潜在市场有多大（用数字说明）？

◎ 有多少客户会需要你的产品或服务？

◎ 他们愿意为你的产品付多少钱？

第 6 页：竞争

◎ 谁是你的竞争对手？

◎ 什么是你的独家秘诀？

◎ 什么让你与众不同？

第 7 页：商业模式

◎ 你如何赚钱？

◎ 你的定价策略是什么？

◎ 你预估的利润率有多少？

第 8 页：收入预测以及项目里程碑

◎ 你预期的收入增长可以达到多少？

◎ 你现在和将来的烧钱率是多少？

◎ 你的关键里程碑有哪些？

第 9 页：业务的上升势头

◎ 你的吸引力在哪里？

◎ 罗列出你的客户、营业收入、战略合作伙伴以及已经签署的协议。

◎ 罗列出你使用的衡量指标，比如客户增长率和参与度。

◎ 罗列出任何形式的趋势验证方式，比如媒体、各种形式的调查以及意向书等。

第 10 页：团队

◎ 展示你的团队。包括每一位团队成员的个人大头照，最好带有笑脸。

◎ 在每一张照片下方标注他们的姓名和头衔。

◎ 针对每一位成员，罗列出一至两项他们的个人成就，比如获得某项很有声望的奖项、最近的一份工作或者大学的学位。

◎ 在描述每一位团队成员时，不要使用超过 10 个单词，这里已经包括他们的姓名、头衔和成就。

◎ 只需要罗列最顶层的 3 ~ 6 位团队成员，但要在页面的底部提一下公司员工的总数。

第 11 页：答疑

◎ 到目前为止你们已经完成的融资金额有多少？

◎ 这一次你们想筹集多少资金，以及你们目前的估值是多少？

◎ 这笔钱能让你们走到哪一步？你们将抵达什么里程碑？

◎ 列出你的公司名以及联系信息。

如果你遵循了上述建议，你就应该已经准备好在投资人面前进行一场路演了。但还请记住，这只不过是一份模板。你完全可以按照你的创业公司的特定需求进行修改。每一家企业都是独一无二的，而且也许你还想增加或者删除其中的某些页面。

你应该始终牢记，少即是多。你应该精心设计每一张幻灯片页面，只有让投资人能够在几秒内抓住其中的要点，他们才会在接下来的演讲中专注于你和你正在叙述的内容。全屏都挤满了各种解说文字的幻灯片页面是最糟糕的。我没法告诉你，当投资人看到满屏只有文字的投影时，他们会感到多么疲惫。所以，不要把你的演示文稿看作一份书面文件，而要把它当作对投资人的一种视觉刺激。你完全可以把你准备的投影页面看作你进行表演的舞台背景，在这个舞台上你就是主角。祝你好运！

5. 兜售你的故事

当我和那些顶尖的风险投资人坐在一起开会时，他们常常会向我吹嘘，他们的所有决策都是在数据的驱动下做出的。当他们前往哈佛大学或者麻省理工学院的时候，他们喜欢逢人就说，真正重要的是数字。但是我也曾经看到，在一个创业者讲述了一个很有说服力的故事后，投资人把之前所说的一切都抛到了九霄云外。和所有人一样，投资人也会感情用事。实际上任何事情的重要性都取决于人们对它的感受。无论投资人认为他们自己有多么理性，但最终，他们还是会跟着一天结束时的感觉走。

这就是为什么在你进行融资路演的时候，一个好的故事往往比其他任何东西都更加重要。当然，你不能只讲述一个关于你的产品的故事，如果你在讲述这个故事的时候能够融入自己的情感，你就会比竞争对手拥有更多的优势。投资人想知道你是谁，他们想通过你的为人来了解你。毕竟他们首先是在对创业团队进行投资，他们希望看到，是什么在推动着你，并且还想切身地感受一下是什么让你的团队走到了一起。说到底你要让他们首先对你建立起信心，而在短时间内建立信任的最好方法就是通过一个小故事来揭示你的价值观和动机。

你也许会认为你并没有什么值得讲述的涉及个人情感的故事，但事实并非如此。每个人都有可以让人心动的故事，即便你这个人非常无趣，一生都居住在某个山洞里，你也依然能挖掘出被你掩埋在过去某个时刻的故事。如果你想抓住投资人的注意力，你就需要找出这样的故事。

真正能打动人的故事来自你的内心，它可以诉说你是一个什么样的人，为什么你会做你正在做的这些事情，以及这一切对世界意味着什么。为了能让你讲出最好的故事，你可以从回答如下四个问题开始。

（1）为什么你会创立这样一家公司？

（2）是什么让你对此如此着迷和富有激情？

（3）它又将如何颠覆你所在的行业？

（4）它对于客户的日常生活会产生什么样的冲击？

一个好的故事可以将你个人的故事、你的产品的故事以及你公司的使命结合在一起。回想一下当你第一次想出那个创意的时刻，是什么激励你踏出了创业这一步？是什么让你每天如此兴奋，迫不及待地想要投入工作？为什么你的创业公司会在这个时刻对你所在的行业产生影响？

现在让我来给你讲一个故事，这个故事可以用来说明叙述所蕴含的力量。当威瑞森（Verizon）启动了一个奖金金额高达数百万美元的竞赛，并以此来奖励全世界最顶尖的创新者时，我注意到在这项竞赛中有一个类别涉及教育。由于我的第一家创业公司是一家游戏公司，并且我们已经出版了用于商业教育的游戏，如《亿万富翁》和《零售帝国》，因此我认为我们应该很符合竞赛组织方的要求。但因为有上千名申请者，我明白我们的机会很渺茫。我很快就填完了申请表格，然后就把这件事扔在了一边。

让我感到惊讶的是，一个月以后，我获悉我们居然过了第一关。随着闯过一轮轮新的评选，我也变得越来越有自信。当我们最终进入决赛的时候，我已经下定决心一定要赢得大奖。在这个时候，我不得不仔细地构思我想说的故事并完善我的路演文档。我知道面对面地向大赛的评委介绍我的公司是这次竞赛过程中最为重要的一部分。当那一天到来的时候，我已经决定有三个要点是必讲的内容。第一，我要讲一个自己的故事，主要是强调我从高中的时候起就一直在创作一款非暴力的教育类游戏，因为我相信这是教育年轻人的最好方式。

第二，我把我的游戏与当时美国正面临的最大的问题联系了起来。当时正处于次贷危机爆发之际，由于人们不了解最基本的财务知识，全美各地都有很多人失去了自己的住房。成千上万努力工作的美国人签下了他们无力偿还的浮动利率贷款。

第三，我解释了我们这一代的年轻人，从幼儿园一直到高中，从来没有上过任何关于财务知识的课程。甚至绝大多数的大学毕业生对于贷款、复利以及财务规划也知之甚少。这就是为什么有那么多的美国人负债累累，而且根本无法摆脱那样的困境。他们不但失去了他们的住房，而且还失去了他们一生的积蓄、养老金以及孩子的大学学费。所有这些都是因为他们没有接受过基本的理财方面的教育。我对评委重申，我们决不能让这样的情况持续下去。

接下来我又讲述了几个关于我们游戏玩家的故事，这些玩家通过我们的游戏了解了高利率的危险，他们说我们的游戏不仅帮助他们戒掉了信用卡，而且让他们还清了债务。我同时强调了世界各地的一些中学和大学是如何使用我们的软件来开展商业、数学以及经济学方面的教育的。我最后总结道，我们打算用奖金把我们的游戏《零售帝国》引入手机平台。在我演讲的结尾，当我观察那些评委的眼神时，我知道我已经抓住了他们的注意力。我就要采摘到胜利的果实了。

在接下来的数周时间里，威瑞森公司派遣了一个雇员来为我们拍摄视频并且还不断地暗示，我们是他们最看好的团队之一。正如你所想象的那样，我们非常兴奋，因为大奖的金额高达 100 万美元，而且我们根本不需要放弃公司的任何股权，居然有这等好事。

颁奖典礼的日子终于来了，直美和我坐在观众席上，耐心地听是否会有人把我们叫到台上去。他们从第五名开始一个个向上宣布名次。我很肯定他们会到最后才叫我们的名字，但当他们宣布第二名的时候，我听到了主持人喊出了《零售帝国》。

我几乎无法相信，我们居然没有赢得第一名。鉴于我之前感受到的氛围，我当时很肯定我们一定会夺冠。在这里我不得不提一下第二名的奖金金额为 85 万美元，所以我不应该对此感到失望。但我的期望值实在是太高了，难道还有比经济危机和教育年轻人更好的故事吗？

当宣布第一名的时候，一个来自以色列的年轻小伙子登上了领奖台。当他开始演讲的时候，我意识到为什么他会赢得大奖了。因为他有一个更好的故事，他很有激情地描述了他是如何开发学习软件来帮助他得了退缩性大脑疾病的父亲的。这是一个会让人感到心痛的故事，我都忍不住对他深表同情。他的产品不但对社会有很大的好处，而且对他正走在死亡边缘的父亲也有好处。现在全世界有数百万的儿童可以使用这款软件来改善他们的生活。

最好的故事总是能赢，这是为什么呢？因为人类是通过各种故事来理解世界的。从我们的史前祖先还居住在洞穴里的那个时候起，我们就学会了聚集在篝火旁，互相讲述自己的生活以及曾经完成的壮举。这样一代传一代，我们通过讲故事把我们的知识和文化传递了下来。全世界主要的宗教都有很多寓言故事，这绝非巧合。只要看一下《圣经》，你更容易理解和记住的不正是里面的故事吗？

新闻也同样如此，新闻就是各种各样的故事。当你打开《华尔街日报》的时候，在头版上你看到的绝不会只有一连串的事实和数字，你看到的将是一些关于人和相关事件的有趣的故事。知识也会被打包在各种故事之中，因为只有这样我们才能更好地吸收和处理信息。没有故事，大多数人将会很难记住那一连串的事实。但是一旦这些事实和一个感人的故事捆绑在了一起，你就再也不会忘记它们了。

所以当你谈论你的创业公司的时候，请记住，你讲的故事才是最有可能打动投资人的。投资人带走的也正是你讲述的故事，当他们离开房间的时候，绝大多数的事实和数字将会从他们的记忆中消失。但如果你的故事能够给他们带来冲击，那个故事就会一直伴随他们。在第二天，只有那些讲述了一个令人难忘的故事的创业公司才有可能收到回电。

6. 如何鉴别投资人

一个投资人想要见你并不意味着这是一件好事，你需要小心谨慎。在你与任何投资人一对一见面之前，无论他们是在某次活动中听到过你的路演，还是在网上发现你的公司，又或者是偶然读到一篇关于你的创业公司的文章，你都需要仔细地鉴别他们的背景和资质。请记住，你的时间和他们的时间都是非常宝贵的。通常他们会很富有，而你却正在艰难求存，但你绝不会想浪费一整天的时间开车去见某个投资人，最终却发现他对你的项目实际上并不是认真的。

我曾经见到过有些创业公司的创始人飞到另一个城市去见一个潜在的投资人，结果却发现眼前的天使根本就没有翅膀。那个人只是想兜售某些东西给他，比如云主机服务、广告或者法律服务等。这让人感到很气愤，但是一些很不道德的人的确会伪装成天使投资人，因为他们发现这样做可以很容易地让创业者与他们见面。他们常常会提议用他们的服务来换取你的股权，但如果你对他们提供的东西一点也不感兴趣，那么你只是在浪费时间而已。

这就是为什么我总是会告诉每一位创业者一定要仔细辨别给他们牵线的人。每当有投资人突然和你联系时，只要这个投资人不是由一个可以信赖的人推介的，你都需要向他提出一个问题："你能否告诉我你最近的三次投资都是在什么时候？"如果在过去的一年时间里他们没有投资任何创业公司，他们或许就不是一个很认真的投资人，你最好还是把时间花在自己的业务上。

当你和投资人接触的时候，请务必询问他们专注于哪个领域或行业，以及他们主要投资的是哪个阶段的创业公司。如果你正处于早期，而他们只专注于后期，事情就肯定谈不拢了。如果你正在做的是移动应用，而他们想投资的是生物科技，那么你们之间同样也没有任何交集。如果你只想锻炼一下你的路演技能，或者投资人的人脉资源极其广泛，那么进行这样的会面或许还是值得的，但不要期望当你离开的时候会有人向你投资，这样的事情通常是不会发生的。

你要提前花时间浏览一下该投资人所在公司的网站，绝大多数的风险投资公司会把合伙人的简历以及他们的投资组合放在网站上。在你们见面之前，事先了解一些对方的基本信息将会是一件很值得做的事情，尤其是读一读那个你将要与之交流的人的简历。他也许会有一些对你很有价值的关系或者经验，但如果你不知道他的过去，你就无法提出正确的问题。

你还可以具体去查看一下这家风险投资公司里的每一个合伙人都在

专注于哪些领域，也许将与你见面的那个人并不适合你的公司。另外，在这些风险投资公司的网页上，你特别需要注意的是，他们的投资组合中具体都包含了哪些公司，其中是否有你的直接竞争对手？如果他们已经投资了你的竞争对手，那么或许这家风险投资公司对你来讲并不是一个很好的选择。请记住，没有一家公司会每天更新自己的网页，风险投资公司的网页上通常不会有这家公司最新的投资项目，因此事先向他们咨询是否存在任何你应该知道的利益冲突是一种非常好的做法。

如果他是一个天使投资人，你还可以在专业网站上查找他的信息。硅谷的绝大多数的天使投资人在 AngelList 网站上都会有一份简介，这份简介包括了他们的个人简历以及最新的投资项目。你还可以用谷歌搜索这个天使投资人的名字，然后看一看会冒出来哪些链接。我曾经发现，有个我想和他做生意的人是通过垃圾邮件发财的，他还曾经因为有违法行为而被起诉。可以这样说，我当时真的被吓坏了，我立刻切断了和他的联系。但如果我没有事先认真地做足功课，我也许已经拿了他的钱，而这种人我永远也不想让他涉足我的业务。

7. 如何与投资人沟通

在你确信你眼前的投资人是一个合格的投资人后，挑选一个合适的时间与他一对一见面吧。如果他是一个天使投资人，这样的见面通常会发生在咖啡馆里。如果他来自一家风险投资公司，他很可能会邀请你去他的办公室。无论是哪种情形，你很可能会有 15 分钟到 1 小时的时间来对你的项目进行陈述。时间并不长，所以你需要有效地利用这段时间。

我的建议是不要闲聊，我并不是说你不能表现出友好的姿态，但是绝不要就你的家庭或者最近的那场篮球赛进行一场 20 分钟的讨论，这是在占用你本可以用来介绍你的公司的宝贵时间。在开始的时候你可以寒暄几句，这已经足够了。如果投资人喜欢你的公司，那么以后肯定会有足够的时间让你们更深入地了解彼此。

投资人都很忙，他们会要求你开门见山，所以你可以用一段综述作为开场。陈述的时候要尽量言简意赅，越简洁，效果越好。如果他们已经听过了你的路演，那么你可以花 2 分钟的时间来唤起他们的记忆。如果他们没有听过你的路演，或者在场的人中有一些不了解你的人，那么你可以花 5 分钟先做一个回顾，但是绝对不要超过 5 分钟。但愿你不会做一个持续 20 分钟的不间断演讲。

你要始终牢记，投资人想和你谈的是你的企业，而不是其他的东西。他们不想听你做一场单向的演讲，他们想要的是互动的对话。如果他们用问题打断你的演讲，那么你完全可以顺着当时的语境一路讲下去。绝对不要用一些简短的答案敷衍了事，提出问题就已经表明他们愿意做进一步的接触。

哈佛大学的一项名为"问一下也无妨"的研究发现，那些提出很多问题的人，尤其是提出后续问题的人，更受交谈对象的欢迎，并且也更容易得到回应。这似乎是一种常识，但是当你知道创业者在进行路演时几乎不会向他们的听众提出任何问题时，你一定会感到非常惊讶。绝大多数的创始人认为在进行路演时，他们要做的就是不断地进行叙述，事实上他们更应该主动地提问。

另一个技巧是避免主导整个谈话，绝不要认为你自己应该对所有的事情都精通。我在大学毕业后参加工作面试时发现，我谈得越少，我就越有可能获得一份工作。有些人就是喜欢听他们自己在那里喋喋不休，如果你是一个很好的倾听者，他们也会喜欢你。如果投资人想贡献一些自己的想法，并给你提出一些小小的建议，那么你应该放松下来，然后接受这些反馈。你也许会发现，在你几乎什么也没有做的情况下，他们就已经把自己出卖了。

当你与投资人交谈的时候，尽量不要让他感到你好像在推销什么东西，没有人会喜欢被当作推销的对象。只要人们感到你想卖什么东西给他们，他们就会提高警惕，而且还会变得多疑起来。想象一下，当你走进一家商店，碰上一个给你很大压力的销售人员不断地骚扰你，表现出急切地想要拿到一笔佣金的样子，你会有什么感觉。这会让人感到非常不愉快，这就是为什么我会指导那些创业公司采取一种截然不同的方式。现在你把自己想象成一个顾问，而不是一个 CEO，你的工作就是帮助投资人尽可能全面地了解你的企业，如果双方都感到合适，他们就会决定对你进行投资。

在线育儿杂志和博客网站 Babble 的创始人鲁弗斯·格里斯科姆（Rufus Griscom）将这一种方式发挥到了极致。在他的融资路演中，他逐一陈述了投资人不应该向他的公司投资的五大理由。这种坦白实际上给他带来了极大的好处。通过向投资人展示他的公司所有的缺陷，他不但赢得了对方的信任，而且还让对方感到他就是他们极其信任的合作伙伴。引入投资人就像结婚一样，没有什么比坦诚的沟通更加重要的了。投资人知道这一点，而且他们想寻找的正是能够和他们紧密合作的创业者。

两年后，当出售公司的时机成熟，格里斯科姆又做了一次同样的事情。当他和迪士尼的高管会面时，他并没有尝试去说服他们相信他的创业公司在各方面都很完美，反而讲述了 Babble 的后台是什么原因已经有点过时了，而且用户的活跃度也要低于预期。这让迪士尼的高管们顿时变得轻松起来，他们感到他并不是在和他们开玩笑，事实上，他正是他们想吸收进公司的那种人。迪士尼公司最后用 4 000 万美元收购了Babble。

在你与投资人的沟通过程中，他们肯定会问出一些你也没有答案的问题。与其临时编造一些谎言，你不如直接告诉他们你不知道答案，但是你会在有了答案后再告诉他们。也许这会让你显得很无知，但是你却表现了你的诚实，而这一点会在最后为你加分。

有时候投资人也会问出一个你不想回答的问题，这并不是因为你不知道答案，或者想刻意隐瞒什么，而是因为这个问题会把你引向一条死路。我曾经遇到过这样一些投资人，他们不断地质疑我对营业收入所做的预测，而当时我们甚至还没有发布我们的产品。在一场路演中这样做实际上是在浪费宝贵的时间，所以我并没有按照他们的要求打开一张电子表格，而是对他们说："你看，我是否可以在路演结束后用邮件把电子表格发送给你？"因为我知道，如果在路演的现场满足了他们的要求，这只会引发一场冗长的、没完没了的讨论。而在说出这句话之后我就可以很自然地继续讲述更为重要的内容了。

最后，你需要判断这个投资人对你的企业是否合适。正如我在前面所说的，从一家风险投资公司那里拿钱就像结婚一样，你最不想看到的情形就是离婚，因为这通常意味着 CEO 被赶出他一手创立的公司。如果我说有些投资人会让你的生活变得更痛苦，你最好还是相信我。我曾经看到有些投资人制造了非常大的麻烦，以至创业公司不得不回购了他手上的股份，毕竟这样做总比维持一段不正常的关系要好很多。

你的目标应该是尽可能多地去了解独立合伙人以及他服务的风险

投资公司。他们的投资理念是什么？他们会直接插手企业的运作还是会完全放手？他们能为你的企业带来什么价值？他们之前是如何与创业公司进行合作的？谁会实际成为你的董事会成员？有时候你会很惊讶地发现，你正在交谈的对象并不是你的合作伙伴。你还应该想办法拿到一份关于这位投资人的合作伙伴的名单以及联系方式。另外，至关重要的是，在你将董事会席位交出去之前，尽可能找到与这位投资人有过合作的其他创业者，并和这些创业者进行交流。

当你拿到合作伙伴的名单时，但愿在这张名单上并非都是一些非常成功的创业者，因为他们给出的总是一些正面的评价。你真正需要的是那些失败的创业者的反馈。当创业公司的发展蒸蒸日上时，投资人往往会是一个最好的合作伙伴，但当创业公司面临危机时，有一些投资人就会从杰基尔博士变成海德先生[1]。

当你和名单上的创业者见面时，你应该理解，他们很有可能不愿意当着你的面讲投资人的坏话。毕竟硅谷是一个很小的圈子，你必须知道如何从人们的字里行间中读出其中真正的含义。比如，当他们说，"哦，那个投资人还可以。"这通常意味着这个投资人是一个蠢货，或者不会向你提供多大的帮助。你真正需要的是有人会对你说，这个投资人实在是太棒了，当一家公司濒临崩溃的时候，这个投资人会竭尽全力地帮助企业摆脱困境。创业者在听到这样的评价后应该立刻选择与这位投资人进行合作。

---

[1] 《化身博士》（Dr.Jekyll&Mr.Hyde）是一部经典的恐怖电影，电影改编自1886年出版的一部中篇小说。电影讲述了医学博士杰基尔研制出了一种药水，在喝了药水后，到了晚上他就会化身为邪恶的海德先生到处搞破坏，而在白天，他则是一个善良的人。——译者注

最后，你也许永远也不知道你是否做出了正确的选择。但如果你的内心告诉你不要这样做，那你最好还是相信直觉。绝不要让你自己陷入绝境以至你会愿意接受任何人的钱，你会为做出这样的决定而感到后悔的。即便你的公司最后会关门，这也依然要比你维持一家已经运转失灵的企业要好很多。你需要学会如何信任并依靠你的董事会成员，毕竟他们是你的合作伙伴，而且还将决定你的公司的命运。

尽可能多花一些时间与你的投资人相处，在周末，你可以和他一起到处走走，以及和他的家人见见面。你们在一起待的时间越久，你就能更好地了解对方是一个什么样的人。这绝对不是浪费时间，而是你为未来付出的一笔很精明的投资。正如我在前面所说的，CEO 的首要任务就是组建团队，而投资人是这支团队的一部分。你在前期所做的投入必然会在后期给你带来回报。

8. 利用人的恐惧和贪婪

"霍夫曼船长，我如何才能达成一笔交易？我已经和十几个投资人见过面了。尽管他们似乎都很感兴趣，但没有人愿意投资我的公司。我是不是做错了什么？"

每当我听到有人这样对我说，我总是会同情地点点头。我也经历过和他们一样的困境。我浪费过大量的时间，并且在错误的投资人身上使用了错误的方式，所以让我来说一下我的一些经验和教训吧。我将要教给你的方法不仅可以用来达成一项投资协议，还能够应用在任何交易中，无论是出售你的公司、产品或者服务。我曾经可能是这颗星球上最糟糕的销售员，但现在我已经能够持续地和全球各地的投资人、大型企业、战略合作伙伴以及当地的政府达成各种协议。虽然这其中最为核心的技巧完全可以应用在所有的领域，但由于受到本书篇幅的限制，我打算把重点放在如何将这一技巧应用在向风险投资公司进行融资上面。

首先你要明白，你需要有一条明确的销售路径，你还要写下达成交易将要走的每一步。只有当钱到了你的账上，交易才算是真的完成了。如果你做不到这一点，那么任何事情都只不过是你的一厢情愿罢了，这就像你已经跑到了三垒，这确实很不错，但你要回到本垒才能得分。下面是 10 个基本步骤：

（1）和投资人见面。

（2）递交并陈述你的商业计划。

（3）讨论并回答相关的问题。

（4）巩固你已经建立起的关系。

（5）签署投资意向书。

（6）就协议进行谈判。

（7）进行尽职调查。

（8）签署最终协议。

（9）等待钱到账。

（10）成功融资。

其中最困难的是上面的第五项，一旦你签署了投资意向书，你已经渡过了最困难的时光。如果投资人是可靠的，你也并没有什么不可告人的秘密，那么你应该已经可以主动地去推动整个过程直到最终完成。

绝大多数的创业公司最纠结的地方就在于如何巩固这样一层关系，他们会一次又一次地和同一个投资人见面，但投资人却总是保持观望态度。他们犹豫不决，他们确实很看好创业者正在做的事情，但是他们又担心会在资金、声誉或者业绩上出现损失。天使投资人通常会更担心资金的安全性，风险投资人往往更关心他们的个人声誉，而企业投资人担心的是他们的业绩。

无论是上述哪种情形，你都需要让他们克服恐惧，而要做到这一点，最好的方式就是利用人性的贪婪。你必须让他们相信你的创业公司会取得非常巨大的成就。这并不只是一次不大不小的机会。虽说小打小闹更安全，但投资人根本就没有任何兴趣，因为这样的成功无论在财务上还是在情感上都不能给他们带来足够多的收益。想要弄明白这一点，你就需要考虑人的心理因素。

如果这只是一笔很小的交易，谁又会在乎呢？投资人无法为此而到处吹嘘，因为这种规模的交易对于他们的职业发展实在是无关痛痒，而且，这样的交易肯定无法令他们名声大噪。是的，他们也许能赚到些钱，但那只是小钱。他们想要的是大笔的入账，因为只有大的交易才会被人们谈论。当今社会对于一个人能够获得的什么样的成功非常重视，所以独角兽规模的交易就会登上报纸的头条，而剩下的交易都会被埋没。在投资人的世界里，成功就等于抢在其他人之前发现下一个手机通信软件 WhatsApp、大数据平台 Cloudera、软件制造商 Mulesoft 或者猫途鹰。只有这样的交易才能为他们带来人们的欢呼，才可以让他们向上提升到另一个层次，并打开一扇新世界的大门。

贪婪是一种极其强大的动力，但是仅仅利用贪婪还不够，你仍然需要让他们克服内心的恐惧。我曾在位于沙丘路上的办公室里运营我自己的创业公司将近一年的时间，当时有一家一线的风险投资公司投资了我们，而我也从其内部看到了一家风险投资公司是如何运作的。

硅谷的风险投资社区是一个很排外的俱乐部，这也是为什么顶尖的风险投资公司会愿意花很大的代价在著名的沙丘路上租借办公室。恐惧和贪婪统治着他们的日常生活，正是因为他们始终承受着巨大的压力，所以风险投资公司总是想要找到下一笔大的交易。他们需要基金的贡献者，同样他们也非常害怕会搞砸。如果他们大力推动了一笔很糟糕的交易，而且事情还被传得沸沸扬扬，他们的职业生涯就会跌入谷底，这就是他们所需要面对的现实。

绝大多数的风险投资公司通过召开全体合伙人会议来降低风险，这意味着公司里的每一个合伙人都需要出席并聆听最后的一场路演，然后大家通过投票来做出决定。常常只要有一个合伙人投反对票，他们就会放弃这次交易。换一个角度来说，如果这次交易获得了批准，但那家创业公司在今后表现不佳，当时所有的合伙人都曾在场投赞成票的事实使得公司里没有人有资格可以说，"你看，我早就告诉你们了，这家公司不行！"

合伙人会议具有某种特殊的意义是可想而知的。没有一个风险投资人会愿意冒险把一笔愚蠢的交易介绍给其他合伙人。万一其中的缺陷是如此明显，那么主动推介的这个投资人在其他所有合伙人的眼里不就像是一个傻瓜吗？回想一下你的高中时代，情形几乎是完全一样的。

出于这个原因，很多风险投资人会非常小心谨慎。但是只要你理解了一家风险投资公司内部的运作模式，你就会意识到，并不是所有风险投资人的行为模式都是完全相同的。实际上你可以接触三种不同类型的风险投资人。绝大多数的创业者喜欢接触正式的合伙人，但通常这种选择最不利于你的企业获得所需要的支持。因为任何一家风险投资公司的正式合伙人都处于其职业发展的中期，他们正在攀爬通向成功的阶梯，一旦投资失败，他们失去的东西也最多，所以他们根本不想冒任何风险。

一个好的策略是，在一家风险投资公司的内部寻找一个投资助理来作为你的公司外部的主要支持者。绝不要以为某位合伙人把你推给了一个低级的助理你就拿不到投资了。事情恰恰相反，合伙人通常会让他的助理去干一些他自己不方便出面干的事情。通过这样的方式，在他邀请某位创业者在全体合伙人会议上做完整的融资路演之后，万一出了什么问题，投资助理就将承担所有相关的责任。

投资助理通常都是应届毕业生，正急切地想要做出一些成绩来。他们处于职业阶梯的底部，所以对他们来讲，除了向上爬之外别无他选。另外，他们对于公司的文化还非常陌生，所以毫无风险意识。如果他们对你的创业公司有信心，他们会全力以赴地帮你四处游说。让人惊讶的是，在绝大多数风险投资公司的内部，他们同样拥有着巨大的影响力，原因是他们都非常年轻，而硅谷的文化对于年轻人是非常偏爱的。那些年纪较大的合伙人常常会把这些投资助理看作市场热点的风向标。当你看到一位有着 20 年经验的风险投资人对一位没有任何商业经验的、年轻的哈佛 MBA 毕业生给予了多大的信任时，你会为此而感到不可思议的。

另一类值得你去接近的支持者是风险投资公司里那些很有权势的人。他们早就已经证明了自己，他们是整个行业的标杆，他们已经不再担心自己的声誉。他们更有可能会为你承担风险，因为即便某次交易出了问题，也不会对他们产生任何影响。

当然，任何事情都会有例外。比如，你遇到的风险投资公司也许只是一家小公司，上述公司内部的互动就不会出现。又或者某个合伙人对于其他人的看法根本就无所谓，这个合伙人就会愿意承担更大的风险。我的建议是，对于如何与风险投资公司进行接触你必须要有自己的策略。你对某一家风险投资公司内部的互动以及将来你最为重要的支持者的心理状态了解得越多，你在创业这条险恶的道路上也就能够走得更远。在推动融资交易的过程中，你一定要弄清楚谁会因此受益，而谁又会因此受损，他们愿意承受何种程度的风险，以及风险投资公司内部所有相关人员的心理状态。

我感受过在风险投资公司内部与不同层面的人打交道时的那种痛苦，我还记得获得融资有多么困难。我常常会花好几个月的时间与风险投资公司里的某个合伙人培养感情，并最终获得了他们的邀请去参加全体合伙人会议。这对我来讲是达成交易的重要机会，但在会议中，某位合伙人投了反对票，这使得交易被拒绝了。就这样事情又回到了原点，而我之前所有的努力都白费了。

我从这些痛苦的经历中学到的教训是，你绝不能让风险投资公司把事情拖上几个月的时间，你应该从一开始就按照自己的节奏来推进。你必须让投资人知道，他眼前的这笔交易还有其他的竞争对手也很感兴趣，如果他们不尽快做出决定，你就不再奉陪了。要知道，所有这一切都源于人类的恐惧和贪婪。要让投资人真正行动起来，你必须让他们对失去某一次交易的恐惧大于他们对出现亏损的恐惧。

9. 管理你的融资渠道

当你进行融资的时候，你需要用潜在的投资人来填充你的融资渠道。如果你没有充足的潜在融资对象，你就很难让你的融资保持发展的势头，并在一个合理的时间段内真正达成交易。一个很好的经验法则是，无论在什么时候，你都必须在你的融资渠道中准备好大约10个不同的投资人。有些投资人适合在你的创业早期进行接洽，有的或许要到更后期。

"10"之所以是一个理想的数字是因为你的目标是让至少两个投资人在差不多同一个时间段向你承诺可以达成交易。这样一来你就能同时和他们谈判，并尽可能获得最好的条款。创业公司能够利用的唯一优势是有多家投资公司竞争这笔交易。如果你的融资渠道中只有一个投资人，这个投资人就会处于一种非常有利的位置。他可以放缓商谈的节奏，并且在每一项条款上都与你锱铢必较，因为他没有任何压力。相反，如果你同时和超过 10 位投资人进行谈判，你的精力就会非常分散，从而无法有效地管理所有的谈判进程。

一旦你吸引了多个投资人的兴趣，你就需要考虑如何对他们进行管理。其中有一项策略是首先找一个强有力的领投人，然后继续吸引更多的投资人。一个强有力的领投人常常会充分利用自己的关系来引进更多的投资人，实际上很多创业公司都会采用这种做法。在整个投资组合中，你引入的投资人越多，交易达成的可能性就越大。请记住，这种方式只有当你有一个实力很强并且对项目做出了真正承诺的领投人时才行得通，否则只会引发灾难。以我的第三家创业公司为例，当时我们把两个在我们的融资渠道中实力最强的投资人拉在了一起，他们两家都对整个交易做出了承诺，但哪一家都无法单独提供这一轮融资的所有资金，而这就已经足以推着我们跨过终点线了。

另一个有用的策略是把所有的投资人都完全隔离开来，然后让他们相互竞争。他们会反复不断地问你，你还在和另外哪一家进行谈判，但你一定要克制住想要告诉他们的冲动。我曾经有过很痛苦的教训，并从中学到投资人并不总是说到做到的。一个比较弱势且犹豫不决的投资人很可能会坏了整个计划。如果你把一个摇摆不定的投资人和一个没有做出任何承诺的投资人放在一起，就会埋下怀疑的种子，并使得整个交易在最后失败。按照我过去的经验，如果你无法 100% 确信某一个投资人已经看上了你的项目，并做出了真实的承诺，永远也不要把这个人引入你的投资组合中。

如果你使用了上述原则对你的融资渠道进行管理，你应该不会遇到什么麻烦。你越是精心地协调整个过程，获得的回报也越多。

10. 不要让表情出卖了你

无论在什么时候，都千万不要表现出你的绝望，风险投资公司喜欢的企业是那些并不需要他们钱的企业。没有什么会比一位极其自信且可以从容地退出交易的 CEO 更具有吸引力的了。这就像约会一样，越是难追到的人也就越有吸引力，没有人想和一个绝望的人约会。

我遇到过一些创业者，他们会在参加一些活动的时候来对我说，"霍夫曼船长，你一定要帮我找到投资人，如果你不帮我，我的公司肯定会在下周关门。请帮帮我吧！"

我对他们感到非常抱歉，这种形式的路演不会起任何作用。即便我为他们做了介绍，他们所表现出来的绝望也足以吓跑任何潜在的、有兴趣的投资人。毕竟谁会投资一家它的 CEO 在几天后就可能会认输的公司呢？

一种更加糟糕的情形是，如果寻求融资的公司确实有真正的价值，而且投资人还意识到了这一点，那么在无形间投资人就拥有了某种优势，他们会开始压榨这家创业公司。我看到过有些创业公司不得不接受强制性融资，这使得股东们的股权被大规模稀释，在这之后，新的投资人控制了整个公司。在任何谈判中，只要你表现出哪怕一丁点脆弱的迹象，无疑都会把整个谈判搞砸。

我是在第一次尝试进行风险融资的时候学到这一课的。当时，我犯了一个错误，我让投资人知道了我们有多么急切地想要获得现金。你猜后来发生了什么？他们把我们的估值整整砍掉了一半。在激怒之下，我们放弃了这笔交易，尽管当时我们手上几乎没有钱了。

在我们找到另一家风险投资公司愿意向我们投资前，我们还要度过极其痛苦的两个月时间。尽管当时我们已经处在破产的边缘，而且我们的员工也因为我们没有支付他们工资正打算辞职，但我还是告诉我的投资人，如果他们不能对这笔交易做出承诺，我将去找其他的投资人。我的做法最终奏效了。虽然听起来让人难以置信，但我们真的在几周内完成了这一轮融资，并且还让投资人把钱汇到了我们的账上。

每当你面对投资人进行路演时，不管你的内心有什么感受，你都要保持一张让人猜不透的扑克脸。你必须表现出对他们的金钱毫不在乎，即便在当时你非常渴望能够有资金注入。

11．三振出局

从第一次创业至今，我就一直在改善我的销售技巧。随着时间的推移，我不断地打磨我的销售方法，测试哪些能行得通而哪些行不通。我还会尝试一些新的方法，如果失败了，我会仔细地分析原因，然后微调我之前的做法，接着再试一次。在这个过程中我也变得越来越熟练，现在我已经把进行 A 轮融资的时间跨度从最初的一年缩减到了我第三次创业时的两个月。

我从打棒球的过程中获得了启发。你给每一个投资人三次机会，如果他们不能抓住机会，他们就出局了。要让这种方法能够行得通你必须毫不留情。第一次机会就是投资人第一次听到你的路演，无论是在一次普通的路演活动中，还是在有很多创业公司聚集的演示日，或者是在一家普通的咖啡店里，又或者在会议室里。你需要明白的是，在你进行第一次路演时，你想要拿到投资意向书是一件极其困难的事。这种事情有可能发生，但你绝不要期望这样的事情真的会发生。你只需要尽全力做好你的演讲并为后续的会议做好准备。

在演讲后的第二天，给投资人发一封邮件，邮件要言简意赅。你可以说一些类似这样的话："能和您见面实在是太好了，如果您有兴趣对我们的公司做更进一步的了解，请务必告诉我。我会很乐意发送给您所需的资料。"

之后你就可以把这件事放在一边等候对方的回复了。有些投资人和你见面的时候会表现得非常热情，但是他们永远也不会回复你的后续邮件。我看到过有些创业者一次又一次地给他们发送邮件，但是都石沉大海。我还见到过有些创业者为此而变得非常恼怒，他们用极其尖酸刻薄的言辞抱怨这些投资人。别白费口舌了，这根本不值得，这样的事情一直在发生。有些投资人只是想在人前表现出自己的友善，但这和他们对你的项目是否有兴趣毫无关系。通常这只不过是一种被动攻击，他们甚至没有意识到这样的行为有多么不礼貌。他们只是不愿意告诉别人坏消息，所以他们就忽略了你发出的邮件。

请记住，无论投资人怎么做都和你没有任何关系，你不应该花费宝贵的精力纠结于这样的事情。相反，你应该心平气和地遵循以下步骤：

（1）在和他们会面后的第二天发送一封跟进邮件。

（2）最多用一周的时间等候他们的回复。

（3）如果没有等到回复，发送第二封跟进邮件。

（4）再用一周的时间等候回复。

（5）如果还是没有回复，发送最后一封跟进邮件。

（6）再用一周时间等候回复。

（7）如果依然没有回复，他们三振出局了。

请记住，有的时候投资人是因为投资组合中的某一家公司出了问题而被转移了注意力，有时候是因为家里有事情，但更多的时候，是因为他们根本就不感兴趣，所以他们不做回复。对你来讲，真正重要的是把你的精力集中在如何继续向前走，而不是回头看。

同样的原则也可以用于和投资人会面，你应该给每个投资人三次机会，如果他们没有把握住，那么你就应该让他们出局。当你第一次面对一个投资人进行路演时，不要忘了带上一份投资意向书或者可转换债券。这样做的目的是，如果投资人感兴趣，你就能马上和他们达成协议。尽管这种可能性并不大，但时刻做好准备是一种很好的习惯。如果什么也没有发生，那么请继续跟进并寻求第二次会面的机会。

第二次会面时你就要做好达成交易的心理准备了。当你安排这次会面的时候，你应该积极地为自己设定一个目标。你可以邀请投资人带上能够帮助他做出决定的人一同前来，这一点尤其重要。大多数投资人在做出投资的决定时都不太希望只有他一个人在场，他们常常希望可以得到第三方的证明。邀请所有感兴趣的人参加会议也可以为这次会议设定一个基调，即在这次会议上，肯定会有人做出最后的决定，而不是仅仅对项目进行一般性的讨论。

如果与你见面的是一家大型的风险投资公司或者企业，而不是独立的投资人，那么在第二次会面的时候就达成交易几乎是不可能的，除非你会面的人在他们的公司里很有权势，这种类型的人往往都有特立独行的习惯。另外你还应该了解达成交易的流程，而想要了解这个没有什么时间点比你第一次与他们会面的时候更合适的了，所以对此你需要提前有所准备。如果他们需要召开全体合伙人会议或者得到董事会主席的批准，那么与其在这次会面时推动交易，你更应该寻求与他们的决策者会面。无论是哪种情形，你在第二次会面时的目标都应该是尽可能地使整个过程向前快速推进。

你在心中需要坚信，你的时间要比投资人的资金更加珍贵。你的工作是好好地经营你的公司并不断地发展业务，而投资人的工作则是寻找一个好的投资对象。通过把你的创业公司展示在他们的面前，你实际上是在帮他们的忙。如果你能把这一事实始终牢记在心，这就会让你拥有一种正确的心态。在你前去参加每一次会面的时候，你都应该坚信，与其说你需要他们，不如说他们更需要你。

但是不要让这一点影响了你的态度，当你与投资人见面的时候，请保持礼貌，绝不要表现出傲慢，这样做是不可能让你得分的。但与此同时也要表现出你的坚定并清楚地表明你想要的是什么。无论在什么时候，只要你进行一场新的会面，你都应该重新介绍一遍你的公司，即使在这之前他们都已经听了无数遍，不断地提醒是非常关键的。接着你就可以开始提出问题，并尝试找出是什么原因让他们无法做出决定来达成这笔交易。在讨论的过程中，你应该清楚地表明你还在与其他的投资人会面，并且他们对你的公司也很感兴趣。但绝对不要过分强调这个事实，你只需要巧妙地把这个信息融入你们的对话中，就好像这只是你在事后才出现的想法。这就是你放出去的诱饵，而你正期待着投资人上钩。

　　如果投资人要求你把他们介绍给其他的投资人，不要答应他们。这是一个陷阱，因为他们会串通最后的报价，而且这样的做法并不能帮你达成交易。另外，如果其中的一方并不像另一方那样感兴趣，这种做法甚至很可能会搞砸整笔交易。所以，最好还是让所有的投资人始终相互隔离，直到你能够 100% 确信，有两个或者更多的投资人都打算在同一时刻达成交易。如果他们试图通过向你施压让你告诉他们谁是竞争对手，你可以很有礼貌地告诉他们，如果另一方对于有一个共同投资人也感兴趣，你就会把对方介绍给他们。这样做就会激起他们竞争的天性，没有人喜欢被人抛弃。

　　真正重要的是，在整个融资过程中你应该始终把自己放在一个中立的位置上。如果你让人感到你马上就要和别人达成交易了，很多风险投资公司就会直接退出谈判，因为他们一点也不想浪费时间。没有人会乐意去赶一个晚集，所以你必须明确地表示，与其他各方的接触现在依然处于早期阶段，而你也正在评估谁是最合适的合作伙伴。这样你就给了他们继续向前推进整个谈判的空间，而与此同时你依然可以给他们压力，要求他们尽快采取行动。

　　按照我的经验，随着每一轮会面向前推进，达成交易的概率也呈指数式增长。在第一次会面的时候，这种可能性还很小，在第二次会面的时候，可能性就已经翻番，而在第三次会面时，可能性又会是之前的三倍。一旦你成功地把所有的决策者都邀请到你的会议室里，达成交易的概率就会达到最大值。在这次会面中，你必须提出正确的问题，让他们就你的商业模式清晰地表达出他们的意见，并且设定一个确切的截止日期。如果他们不想做出承诺，成交的概率就会开始急剧降低。后续的几次会面后，成交的概率会逐渐趋近于零。

当我为我的第三家创业公司进行风险融资时，我一路过关斩将，终于来到了一家顶尖的风险投资公司的全体合伙人会议上。我告诉满屋子的风险投资人，他们必须在接下来的两周内与我达成交易。当时暑假才刚刚开始，而我知道他们所有人很快就会前往各地去度假。他们把球踢了回来，告诉我这是根本不可能的，所以我直接就离开了他们的会议室。要做出这样的决定是一件很困难的事，但我并不认为我失去了什么。我坚持了我的原则，三振出局，所以他们出局了。

我以前对于在其他人面前表现出强硬的态度，并要求别人采取行动会感到很尴尬，因为这样的行为不符合我的性格。但现在我明白了，如果你在其他人的面前能够表现出你的坦率、果断和坚定，而不是始终在考虑如何取悦他人，你就会获得更多的尊重。在你已经给了对方三次机会后，再往后你已经得不到任何东西。如果那些投资人真的想要达成这笔交易，他们就会采取行动。如果他们什么都不做，那么对你来说是时候该另找其他人了。

12. 想办法让对方说"不"

我的销售导师曾告诉我："你应该想办法让对方说'不'！不要再尝试让他们对你说'是'。"这似乎不符合常理，但当我真的理解了他的意思时，这句话就能完全说得通了。毕竟，一个客户要么确实想要你推销给他的东西，要么根本就没有任何购买的意愿，而如果他不想要你的产品，你就应该尽快弄清楚其中的原因。通常只有在你获得了这些信息之后，你才有机会将"不"转换成"是"。

人在本质上是非常感性的，个人的感受总是会压倒逻辑，而不是相反。人首先做的是感觉，然后才是对感觉到的东西进行合理化。重要的是，你应该想办法首先了解投资人对你这个项目的感受，然后再合理地利用这些信息来达成你的目标。没有人喜欢在压力下做出决定，一旦你想办法让投资人说了"不"，你就给了他一个获得控制权的机会，并促使他反思自己想要的究竟是什么。通过向后退一步，你实际上把他们拉了进来。绝大多数的投资人都很好强，他们不想错失任何交易，所以当你有退出的想法时，他们就会本能地竭力挽留，并主动表示他们那里的机会对你始终是敞开的。在本质上，你们互换了位置，现在是他们向你进行兜售了。通过让对方说出"不"，他们会感到有必要向你解释为什么他们应该参与这笔交易。这是一种很微妙但也非常强大的心理上的转变。

这就是你与投资人第二次会面的所有核心内容，这次会面和兜售项目无关，所涉及的主要是如何转换双方的位置。你必须想清楚这笔交易是否适合所有人，如果回答是"不"，其中又有什么原因？所以当你让对方说出"不"的时候，请记住有很多种类型的"不"，而每一种"不"都能让人们从一个截然不同的角度来重新审视当前的情形。

比如，一个投资人也许会说"不，我不感兴趣"，但同时他可能正在思考一些更加具体的问题。

◎ 不，你的估值太高了。

◎ 不，你的市场太小了。

◎ 不，你没有一个足够优秀的团队。

◎ 不，除非你能找到一个强大的、愿意领投的公司。

◎ 不，我弄不明白你的技术。

你需要去发现是什么让他们没有说出"是"。有时候甚至连他们自己也不清楚其中的原因，但是你的问题可以帮助他们厘清这些。我再怎么强调这一点也不为过。绝大多数投资人根本不知道他们想要的是什么，从隐藏在内心深处的恐惧到极为崇高的抱负，他们往往有复杂的情感。你应该首先让他们厘清自己的思路，并且构建出一个他们自己可以接受的、前后逻辑一致的说法。如果你能帮助他们构想出一个他们愿意相信的故事，那么你就能达成交易。

接下来的这一步就是提出正确的问题。只有经过仔细构思，提出一些非常细致的问题，你才能够了解投资人真正关心的是什么，并引导他们得出正确的结论。

◎ 您为什么会对这笔交易产生兴趣？

◎ 你觉得我的创业公司如何？

◎ 要达成交易有哪些是必须要遵循的步骤？

◎ 对于我们的业务您还有哪些顾虑？

◎ 您认为还有其他人应该参与进来吗？

◎ 您是如何做出最后的决定的？

◎ 是不是有什么东西在阻碍着您向前推进这笔交易？

◎ 您希望在投资意向书中看到什么？

你注意到了我在以上这些问题中所使用的语气吗？请一定要对投资人保持尊重，同时也要表现出你的好奇心。你提出的问题应该是开放式的，这样他们就能不断地说出自己的想法。仔细倾听他们的每一个回答，并以此来调整你的回应。你每提出一个新的问题，投资人就会在他们的头脑中构建出一个故事。这个构想出来的故事就是你想要兜售给他们的关于你的公司的故事。这种做法期望达成的目标是，让投资人可以仔细地思考这笔交易的方方面面，然后做出一个他们自己相信的决定。

例如，假设有一家创业公司正在为眼镜在线销售商店进行融资，公司 CEO 的主要设想是，因为在网上购买眼镜会更便宜并且更方便，人们会更愿意在线上购买眼镜。那么这个 CEO 如何才能让投资人相信这是真的呢？

这家公司的 CEO 可以通过提出以下这些问题来作为他与投资人进行沟通的开始：

◎ 您愿意花 400 美元来购买一副眼镜吗？

◎ 如果您能用半价购买到同样的眼镜，您会买吗？

◎ 有更多的选择是不是更好？

◎ 如果我们先寄几件样品给您试一试呢？

◎ 如果我们能做到让您免费退货呢？

◎ 这种类型的服务有没有价值？

上面这些基本上就是瓦尔比派克眼镜公司（Warby Parker）向其投资人提出的一系列的问题。我并不知道他们是不是用这种方式向他们的投资人进行融资路演的，但是他们很有可能就是这样做的。没有什么可以比让人说服自己更加有效的方式了。换句话说，如果你能够让投资人清晰地表达出你的业务的核心设想，并且让他对其表示认可，那么，投资人情不自禁地脱口而出"对啊！"的时候，这也就是你为之精心地准备并一直在等待的时刻，因为在这个时候，投资人实际上也正在对他自己说，"没错，这就是我想要的！"

　　每个人都希望可以快速地获得赞同，你或许还会想如何去抄捷径。只是要小心，不是所有的赞同都是可以等同起来的。有些人对你表示赞同只是为了让你不再去麻烦他们，尤其是当你太固执己见时。其他的时候，他们只是在表明他们已经听到了你所说的那些事情，但他们并不一定同意你的说法。你需要能够分辨各种不同类型的回应。当你看到投资人突然从提问和分析转向积极地想要和你完成交易时，你就会知道这才是真正的肯定。如果缺少了这一点，你只不过是在自欺欺人而已。

　　如果事情进展得不顺利，你也没有办法获得投资人的承诺，你可以试一试提出以下问题：

◎ 您已经放弃这项投资了吗？

◎ 在这笔交易中，是不是有什么让您感到不舒服的？

◎ 这是不是意味着您已经无法继续向前推进这个项目了？

◎ 关于这项业务有什么是您认为完全行不通的？

◎ 如果您能改变我的创业公司中的某一样东西，那么这样东西会是什么？

◎ 让我澄清一下，似乎您正在说的是＿＿＿＿＿＿＿。

◎ 如果我们解决了这个问题，还有其他什么因素会阻碍您对我们的公司进行投资吗？

　　你应该已经注意到，在这些问题中有几个问题是通过让投资人回答"不"，从而促使他们继续向前推进交易的。在整个过程中，投资人并没有被迫做出任何承诺，相反，所有这些问题会促使他们更清晰地阐述是什么让他们感到担忧，并解释为什么他们仍然想要推进这笔交易。最后，你需要让投资人自己想清楚，为什么他们会感到你的公司是一笔好的交易。他们需要自己得出这样一个结论，你没法越俎代庖。

一旦你跨越了这一沟通上的障碍，你们的交易要么很快就能达成，要么就到此结束。相信我，投资人对于他们真正想要的交易通常动作会非常快，绝不会故意拖延。如果投资人在寻找各种借口，这意味着有些问题依然还没有被你揭示出来。这些问题也许你能够解决，也许不能。无论是哪种情形，你都需要弄清楚问题到底是什么，只有这样你才有可能去想办法解决这些问题。

13. 永远不要对投资人说谎

我有一个原则，永远不要对投资人说谎。诚实是非常重要的，你可以对事实稍稍进行一些夸大，但不要越界。这个话题之所以值得我们讨论，是因为在说谎和出色的销售技巧之间存在着一条微妙的界线。有些人会毫无顾忌地撒谎，但我绝不建议你这样做。首先，说谎必然会引来反噬，这会侵蚀人与人之间的信任并摧毁各种人际关系。人始终是处于各种社会关系之中的，所以我相信你也绝不想让自己的声誉被玷污。其次，说谎不符合道德规范。你应该学习那些你尊敬的人的行为举止，你的力量来自你自己。如果你对其他人说谎，你最终也会对你自己说谎。没有什么东西比你的自尊更值钱。请不要选择这样一条不归路，这是我个人的信念，我希望这也同样是你的信念。

无论怎样，你仍然需要不断地四处兜售你的公司，而销售是一门艺术。每当人们问我的创业公司是否能准时交付我们的产品时，我们总是会回答："绝对没有问题。"我们并不知道自己是否真的能做到这一点，没有人可以做到事先预知，但如果我们当时没有表现出足够的自信，就永远也无法赢得那份合同。没有人会愿意投资一家无法兑现诺言的创业公司，你的工作就是去完成一件不可能的事情，让那件事情真的发生。如果你信赖你的团队，而且你心里很清楚你肯定能做到这件事，你就要自信地说出那句话，哪怕你担心你有可能会失败。每个人都害怕失败，但你必须勇敢地抓住你的机遇。

当某个投资人问你是否能建立起一家独角兽企业时，你永远也无法确定你能否做到，获得答案的唯一方法就是去尝试。但是，首先你必须相信这是有可能的，否则，你又凭什么向他要钱呢？这就是我在上文中提到的那条微妙的界线。你必须先给自己灌下一碗迷魂汤，只有当你做到了对自己的愿景深信不疑时，你才有可能让你周围的人也相信这个愿景是真实的。创业失败的概率高达90%，投资人很清楚这一点，你的战略合作伙伴也知道这一点，他们却依然愿意和你合作，这是因为他们相信你一定有能力打破这一魔咒。

所以当你和投资人会面的时候，无论在思想上还是在行动上你都必须表现出你有获得成功的信心，但是你绝不能说谎或者欺骗。不幸的是，这意味着你必须踏足一个灰色的区域。这是生活的本质，如果在你的一生中你所面临的选择都是那种能一眼看穿的东西，生活就太无聊了。如果人生就是这样，那么一个机器人也能做出决定。但是在人的一生中，大多数的决定可能会导致的后果实际上都隐藏在黑暗之中。所以，在任何时候你都应该用心去审视你所做的决定，如果你的内心告诉你已经越界了，你就应该撤回来。面对你自己的价值观，你不应该做出任何妥协。但如果你知道这样做是正确的，那就勇敢地向前冲吧。去兜售你的愿景，让所有人都相信你的能力，并达成你想要的交易。

14. 设定最后期限

有时候你需要制定截止期限。如果没有截止期限，投资人往往就会采取观望的态度。如果他们当下并没有感受到任何压力，那么他们为什么要做出承诺并进行投资呢？通过观望，他们可以获得更多的信息，并且具体地评估你的进展，如果在此期间刚好出现了一笔更好的交易，他们还可以马上掉转方向。

让我来告诉你一个故事。当我为我的第三家创业公司进行融资时，我曾经与迪士尼公司进行了会面。我的朋友当时刚刚加入迪士尼旗下的思伟投资（Steamboat Ventures），他很想投资我的创业公司。因为他是我的朋友，我打破了自己定下的神圣的"三振出局"的原则，并且一次又一次地和他会面。每一次他都会这样说："我真的很感兴趣，我会投资的。"

等到我第六次和他会面的时候，我已经有些不耐烦了。我还有其他的投资人在等着我，而且他们都很感兴趣，所以我告诉他："你看，我还有其他的投资人准备和我签约，如果你不投的话，那我就选择他们了。"

不知道为什么，他以为我是在虚张声势，因此并没有选择继续跟进。于是我去找了另一家投资机构，它是世界上最大的对冲基金之一。在很短的时间里，我就已经得到了与这家基金的董事会主席和 CEO 见面的机会。我知道在这次会议上我必须达成交易，到了这个时候，我已经知道我需要做什么了。我向他们展示了我的愿景，然后用一种非常巧妙的方式，我让他们知道了世界上最大的传媒公司之一也对我们的公司表现出了兴趣。我并没有提到迪士尼公司，因为我不想让它们在我的背后串通一气，所以我刻意维持了一种朦朦胧胧的状态。所以这家公司也有可能是维亚康姆（Viacom）、福克斯或者时代华纳。

当时有很多人对我说，你不可能在圣诞之前达成交易，因为在那段时间里所有人谈论的都是他们的假期。但我已经决定要按期推进，所以我完全无视了这些传统的看法。毕竟，如果我同意等一段时间，并且不在假期前达成交易，那么所有人都会出去度假，我们正在向前推进的势头就会停下来，而失去推进的势头对于绝大多数的交易来讲往往意味着失败。因为所有之前积累起来的兴奋感和压力都会消散一空，当大家回来的时候，事情就像是重新开始一样，甚至有可能变得更加困难。原来的那种紧迫感已经没有了，同时在心理上人们也已经不在原地了。

有了这家对冲基金，我绝不会让这样的事情发生，所以我告诉投资人，如果他们想要这笔交易，他们必须同意在圣诞前完成。这是一个非常疯狂的要求，因为那时已经是 12 月的第一周了，而当时我们甚至还没有签署投资意向书，但他们明白我并不是在开玩笑。现在让我来厘清一下当时的情形，迪士尼的投资人也对这笔交易感兴趣，但他们并没有打算在年底前完成。我知道这已经是既成事实了，但我还是想给他们所有人以一定的压力，所以我明确地向各方表明有我自己的时间表。如果那个对冲基金的投资人想要和我合作，他们就必须按照我的时间表做出决定。换句话说，我制造了一种人为的紧迫感，我正在推动整个进程。我设定了一个明确的截止日期，而这个截止日期最后变成了现实，正是我把这个日期变成了现实。

当你需要达成战略性的交易时，这就是你不得不做的事情，否则，你就只能靠运气了。你手上唯一的筹码就是你可以随时转变换方向，所以请准备好，如果投资人不采取行动，你就只能让他们出局了。我知道这很难，但这就是交易的艺术。你必须是那个制定规则的人，而不是遵循规则的人。如果你想让这些规则具有真正的意义，你就必须遵守它们。所以当我和那家对冲基金的 CEO 会面时，我对他说："如果你们不能决定现在就完成交易，那么要不了多久你们就会错失这笔交易。"对此我是非常认真的，我已经做好了心理准备把他们从我的投资人名单中划掉，然后继续寻找其他的机会。这就是三振出局，现在就看他们会不会抓住机会了。之后发生了什么？那家对冲基金抓住了机会，我们的那一轮融资在圣诞前的那几天里达成了，并且刚好避开了在假期前大量人员离开硅谷的那个时间段。

在新年期间，我又去找了那个在迪士尼工作的朋友，并告诉了他项目当前的进展。他很生气，他无法相信没有他我也能成功，他原本以为我只是说说而已，但是，我只是做了当初我告诉他我会去做的事情。那么当我告诉他，我已经准备接洽另一个投资人的时候我是否夸大其词了呢？既可以说有，也可以说没有。我知道我可以与他们会面，但我永远没法知道他们是否会投资。这就重新把我带回到了如何去创造现实这个问题上。如果连你自己都不相信你的截止日期，那么你又如何让别人相信这个截止日期呢？在你创造了一个截止日期后，你就必须有这样的心理准备，要么事情大获成功，要么就完全崩溃了。当所有的东西都已经到位，是时候该做出一个艰难的决定了。

最终，因为我很看重迪士尼公司，更何况那个风险投资人还是我的朋友，所以我对他说，他仍然可以用跟投的方式一起参与这笔交易。但是我仍然想确认他是否已经决定不再观望了，于是我告诉了他我们的估值。在他听到条款的具体内容后，他又犹豫了，对于迪士尼来讲这家对冲基金实在是太有钱了。在经历了这一切后，我发现他并不适合做我们的投资人。只有在投资人实际做出决定的时刻，你才会知道他是否真的会实践他曾许诺的事情。有时候不到这一刻，甚至连他自己都不知道这一点。这就是为什么截止日期如此重要，没有截止日期，投资人常常就没有了做出决定的理由。讽刺的是，只需要一个想象中的截止日期就能揭示出什么是真的投资，而什么不是。

15. 充分利用社会资本

社会资本常常和你存在银行里的钱一样重要。如果你不知道什么是社会资本，那么让我来告诉你。社会资本就是一些行业内非常有影响力的重要人士给你的背书。这个人的影响力越大，你能够获得的社会资本就越多。来自谷歌创始人拉里·佩奇，或者特斯拉的 CEO 埃隆·马斯克的一条正面的推文能够给你的创业公司带来的好处要比一千个不知名的投资人带来的多得多。这是因为硅谷是一个联系紧密的社区，消息会传得很快，所有人都在关注各个行业的领先者。如果一个非常有权势的人为某一家创业公司做了背书，其他人就都会紧随其后表示赞同。

你在筹集社会资本时所采用的方式和你进行融资时所使用的基本相同。只不过筹集社会资本的难度更高，因为与一些名人，比如领英的共同创始人里德·霍夫曼（Reid Hoffman）、爱彼迎的 CEO 布赖恩·切斯基（Brian Chesky）或者推特的早期投资人克里斯·萨卡（Chris Sacca）等一起共进午餐并不是一件简单的事。如果你没有幸运地拥有一个堂兄弟刚好与好莱坞著名男星出身的投资人阿什顿·库奇（Ashton Kutcher），或者与 TechCrunch 的创始人迈克尔·阿林顿（Michael Arrington）是最好的朋友，那你怎么才能与这些非常有影响力的人士接上关系呢？

有一种方式是从最底层开始，然后再慢慢地往上爬。从你认识的人开始，把他们引入进来作为你的朋友，然后让他们向你开放他们的关系网。你可能会非常惊讶地发现，如果你曾经在硅谷待过一段时间，你也许距离一些非常有影响力的人士只有几步之遥。你可以登录领英网，这样你就可以看到所有的关系。我曾经帮助很多创业者规划人际关系网络，而他们对于他们的朋友所拥有的一些关系感到非常震惊。

在现实中，想要获得与 Square 和推特的共同创始人杰克·多尔西（Jack Dorsey），或者与贝宝和创始人基金（FoundersFund）的共同创始人肯·豪维瑞（Ken Howery）直接会面的机会是微乎其微的，更不用说让他们在公开场合就你那还没得到验证的业务做一些具体的评论了。相反，你需要的是和以上这些名人一样也拥有影响力的人士，只不过他们的影响力会局限在某个特定的行业中。如果你的创业公司正在开发脑机接口（BCI）技术，你应该首先列出一张最顶尖的 BCI 研究人员以及这个领域中的思想领袖的名单。这些名字也许不像雷·库兹韦尔（Ray Kurzweil）[①]那样家喻户晓，甚至硅谷中的大多数人都不知道，他们在 BCI 这个特定的圈子里却非常有影响力。

无论付出什么样的代价，尽你一切努力让他们加入你的创业公司，他们是你向上攀爬的下一个台阶。抓住第一条大鱼总是很困难的，但是你一旦成功地让一个真正的牛人进入你的公司，再找第二个就不会那么困难了。我看到过很多创业者刚到硅谷的时候什么人也不认识，但是在几个月之内，他们似乎就已经认识了他们行业中的所有人。

他们主要是通过关注自己所在行业中具有影响力的人士来做到这一

① 雷·库兹韦尔是美国的发明家，他曾发明了盲人阅读机、音乐合成器和语音识别系统。他还是多部畅销书的作者。他在 1990 年出版的《智能机器的时代》中，成功地预言了电脑将在 1998 年战胜棋王。——译者注

点的，这个特定的人群在某个垂直领域里拥有非常深厚的专业知识和人脉。绝对不要问他们是不是要钱，也不要问他们是不是想上媒体，相反，你应该找出他们真正需要的东西，然后提供给他们。你能向他们展示一种全新的技术吗？你能向他们介绍你的人际关系网络中某个非常有价值的人吗？你的人脉越广，你能向他们提供的东西也就越多。或者你也可以提议撰写一篇关于他们的报道，再把文章放在某个著名的网站上，如Slashdot、Ars Technica，以及《赫芬顿邮报》和《连线》等媒体的专栏上。又或者专注于那些垂直领域的博客。大多数硅谷的大人物都很喜欢被媒体曝光的感觉，他们就是靠这种方式成名的。与他们进行面对面的交流时是邀请他们加入你的创业公司的绝佳时机。

当然，你还可以通过一些其他的方式为这些影响力的人士提供价值。你可以阅读他们的博客，然后从博客的内容中找出他们对什么东西感兴趣。这有可能是一种爱好，也可能是某项慈善事业，但无论是什么，你都可以以此来判断你是否有能力为他们提供一些有用的东西，作为交换，你就会有机会与他们建立起某种关系。只是注意不要把这一切变得过于虚伪，让他们可以一眼看穿你所做的一切。如果你向他们提供帮助，却对他们正在做的事情没有真正的兴趣，他们就会意识到你只不过是在利用他们而已，最终对你产生厌恶。只有当你真正相信他们所做的事情，并且你也愿意把事情做得更好的时候，你向他们提供的帮助才会是真诚的，否则只会适得其反。

但是这并不是一件容易的事，如果你确实能想出某些真实的东西，并且你还不介意为此投入大量的精力，这个世界就没有什么能阻止你了。硅谷在本质上是一个由精英统治的世界，每一个人很乐于接受新的想法和新的朋友，这一点正是硅谷最吸引人的地方。没有人知道接下来的那个伟大的创意会来自哪里，但每个人都想在这个创意出现的时候成为其中的一分子。所以，筹集社会资本时你所需要付出的代价就是你的时间，以及你对于这个社会的世态炎凉的洞悉。

16.　获得热诚的推介

没有比一次热情而又真诚的推介更好的事情了，很多硅谷的投资人只会与由他们认识和信任的人推介的创业者见面。我在运营创始人空间时，那些创业者总是会问我："船长，你能把我介绍给投资人吗？求你了！"

不幸的是，我不可能做到把我遇到的每一家创业公司都亲自介绍给我们的关系网中合适的投资人。因为有太多的创业公司要求我们介绍投资人，所以更重要的是，这些创业公司必须首先符合投资人的一些基本的评判标准。这种涉及很多细节的匹配过程需要花费大量的时间和精力，而且即使我愿意把这种引荐作为我的全职工作，也满足不了所有人的需求。

草率的推介根本无法帮助到任何人，创业公司不会拿到融资，投资人也会认为你这是在浪费他的时间。如果我多次将错误的创业公司送到错误的投资人手里，那么所有投资人的大门都会向我关闭。他们不会再接受来自我的推荐，他们凭什么还要这样做呢？没有人会喜欢不断地收到各种垃圾邮件。所以，无论是通过我们的孵化项目，还是通过我的天使基金，只要我自己不投资那家创业公司，我就不会进行任何形式的推介。但是我仍然会邀请这些创业公司前来参加我们举办的有投资人参与的路演活动，在这样的活动中我的团队就能够做出评估，并以此来判断是否有潜在的合适人选。

另外，我们最近推出了一项服务，让投资人能够接触我们孵化的创业公司。这就是 FoundersEdge.com，投资人在这里可以轻松地浏览、分析并评估我们正在孵化的创业公司。我们会保证投资人的信息不会对外公开，因为绝大多数的投资人并不想收到不在他们关注范围内的商业计划。我们也将所有的创业公司按照其所在的领域、客户类型、所在的国家以及评分进行分类，这样投资人就能够更容易地找到合适的创业公司。在投资人找到了一个合适的对象后，他们可以直接与这家创业公司的创始人联系。通过这种方式，我们现在已经能够将更多的初创企业与投资人联系在一起，这是之前我们靠人工无法做到的。

这样说吧，很多来到硅谷的创业公司仍然想要获得有关人士的亲自推介，但问题是，拥有广泛的投资人网络的大多数人士只会为他们熟悉的创业公司进行推介，这就使得来到硅谷的新人很难遇到合适的推介人。但这并不是说找到一个合适的推介人是不可能的，无论什么样的障碍必定会存在一种跨过它的方式。首先，我建议每一家创业公司都应该组建一个由行业专业人士组成的顾问团，这些人士多多少少都会和一些投资人有联系，何况他们还拥有非常有价值的业务经验、深厚的行业人脉以及在某个领域中的专长。如果某个人同意加入你的顾问团，那就意味着他已经承诺会帮助你的创业公司获得成功，而且他应该会愿意让你用创业公司的名义来利用他的人脉。

除了组建顾问团之外，创业者还应该将视线转向那些已经和他们有业务来往的人士，包括律师、公关专业人士、市场营销顾问、广告代理、财务公司等。如果这些专业人士已经在硅谷工作了一段时间，我可以向你保证他们肯定认识投资人。任何人只要在这里工作了一年以上都至少会认识一个风险投资人。在创业者决定雇用某家公司之前，他们应该从这家公司获得一个承诺，即这家公司将负责给他们介绍一些风险投资人。要求一家财务公司给你介绍一些投资人，这听起来似乎有些奇怪，但这样的事情在硅谷屡见不鲜。而且你一定会惊讶于这些会计师居然认识那么多投资人，尤其是那些曾经和一些创业公司进行过合作的会计师。事实上，他们培养这些关系的目的就是推动自己业务的发展。

最容易被人所忽视的有能力介绍投资人的资源是其他的创业者。在硅谷，几乎每一家创业公司都会采用融资模式，这意味着每一个创业者都至少认识一些投资人。我总是告诉创业者要走出去，去和其他创业公司的创始人交朋友，你们之间还可以互相交换一些有关投资人的资料，或者让对方帮助引荐。我认识的一些创业者，他们只去了一场社交活动，就已经结识了数十家不同创业公司的创始人，并且在离开的时候还获得了承诺，对方愿意把他们引荐给数十个投资人。这种事情实际上很简单，如果你帮他们搓背，他们也会为你搓背。

最后，你还可以通过专业组织、加速器、路演活动、聚会群、专业会议、私人派对以及数十种其他的方式与投资人接触。很多时候你甚至并不需要有人来为你进行介绍，你只需要和投资人出现在同一个场合，然后充分展示一下你的口才。这就是你入门的方式，仍然是那种老套的搭讪。如果你显得很友好、很开朗，并且还能让人感到很有意思，那么这扇大门就会为你打开。不要停止拓展你的人脉，不要害怕使用你的人脉来帮助其他人。我们把这种行为称作预支，如果你今天帮助了其他人，那么明天他们也会帮助你。

17. 给陌生人发邮件或许也能起作用

如果以上的方式都失败了，那么你还有一招，即不打招呼直接拜访。在今天的世界中，你还可以给你不认识的投资人发送邮件或者短消息，这被称作"冷邮件"或者"冷短信"。这当然不是什么理想的方式，但这种方式有时候确实管用。很多投资人也许会告诉你，他们从来不会回复冷邮件，但是我所知道的情况是，很多投资人实际上是会回复冷邮件的。很多非常大型的风险投资基金正是因为看到了这一点，所以它们会主动把合伙人的邮件地址放在其官网上。它们永远不知道接下来的重大投资机会可能会来自哪里，所以它们希望自己的通信线路能够一直保持畅通。

在硅谷大约有一半获得了风险投资的创业公司是由非美国籍的创业者共同创立的。当这些创业者抵达硅谷的时候，他们通常几乎什么人也不认识，所以冷邮件是他们的最佳选项之一。另外，对于在校大学生和刚毕业的学生来说，情况也几乎完全相同，因为他们还没有时间去建立自己的人脉，所以冷邮件也是一种可行的策略。

我还记得当我第一次创业的时候，我还从来没有遇到过风险投资人，我没有什么有钱的朋友，我的家庭也没有什么关系。在那个时候，硅谷甚至还没有孵化器或者加速器，而且社交机会也非常少。当初我是如何做的呢？我开始给投资人发送冷邮件。这种做法确实有用，我开始和他们见面约谈，尽管次数并不多，但已经足以让我起步了。

我继续用冷邮件为我的早期创业公司进行融资，为什么呢？因为这种方式很有用，我就是这样接触到几十家不同的风险投资公司的。我曾经和红杉资本的管理合伙人道格·莱昂内（Doug Leone）、风险投资公司Hummer Winblad 的执行董事安·温布拉德（Ann Winblad）、创始人基金的执行董事肯·豪维瑞以及其他数十位顶尖风险投资人见过面。我甚至曾经给史蒂夫·乔布斯发送过冷邮件，并随后被邀请到苹果公司开会。

不巧的是，乔布斯并没有参加这次会议，不过这完全没有关系，毕竟那是一个冷邮件，而我得到了一次机会向他的团队做我的融资路演。

下面是我使用冷邮件时所采用的一些做法。首先，邮件必须非常简洁，理想的冷邮件应该用一句话作为开头，但这句话描述的必须是你的业务。你应该避免使用任何流行词汇，而是应该只使用最平实的语言来描述你的产品能为客户带来什么。然后列出二个要点，每个要点都突出一项关键的成果。你可以在邮件中插入短视频链接，或者一个能够打开你专门为投资人准备的 PPT 文档的链接。最后，署上你的名字，并加上你的电话号码。

以下是我刚才所描述的冷邮件的模板：

亲爱的蒂姆：

我的创业公司_____开发的产品能够让企业在几分钟之内筛选、过滤，并按一定的规则排列上千份求职简历，我们的产品运用了人工智能和大数据的最新技术，能够自动将最佳的简历排列在最前面。

◎ 我们刚刚在 TechCrunch Disrupt 大会[①] 上赢得了一等奖。

◎ 我们的团队来自斯坦福大学、布朗大学以及麻省理工学院。

◎ 我们已经发布了我们的产品原型，并且已经签下了 IBM（国际商业机器公司）作为我们的第一家客户。

这里有一个关于我们公司的视频链接：_____。

[①] TechCrunch Disrupt 是由 TechCrunch 网站从 2011 年开始主办的年度技术交流大会。TechCrunch 是一家成立于 2005 年的美国技术产业新闻网络出版商，在创业者的圈子中具有非常强大的影响力。——译者注

这就是一封完美的冷邮件，它短小精悍，我希望我收到的邮件都能和这一封相似。大多数人给我写的邮件都很长，且毫无逻辑。与这些邮件相比，《战争与和平》就像是一本用于快速阅读的读本，单单阅读这些邮件就已经让我筋疲力尽。我通常会直接跳到邮件的末尾以便找出他们究竟想要什么，然后我会把邮件转发给合适的工作人员。换句话说，如果你想让一个极其忙碌的人能够亲自阅读你的邮件，文字的简洁将会是关键。

即便你没有办法寻找到你想与之建立联系的人的邮件地址，你依然有大量其他的方法可以联系到他们。其中最容易的方法就是上领英网，你也可以用谷歌来搜索他们的名字，购买邮件地址清单，以及询问你的朋友。如果所有这些方式都行不通，你还可以直接用他的名字进行猜测，最多只需要尝试数十种组合就能找到正确的答案。

最后，我想提醒你的是，不要尝试通过邮件与人交朋友，这几乎是不可能成功的，更有可能的是，这反而会导致投资人对你的项目完全失去兴趣。同样地，绝不要发送一些完全不必要的信息，太多的信息只能给投资人在与你见面前就拒绝你的理由。当你撰写跟进邮件的时候，你也应该尽可能写得简短一些。你只需要简短地询问："在什么时候我们能见上一面？"与投资人的会面才是真正重要的。一旦你有机会与投资人坐在一起，你就能对你的项目进行细致的描述了。

关于冷邮件我能告诉你的也就只有这些了。即便在今天我已经有了很多关系，我还是会经常写一封简短的冷邮件给某个我很想见的人，哪怕我和这个人一点关系也没有。这种方式对我来讲确实很有用，它对你来讲也应该也是如此。

18. 如何脱颖而出

在一次路演中，对你来说最为糟糕的事情就是泯灭于众人。我曾经不止一次看到这样的事例：那些做了一些与众不同的行为的创业公司吸引了所有人的注意力。请记住，风险投资人也只是一个普通人。尽管他们看上去拥有一份非常光鲜的工作，但你想象一下，如果你连续数周每天从早到晚一直都在参加各种路演活动，你也会感到厌倦，如果某个人的路演听起来和前面的那一个并没有什么区别。我之前一直以为投资人的工作非常有趣，而且还没有什么压力。毕竟，他们每天都能听到世界上最聪明的一批人讲述一些不可思议的创意，但事实并非如此。绝大多数的创意都是对他人的模仿，绝大多数的创业者并不是专业的演说家，而且他们还会沉迷于一大堆时髦的词汇，绝大多数的演讲投影看上去也几乎没有什么差别。在创业公司的现场演讲中很少会出现让你眼前一亮的东西。

我并不想说得如此直白，但是投资人非常渴望能有某个人或者某些事情来打破他们每天的单调。你只要有一件事能让他们记住你，他们就会对你心怀感激。这就是为什么我会告诫创业者，无论他们做什么，不要让听众感到厌烦。不要害怕去冒一些风险，你可以讲一些笑话，进行一些表演，另外，在台上表现得洒脱一些也没有什么关系。如果你创立的是一家食品技术初创企业，你可以在台上拿出食品来，让投资人尝一尝，我保证他们肯定会记住你。如果你是一家机器人创业公司，你可以让你的机器人在台上跳舞、翻跟斗或者玩杂耍。如果你是一家无人机初创企业，你可以播放一些能让所有人都惊叹连连的视频。没错，只要能让现场的观众兴奋起来就行。

之前曾有两位创业者从南加州大学飞来见我，他们都是刚从大学毕业的学生，不久前才创立了一家叫作 Survios 的虚拟现实公司。这是在 Oculus VR 在 Kickstarter 众筹平台上发布他们的短视频之后不久的事情，虚拟现实可以说是当时非常热门的新鲜事物。两位创始人希望我能够帮助他们一起制订商业计划，只不过我坚持首先得让我玩一下他们的虚拟现实游戏。他们的产品当时还只是原型，但是已经让我感到震惊了。这两个家伙的手上确实有一点非常真实的东西，他们明白什么是虚拟现实。

这两位创始人想让我帮助他们准备路演的 PPT，但我告诉他们不要再去管什么 PPT 了。重要的是抓住风险投资人的注意力，绝大多数的风险投资人之前从来没有见过虚拟现实，所以他们只需要演示他们的游戏产品就行了。我向他们保证，如果那些风险投资人试玩了他们的游戏，他们肯定能够获得融资。

我当场就签约成为他们的顾问，并且把他们介绍了一家顶尖的风险投资公司，我知道这家公司很适合他们。我告诉他们通常需要花几个月的时间才有可能拿到融资，但他们不需要为此担心，因为他们有一些非常特别的东西。虽然我很乐观，但我无法相信速度居然可以快到那样的程度。仅仅在几周之内，他们就已经签下了 500 万美元的融资。他们接着制作了一款迄今为止营业收入仍然排名前列的虚拟现实游戏，这款游戏的名字叫作《原始数据》(*Raw Data*)。

我听说在最近的融资路演中，有一家创业公司做了一件甚至更加与众不同的事情。那家创业公司的 CEO 当时并没有在台上对产品进行冗长的解说，而是从讲台上拿起一件形状古怪的、核桃大小的东西，然后说道："这款设备将永久性地改变我们思考的方式，今后如果没有这件设备，人们将无法生活。如果你想试一试，请到我们的展位，我会亲自向你演示。"

这就是那个 CEO 的完整路演，时间只花了不到 30 秒。在说完了那句话后，他就走下了讲台。他的方法很有效，那些投资人都被勾起了兴趣。在他的展位上，一大群急切的投资人争先恐后地想看一眼他所说的未来，而其他的展位则空无一人。

你并不需要什么惊天动地的技术或者会跳舞的机器人来吸引投资人的眼球，你只需要做一些不同的事情。我曾遇到的一家创业公司就是用一款普通的手机应用做到这一点的。我是在一次会议上遇到那个创业者并听他说起他的故事的。他之前一直是一个很受欢迎的 VJ（视频节目主持人），但是在 YouTube 收紧了对音乐版权的管理后，他的表演就不得不停了下来，最后住到了中西部某个房车的停车场里。心情低落再加上找不到一份体面的工作，他和他的朋友决定一起制作一款音乐应用。他们需要钱，所以他们开始给在硅谷的风险投资人发送冷邮件。

其中有一封他写得非常杂乱无章的邮件被送到了一个非常著名的、古怪的投资人的邮箱里，这个投资人同时也是一家顶尖的风险投资公司的创始人。在互相交换了几封邮件后，这个风险投资人邀请他们整个团队去他那里做一场路演。这时唯一的问题是那个创业者和他的共同创始人都已经破产，但是就像所有优秀的皮条客一样，他们东拼西凑借钱买了飞向黄金之州（即加利福尼亚州）的机票。就在这个时候，一场暴风雪导致他们当地的机场关闭了。因为不想失去未来唯一的机会，所以他们连夜开车来到了邻近的城市，并搭上了飞往旧金山的航班。

第二天他们抵达了风险投资人在沙丘路上的豪华办公室，沙丘路是硅谷最昂贵的地产所在地。他们没有小心谨慎地行事，而是采用了完全相反的做法。他们穿着奇装异服，提着一个超大尺寸的音箱，大声播放

穿越寒冬

着他们最喜欢的曲子，迈着舞步，踏进了庄重而严肃的办公室。这幅场景好像只会发生在电影中，每个人都有些惊奇地看着他们。他们在干什么？但他们载歌载舞地迈进了那个风险投资人的办公室，并随后开始了他们充满激情的路演。

按照那个创业者的说法，他们在离开的时候带走了一张 40 万美元的支票。怎么会发生这样的事情？因为投资人知道这些家伙确实拥有某种东西，只是他没法确定那究竟是什么，不过他们今天让他非常高兴，而且他认为他们的项目确实值得他赌一赌。我并没有在后来继续追踪这家创业公司，所以我并不知道他们的应用最后有没有成功，但有一点是可以肯定的，那就是这帮家伙明白该如何脱颖而出。

19. 亲吻青蛙王子

最后我来对这一章做个总结，我想把吸引投资人比作亲吻青蛙王子。我相信你一定听过这个童话故事：公主亲吻了青蛙，然后青蛙变成了公主的白马王子。这是每一个创业者在与风险投资人进行沟通的时候都会有的一个梦想：投资人会给他们一大笔现金，然后让他们把钱带走，从此以后他们就能过上幸福的生活。当你面对投资人做路演时，你可以把他们想象成一只青蛙。你和他们的每一次会面就相当于一次亲吻。如果你亲吻了同一个投资人三次后，他还没有成为你的白马王子，那么我很抱歉，这个投资人就只是一只青蛙了。

134

第三章

创新的领头羊：中国和硅谷

当我创立创始人空间的时候，我们的使命是帮助来自世界各地的创业公司登陆硅谷，进行创新，推出他们的产品，以及进行融资。从那以后，我们将使命扩展为把硅谷和硅谷的创造性思维带到世界的其他地区。我们在亚洲、欧洲以及美国各地举办研讨会和讲座，我们还冒险进入了中东和非洲。正因为如此，我对于全球各地的创新有了更深的理解。

但如果你问我，我的大部分时间花在了哪里，我的回答是在美国和中国。为什么是这两个国家？因为它们是世界上最大的两个市场，而且它们拥有的风险投资、创业公司以及各种资源要比世界上其他所有国家加起来还要多。在过去的数年时间里，创始人空间已经遍布了亚洲，我们建立孵化器、举办研讨会，并且还提供了创业课程。在这个过程中，我了解了很多关于中国人经商、创业、投资和生活的方方面面。

在这一章里，我想比较，或者说对比一下中国和美国在做事方式上的异同。全世界很多想要进入这两个超级市场的创业者都问过我很多有关的问题，所以在这里我将回答他们关心的一些问题。

1. 标杆

中国和美国是世界上最大的两个创业生态系统。这是因为在这两个市场上，你更容易将企业的规模做大。你的企业只要出现了明显的上升势头，很快你就能实现指数级增长，这就确保了你的公司肯定能够获得巨额的风险投资，并最终成为市场的主导者。这两个国家已经成为世界的独角兽工厂，截至 2017 年年底，中国拥有 164 家独角兽企业，总市值达到了 6 284 亿美元，而与此同时，美国有 132 家独角兽企业，总市值超过了 7 000 亿美元。

这并不是说其他的市场没有潜力，印度就是一颗冉冉升起的新星，而且很有可能在不久的将来就可以与中国和美国比肩，成为世界上顶尖的独角兽工厂。另外欧盟也出现了同样的势头，但它不是一个单一的市场，而是由很多市场组成的集合体，每一个不同的市场都有其独有的特点和挑战。你在德国采用的营销方式无法一成不变地用在法国、意大利或者瑞典。单单文化上的差异就使得你无法在欧盟以同样的速度快速地扩大企业规模。

东南亚正在表现出巨大的潜力。印度尼西亚现在有超过 1 亿部智能手机，而且还有很大的成长空间。澳大利亚、马来西亚、新加坡、泰国以及越南也有了跳跃式发展的迹象。能够看到它们在接下来的 5 年时间里会发展到什么程度是一件很让人兴奋的事情，但是和欧洲一样，东南亚也不是一个单一连续的市场，所以前方仍然会有巨大的挑战。拉丁美洲实际上也是同样的情况，但在那里目前也有一个正在蓬勃发展的创业生态系统。

在中国，像深圳、北京、杭州、广州以及上海这样的城市，现在已经可以和硅谷、纽约、波士顿、西雅图以及洛杉矶这些创新枢纽并驾齐驱。这些大都市都有完善的创业支持系统、足够多的人才、密集的投资人群体以及敢于承担风险的文化。中国政府现在正努力推进其二线和三线城市跟进效仿，例如成都、西安、武汉、合肥、大连以及青岛等商业中心也在奋起直追。

正因为这些原因，中国和美国依然是创业领域的标杆，而这也是为什么有那么多的创业公司被他们吸引。这两个国家可以说是最容易将一个创意转换成一家独角兽企业的地方。一旦某一家创业公司在中国或者美国取得了成功，它就能用因此而获得的财富向世界其他地方扩张，但反过来做就会困难得多。如果你有远大的抱负和一个伟大的创意，那么骑鲸而遨游四海就是完全值得的。

2. 生态系统的演化

与美国相比，中国的创业生态系统还只是刚刚起步。硅谷从 20世纪 50 年代开始蓬勃发展，当时半导体的共同发明人威廉·肖克利（William Shockley）在加利福尼亚州山景城建立了肖克利半导体实验室。仅这一家创业公司就孵化出了一系列的技术创新公司，包括仙童半导体公司、AMD 半导体公司以及英特尔公司。在近 70 年以后，硅谷已经把科技和创业公司的文化融入了血液。

另一方面，中国的创业文化仍然处于青春期。当我第一次去北京的时候，北京才刚刚开始建立其创业生态系统。但是由于政府的大力支持以及创业者精神的扩散，在过去的数年时间里，北京已经取得了巨大的进步。现在中关村和望京可以说是北京最时髦的创业聚集地，那里已经有了和帕洛阿尔托或者旧金山同样数量的创业活动和孵化器。在中国创业园区内咖啡馆林立的街道上，你随处都可以看到创业者以及风险投资人的身影。中国的每一座大城市都在建设新的高新园区，而每一个高新园区都对外声称是人工智能、大数据、半导体、区块链、光学器件或者汽车产业的硅谷。

这样说吧，中国和硅谷还是有很大区别的。如果你参加中国的创业活动或者研讨会，你看到的几乎都是当地的创业者。但是在硅谷情况就完全不同，有时候在活动的现场我可能是唯一的加州本地人。你可以看到来自印度、韩国、巴西、德国、尼日利亚、中国以及其他国家的创始人，但他们中往往没有一个人是在硅谷长大的，这是因为硅谷已经是名副其实的国际创业中心。

硅谷最大的优势就在于它对人才的吸引力，它吸纳了来自全世界各地的优秀人才。我总是说美国人并没有那么聪明，但我们也没有必要那么聪明，因为美国的天才来自全世界。硅谷有超过一半的创业公司的创始人来自海外，但在中国，情况则完全不同，占据主导地位的是本地的创业者。深圳可能是一个例外，它吸引了来自全中国各地以及海外的人才，这就为这个城市注入了一种和硅谷类似的能量和平等原则。年轻人随处可见，而且他们对于新人和新的创意始终保持着开放的态度。北京和上海同样也是国际性都市，正因为这一点，这两座城市也拥有上述的一些特征。

中国和硅谷之间的另一项差异是技术。数十年来，硅谷一直是开发新技术的领导者，而中国则处于攀爬创新阶梯的过程中。中国政府在研发尖端技术，如基因编辑、人工智能、大数据、航空航天、无人飞行器以及半导体等方面投入了海量的资源。通过把创新列为国家的头等大事，并充分利用中国目前在消费者服务和商业模式创新等方面已经具有的强势地位，要不了多久中国就将在一些领域和硅谷并驾齐驱。

中国现在已经有了比美国更多的孵化器和加速器，你去中国任何一座大城市，都能发现数以百计的孵化器。这是在短短几年的时间里中国所取得的一项非凡的成就，但这还不完美。孵化器的质量与硅谷相比还很低，大多数的孵化器实际上只是漂亮的办公空间。它们并没有教给创业者很多有用的东西，或者向他们提供足够的资源。这是政府正在尝试解决的问题，但是这并不容易。培养出能够真正辅导并培训创业者的人才和技能是需要时间的。

中国每年还会颁发数百万份学位证书，从中国大学毕业的工程师以及 MBA 的数量让大多数的国家相形见绌，只不过这些毕业生并不能始终维持在一个很高的质量上。虽然中国的顶尖教育机构，如清华大学和北京大学，可以与它们的美国同行比肩，但很多其他的学校还无法达到这样的标准，其中的问题主要集中在陈旧的教学方法上。在中国，很多教授仍然依赖于单方面的沟通，而不是采用更有创意和合作性的方式让学生在互动的过程中进行学习。中国人很清楚这种教学方式的缺陷，而且情况也正在发生改变。很多大学现在都在积极创新，它们设立孵化器，并尝试采用新的教学方式，最终赶上来也只是一个时间问题。

3. 市场的规模很重要

中国有庞大的市场。中国拥有超过 14 亿人口，现在已经是一个可以和美国相媲美的消费王国。中国的中产阶级正在快速地增长，而且中国政府致力于在未来的数年时间里让数亿人摆脱贫困。有了强大的社交和商务平台，一家以消费者为重心的创业公司可以从一开始就达到一个相当大的规模。微信作为中国头号的即时通信平台，很快就突破了 10 亿活跃用户的节点，并以一个世界上占主导地位的社交网络的姿态和 Facebook 同台竞争。

中国文化具有一种能够快速改变并吸纳外来文化的特质。消费者对于新的思想和创新持有一种开放的态度，他们会毫不犹豫地去尝试最新的智能设备、手机应用以及各种在线服务。几乎所有的中国人，包括那些居住在偏远乡村的居民，现在都已经拥有了智能手机，甚至农村地区的小商贩也已经接受了微信和支付宝的手机支付。可以说技术已经渗透到了生活和商业的方方面面。这使其成为创新产品最理想的市场，而且在接下来的数十年时间里，这个市场只会变得更大且更有利可图。

尽管如此，硅谷仍然有它的优势。对于美国的创业公司来说，它们进入欧洲和其他的海外市场会更容易。这个世界迫切地需要来自美国的创新和文化，硅谷已经为此培育了一个全球性的人才库。而中国相对来讲则更加封闭，所以很多中国的技术创业公司一直以来都在竭力向海外扩张。

在美国，一座拥有数百万人口的城市就已经被认为是大城市了。而在中国，大城市往往意味着这座城市拥有上千万的人口，在数量级上的差异必然也会对市场产生非常大的影响。我曾经到过一些偏远的中国城市，这些被当地人视作小城市的人口数量却大于旧金山或者西雅图的人口数量。仅这一点就意味着中国处在一个非常独特的地位，因为中国还有太多尚未被开发出来的市场潜力，所以很多二线和三线城市攀升到全球创业中心这样的层次或许也只是时间问题而已。

4. 创业者：中国和硅谷的比较

每当你对这两个国家的人进行比较时，你都会遇到刻板印象的问题。对此我发现了一个原则，那就是没有原则。人与人之间的差别比我们想象的要大。中国有56个民族，每一个民族都有自己的文化和思维方式。另外，有很多中国人是在美国和其他国家接受教育的，这更进一步模糊了界限。而作为一个移民国家的美国甚至更加多元化，而且它对于所有的民族都有吸引力。

这样说吧，我不会回避我经常被问到的问题：中国和美国的创业者都有哪些不同之处？我所观察到的最大的不同就是中国人一旦行动起来速度就会很快，他们可以说是天生的创业者。在中国，很多家庭都是从贫困中崛起的，老一辈人只有通过激烈的竞争才能在社会中稍有成就，他们把这种紧迫感和竞争的意识注入了现在年轻的一代中。当中国人看到赚钱的机会，无论是年轻人还是老一辈人都会蜂拥而上。这既是一种祝福，也是一种诅咒。这意味着中国人的行动速度会非常快，但这也导致创业者常常不愿意花时间去进行创新。

当你想在残酷的竞争中超越其他人的时候，伴随着你的还有诅咒。现在每个人都想富起来，金钱意味着社会地位、安全感以及未来的机会，这就导致赚快钱的心态渗透到了中国的社会文化之中。很多中国的创业者更关心的是获得短期的收益而不是建立长期的业务，这意味着他们常常会走捷径，从而无法创造长期价值。同时，这样的心态也在促使他们尽快将自己手上的公司变现，然后再继续寻找下一个机会。

我注意到中国的创业者还有另一个特征，那就是他们往往会步调一致，他们对于社交暗示非常敏感，倾向于以群体为导向的文化。在某个人成功地做成了某件事后，所有人都会争相效仿，其结果就是产生了很多模仿者。中国人喜欢这样说，如果某个人在附近开了一家赚钱的理发店，那么下周你就会看到这家店的周围会冒出数十家同样的理发店。尽管类似的情形同样也会在硅谷发生，但绝不会达到像中国这样的程度。所以当一种趋势席卷中国的时候，你会看到它几乎无处不在。

在硅谷，创业者更有可能会去追寻自己的愿景，他们不会环顾四周去寻求其他人的认可。与亚洲文化相比，西方文化会更多地把关注的焦点放在个体身上，美国人尤其相信与众不同和离经叛道是一种积极的品质，但在大多数的亚洲国家里，这样的行为是不被鼓励的，这对于创业者的行为模式必然会产生影响。所以这也是为什么西方人往往会更愿意闯出一条自己的路，去发现这条路会把他们带往何处，但在亚洲，人们想要的往往是一条"正确"的路，也就是群体选择的那条路。

群体文化当然也有其积极的一面。当一个中国的创业者有了一个好的主意时，他可以很容易就让身边所有的人都团结在一个明确的目标周围，然后立刻开始快速地推进。整个团队在行动上会表现得像是一个整体，这加速了决策的实施并缩短了将产品推向市场所需要的时间。我从来没有看到过有什么事情可以像在中国那样推进得如此之快，企业基本上可以在一个晚上的时间里就从无到有，各种建筑物可以在几个月的时间里就拔地而起，不像在美国，做成这些可能需要数年的时间。所以新的创意往往就会像野火一样快速地传遍全中国。

文化差异也表现在管理风格上。中国的创业者往往会采用由上而下的管理方式，老板所说的话是绝不会受到挑战的。每个人都会循规蹈矩，在公众场合直接顶撞公司里的权威人物是一种很不恰当的举动。在这里有一条明确的界线，一旦跨越这条线，你就会在工作中感受到各种无形的困难，这源自数千年的历史。我注意到在整个亚洲，等级制度都是非常重要的。在中国，即便只是简单地坐下吃饭，你具体坐哪个位置也是由你的社会地位来决定的。

这种看待世界的方式也很自然地延伸到了中国的创业者做的每一件事中。他们对于自己的团队会提出很多要求，员工只是团队的一分子，每个人都应该做出同样的贡献。中国的创始人每周工作 6 天，每天工作 14 个小时或更长的时间，这样的情况并不罕见，但他们希望他们的员工也能如此。很多我的中国朋友抱怨说，他们的老板根本不让他们休息，即便在周末或假期也是如此。

相比之下，硅谷似乎更为宽松。美国的技术人员非常珍视他们的个人自由，他们不一定会愿意听从老板的指令，尤其是如果这个指令是让他们在周末或者节假日加班。很多技术人员在做完每天 8 小时的工作后就会马上下班，尽管这些拥有技术的员工没有付出额外的工作时间，但他们常常用自己的独立思考做出弥补。

美国的创业公司也许看上去行动更慢，尤其是当它们刚刚起步的时候，但这是因为它们通常没有那种自上而下的、军事化的指挥链。例如在谷歌，想要让一个新的项目付诸实施并不容易，一个经理人不能简单地做出一个决定然后命令所有的人照做。相反，公司会鼓励员工进行辩论并且说出具有建设性的意见。只有在达成了共识后，这个项目才会向前推进。

当你尝试去做一些你之前从来没有做过的事情的时候，这样的方式会给你带来回报。当解决难题并且提出替代假设的时候，你进行思考的大脑越是独立，你就越容易发现各种缺陷并且提出新的创造性的解决方案。这种多样化的思维以及包容对立观点的能力正是硅谷文化的核心。

这样说吧，在这一方面中国也正在发生变化。仅仅与前几年相比，中国的企业现在已经有了更多的创新。例如，腾讯已经在引领即时通信的市场，现在是 Facebook 模仿它的时候了。即便是中国的行业巨头，例如华为和海尔，也正在尝试打破等级制度，促进自下而上的创新。年轻人，尤其是那些在海外已经生活了多年的年轻人正在大批地回归中国。这个被称作"海龟"的群体正在要求赋予他们更多的灵活性和独立性，而且他们还带回了西方的管理实践和价值。其结果是目前中国正处于一种不断变化的状态，毫无疑问的是，这个国家为了更好地实现其目标，还将继续不断地融合东西方思维。

5. 风险投资：中国和硅谷的比较

中国和硅谷的投资人在很多方面既有相似也有不同。美国在风险投资领域有着悠久的传统，顶尖的风险投资公司已经在这个领域经营了很多年，并且积累了丰富的知识和经验。很多风险投资公司在评判创业公司以及它们的业务潜力时，已经发展出了非常复杂的标准。

在中国，这个行业相对来讲还只是刚刚起步。在中国，最顶尖的风险投资公司已经和它们在硅谷的同行并驾齐驱，而那些新成立的风险投资公司实际上不过是在跟风而已。很多中国的投资人在最开始的时候，根本就没有意识到存在着亏损的风险，他们急切地想要在下一个阿里巴巴或者腾讯身上分得一杯羹，但是他们中很少有人明白是哪些因素让这些企业获得了他们眼中的成功。其结果是，很多投资人因为把赌注下在了他们还没有对其进行仔细调查的创业公司身上而出现了亏损。

在最初的狂欢之后，中国的投资人已经变得更加谨慎。每个人都想看到投资对象的明确未来，其结果是越来越多的资金流入了少数几家处于后期阶段，但已经表现出了真正上升势头的公司，从而将这些公司的估值越推越高。出于对风险的恐惧，专注于早期阶段创业公司的投资人，常常会要求那些之前从未有过创业经历的创业者对投资进行个人担保，在硅谷这样的事情实在是闻所未闻。组建一家创业公司的全部意义就在于保护创业者，并使其个人免于承担在经营中产生的债务。但是在中国，现实则完全不同，这对很多失败的创业者的个人生活造成了极其负面的影响。

我曾经向中国相关部门提议，我们可以启动一个"二次机会"项目，向那些破产的创业者提供一些重新站起来的途径，让他们能有机会重新再试一次。经历过失败的创业者是一项非常宝贵的资源，他们可以从之前的经历中学到很多东西，但如果他们深陷债务，他们就再也不会有机会利用在这一段人生经历中所学到的东西。我很希望能够看到"二次机会"项目有机会在全世界各地建立起来，因为这样的项目可以真正帮助到创业者，并鼓励他们去承担更多的风险。从长远来看，创新和国家的经济也将因此而受益。

另一个差异是两国的投资人挑选创业公司的方式。在中国，"关系"，或者说能够促进业务以及其他交易的个人社交网络系统和有影响力的个人关系才是最重要的。如果投资人不信任一个创业者，他们绝不会投入自己的钱。另一方面，如果有关系，中国的投资人一般就会对那家公司进行投资，即使他们并不完全相信这家公司的商业计划。事实上，只要他们对创业者有信心，这一点往往就已经足够了。

硅谷则完全不同。硅谷的投资人往往会更慷慨地给予对方以信任，然后花大量的时间对他们的业务基础进行分析。创始人是否有足够的技能和才能来完成这个项目？他们拥有什么样的独特见解？他们的商业模式是如何运作的？进入市场的壁垒是什么？这些类型的问题往往对于硅谷的投资人做出最后的决定会有更大的影响，而不会像中国的同行那样去担心创业者会不会拿着钱跑路。

还有一个不同的地方在于，中国的投资人往往会寻求快速的回报。他们希望能够在 3 到 6 年的时间里就收回投资，有时候甚至希望时间可以更短。这意味着投资人常常会抛售股份并提前撤资。在硅谷，投资的时间跨度往往会长很多，一般从 6 年到 12 年不等。为了实现价值的最大化，美国的投资人往往会一直持有那些赢家的股份直到它们被收购或者上市。

很多中国投资人的急于求成的心态也导致了他们会逼迫初创企业做出相当糟糕的决定。例如，投资人告诉一家我正在辅导的中国创业公司，现在就应该专注于赚钱了。这家创业公司的手机应用发展得很快，目前已经有了超过 1 000 万的用户，我个人认为他们应该推迟变现。他们尝试了广告和向上推销，但是这些做法对于产品的可用性有相当负面的影响。在没有找到更好的解决方案之前，我认为他们不应该在如此关键的时刻冒险让增长停滞下来。在短期内这家企业的营收潜力并不大，但是让增长的速度放缓却有可能永久性地对企业主导市场的能力产生影响。但是中国的投资人已经开始担忧，他们希望这家企业现在就可以赢利，所以他们施加了巨大的压力让创始人不惜一切代价去赚钱，这样的做法是大多数硅谷的投资人都会竭力反对的。

这并不说中国所有的投资人都会这么干，我和中国顶尖的风险投资公司之一创新工场的创始人李开复讨论了这家创业公司，他完全同意放慢增长速度是一个错误。显然在中国，更加成熟的风险投资公司与其他的投资公司之间存在着巨大的差异。

尽管像红杉资本、Accel Partners、经纬创投和 Doll Capital 等一些顶尖的硅谷风险投资公司已经在中国活跃了一段时间，但它们并不能像在硅谷那样主导整个生态系统。红杉资本中国公司还是相当活跃的，但这只不过是个例外，而非常态。大多数美国的风险投资公司更愿意待在自己的家里，而那些在中国运营的公司往往都是由中国本地人来运营和控制的。这是因为中国的投资生态系统是如此不同，美国投资人往往无法理解。

另一方面，中国却一直在硅谷进行大量的投资，像阿里巴巴、腾讯以及百度这样的公司已经向美国的创业公司注入了巨额的资金。除了这些大型的互联网企业，还有很多中国的风险投资公司也在硅谷设立了分支机构，尽管其中有些是由政府在背后支持的，但是很多公司都是私营企业，这就形成了中国资本对硅谷的大量涌入。

我们认为某家企业在硅谷的估值已经比较高了，但是与中国人给出的估值一比常常就很便宜了。我听到过有很多美国投资人抱怨中国是如何推高美国创业公司的股价的，当然其中还有一些人在担心知识产权被盗取的问题，但是在很大程度上所有这些担心都只不过是被过分地渲染了。实际上，中国的资本对于美国创业公司估值的影响并没有那么明显，而且几乎没有发生过任何投资人直接从其投资的创业公司中盗取知识产权的案例。因为这样做不仅会适得其反，而且还会让他们面临诉讼。相反，中国投资人往往会专注于帮助美国的创业公司通过建立合资企业或者其他的合作关系进入中国市场。潜在的协同增效效应和高回报率是他们进行投资的原因。

由于中国加大了对境外投资的限制，中国的资金流入硅谷的速度实际上已经放缓。按照荣鼎咨询公司以及美国国家美中关系全国委员会的数据，中国对美国公司的投资已经从2016年的465亿美元下降至2017年的297亿美元，在短短一年里下降了36%。"大约在一年半以前，中国开始实施资本管制，这实际上阻止了很多收购交易的进行。"美国国家美中关系全国委员会的主席斯蒂芬·欧伦斯（Stephen Orlins）说道。

另外，美国外国投资委员会在2017年以国家安全的名义阻止了超过80亿美元的交易。在特朗普政府执政期间，这一类型的动作可能还会不断增加。因为以上因素，我并不认为中国的资本会严重影响硅谷的经济。事实上，很多富有的中国人来到硅谷寻找热门的创业公司，却发现他们根本无法把钱带出国门，这导致他们对创业公司的投资减少，而且在可见的将来这种情况也许不会发生改变。

中国和硅谷之间的另一项差异是政府。在中国，如果没有政府在某种程度上的参与，你基本上什么也干不了，包括风险投资。其结果是，很多投资实际上都是基于政府的推动，而不一定是市场的需求。这是因为在很多风险基金里政府都扮演了有限合伙人的角色，而且往往对于如何使用其资金都有附加的条件。

这些条件中有一些产生了相当积极的结果，比如更多地关注可再生能源、电动汽车以及其他绿色项目，这些项目可以极大地帮助改善中国城市以及世界各地的空气质量。中国政府同样也有其自身的战略目标，包括对中国的制造工厂进行现代化改造，以及在半导体、新材料、金融科技、航天等领域与全球展开竞争。政府对某些项目设定优先顺序的不利之处在于，这些决定中有些并不是受市场因素所驱动的，而如果并没有按计划培育出市场，很多项目就需要有政府的进一步支持才能生存下来。无论是哪种方式，显然中国政府已经决定通过激励创业公司来帮助解决它的优先事项。

美国的情况显然就不是这样的，在硅谷，政府对于创业公司的支持就要少很多。大多数比较大的风险投资公司一般不会接受美国政府的资金，但往往会依赖于机构投资人。正因为这个原因，他们的想法和关注的焦点往往就和很多中国的基金出现了差异。

尽管中国和硅谷存在我列出的以上差异，但我相信，在投资方面，中国正在逐渐向与硅谷类似的思维方式转变。在接下来的几年时间里，我们会看到中国的投资人会接受更长的的投资时间跨度，并且还会采用更加深思熟虑的方式。最终，在这两个国家中，市场都将会成为投资的主要驱动力。中国有很多聪明的风险投资公司，而且各种信息也传递得很快，所以无论想法来自哪里，让大多数中国的投资人最终采纳能够为他们带来最佳回报的做法也只是个时间问题。

6. 关系的复杂性

之前我一直在美国做生意，所以来中国对我来说是一种全新的体验。几年前我第一次踏足中国，但从那以后，我已经学到了很多东西。我可以告诉你的是，中国人看待世界以及做生意的方式和硅谷是完全不同的。我注意到的最根本的差异是，中国人更加注重关系。关系被放在所有商业、政治、家庭和社会交往的核心位置。如果你有关系，事情就能做成，如果没有，那么什么事情也干不成。

我是通过不断地尝试和纠错学到这一点的。关系要远比商业基本面更加重要，这样的想法对我来说是完全陌生的。硅谷是由来自全世界各地的移民以及创业者所组成的，在那里，我们认为商业在本质上是一种交易。如果某件事情在商业上是行得通的，那么双方就会达成交易。在硅谷，商业的目标就是赚钱，交易双方没有必要成为一辈子的朋友，甚至不需要承诺建立一种长期的关系。纯粹的经济上的收益往往就已经足以成为向前一步的理由。

但这并不是说在美国的生意场上关系不重要，无论你去世界上的任何地方，关系都是非常重要的，尤其是在那些更加成熟的、传统的行业中。但在硅谷，你看到的所有一切都和传统商业无关，而且硅谷有其自身的文化和规则。硅谷更加关注的是创意和技术，你认识谁并没有那么重要，你知道些什么才更重要。精英统治的概念，即任何人只要有头脑、技能以及杰出的创意就能攀升到社会顶层的理念已经成为硅谷基因中的一部分。正是这一点才让硅谷变得与众不同。

因为大多数的创业者并不是在硅谷长大的，也没有加利福尼亚的文化根基，所以硅谷对于陌生人往往会更加开放，会更加慷慨地给予创业者以信任。正是这个原因，人们相互之间能够很快建立起关系，但是这样的关系往往不会很深。这并不是说牢固的个人关系没用，有关系肯定更好。但是在具体的业务上，硅谷一般不会过分地强调个人关系，反而会把商业逻辑、技术、团队能力以及其他的因素放在更加重要的位置。

在中国，情况却恰好相反。如果没有关系，通常业务就不值得再继续推进下去了，甚至合约的条款也没有关系重要。在中国人的心目中，最初的协议只不过是一种象征性的姿态，意味着一个过程的开始。接下来就是建立个人关系以及商议细节的漫长过程。

在中国，建立各种社会关系会消耗你大量的时间，你需要面对无数的饭局。在中国北方省份的餐桌上还常常会有白酒以及其他的酒精饮料，和老一辈的人吃饭时更是如此。在这里关键并不是喝醉，尽管从表面上看就是这么回事儿，但人们真正想要达到的目的是建立起人与人之间的纽带。中国人在做生意的时候往往会戴着一张面具，而喝酒能让他们敞开心怀，并显露出他们的本性。

在喝了几圈白酒后，你再想掩饰什么就不那么容易了。这时候，每个人都会放下自己的戒心，而场面也会变得热闹起来。这样说吧，在这个时候事情甚至可能还会更进一步。所有这一整套的核心是你需要表现出你有多在乎你这个刚刚结交的兄弟。你是否愿意通过喝酒来表现你的真诚？你是否愿意冒险去承受那种让人极其难受的宿醉？你是否愿意和他一起去承担更大的风险？所有这些都被看作互相表现忠诚的标志，而这也意味着当他们最需要你的时候你不会让他们失望。

一起吃饭和喝酒在本质上只是一种精心安排的形式，在这种形式下某种盟约开始形成，同时关系也建立了起来，但是这种形式还有更深一层的内涵。仅仅因为你们俩一起喝醉了，并不意味着你们之间的关系已经很牢固了。想要建立起真正的关系，你不但需要和你的生意伙伴建立关系，还要与他们的朋友和同事建立关系。想要构建一段能够长久维持下去的关系不仅依靠一对一的社交，与中国所有其他的事情一样，它还关系到一个群体。在他们的社交圈内，你能建立起的联系越多，你与他们的关系也就越稳固。

想要建立起真正的关系意味着你需要完全进入他们的世界，你不但需要认识他们的商业伙伴和好友，还要认识他们的妻子、孩子以及亲戚。你能沉入得越深，你们之间的关系也就越紧密。正是在这一点上大多数的外国人失败了。这些老外或许会认为他们之间已经建立起了关系，因为有好几次他们曾晚上一起出去喝酒，实际上他们依然还是局外人。西方人往往会过快地表现出信任，他们认为，因为大家都在一起消磨过时间，所以有这一点就已经足够了，但这只不过是第一步而已。

我可以肯定你听到过外国的创业者在中国被骗这样的恐怖故事。这当然不是什么好事情，而且这样的事情在任何国家都有可能发生，但是在中国，你需要特别小心，因为信任和忠诚并不是很轻易就能获得的。中国人通常会给自己加上很多保护层，而如果一个外国人只是穿透了表层，这还不能够确保你获得忠诚。

关系的核心是让你自己融入中国的社会结构之中，这不但包括一个深厚的个人关系网络，还包括你的社会地位以及影响力。如果你没有很强的社会影响力，也没有一定的社会地位，那么即使你已经在中国待了数年的时间，你的关系可能依然非常薄弱。但如果你能认识所有合适的对象，那么获得关系也会更快和更容易。

当你认真思考这个系统时，你会发现它是完全符合逻辑的。如果你拥有非常广泛的行业关系，如果你能认识高层的人，尤其是如果你有权有势，那么没人会想让你难堪。这是因为你的网络拥有撬动某些方面的影响力，而破坏双方的关系无异于商业上的自杀。一旦你成为中国的权力掮客，你就不再需要花太多的时间去建立各种关系，尤其是与那些社会地位比较低的人建立关系。你可以很慷慨地对他们表现出你的信任，因为你的社会地位高出他们实在太多了。另一方面，他们通常会通过帮你的忙来赢得你的信任并与你建立关系。

就其核心而言，这样的体系可以追溯到中国数千年的王朝统治以及以群体为导向的文化。每个人都按照他在一个等级森严的庞大群体中的位置来看待自己。最终，这一切都取决于你能信任谁，以及你能在多大程度上指望他。如果某个人是一个局外人，尤其是一个社会地位比较低的人，那么利用他就不会被认为是不道德的，因为他并不是这个群体的一部分，所以他根本无关紧要。但是如果他在这个群体里面并且还具有一定的影响力，那么这种关系就会上升到一种全新的层次。

这就是为什么书面协议对于大多数中国人来讲并不重要。有很多国外的企业负责人曾向我抱怨他们遇到的困境，他们签署了一份协议，但接下来发现条款发生了变动，他们的合作伙伴并没有兑现承诺。他们原以为一旦事情敲定，就不会再发生变化，但最后所有的承诺就在眼前失效。他们甚至相信双方已经建立起了关系，但这些关系似乎并没能帮上什么忙。现实是双方从未真正建立起关系，而且那份合同也并没有那么重的分量。那不过是一个起点而已，他们之间只有非常肤浅的关系以及一张纸。如果双方有真正的关系，他们甚至不需要一份协议。

7. 我在中国的经历

也许我很幸运，我在中国确实没有遇到过什么大的麻烦。事实上，事情进展得还格外顺利。这主要是因为我很小心谨慎。我进入中国市场的策略并不是从一开始就立马签下大笔的交易。有很多人来找我，想成为整个中国市场的独家合作伙伴。他们想马上成立一家合资企业，并且让我把一切都交给他们。

无论他们做出什么样的承诺，我拒绝了把所有的鸡蛋都放在一个篮子里。相反，我同时和多家公司建立了合作伙伴关系。和其中的每一家公司我都进行了一些小小的尝试。我用短期的、低风险的项目对他们进行测试。当我们在一起合作的时候，我会了解到他们的本性，并且也因此看到了前进的道路和方向。

3年后，我在中国已经有了很多朋友，其中有一些我可以完全信任，但其他人则没能走到这一步。通过把我的业务划分成不同的垂直领域，然后再在每一个领域内选择最好的合作伙伴，渐渐地我学到了越来越多的东西。我基本上是在用精益创业的方法来发现该如何在中国做生意。首先，做一些小的试验，收集数据，然后基于试验结果调整方向。这种不断迭代的过程让我避免了在错误的方向上浪费太多的金钱或资源。同时，这个过程也给了我机会让我去了解市场，微调我的策略，并且制定出可行的协议与交易结构。

我认识的很多中国商人来到硅谷后却感到非常沮丧。他们感到美国人对于相互之间的关系投入得不够，却对协议和商业条款的细节考虑得太多，所以相比之下，美国人对于建立一种持久的合作伙伴关系明显不太热衷，这样的批评确实没错。美国人尤其注重法律的原则，认为如果双方都同意了写在纸上的东西，双方就必然会遵守，而一旦在执行中出了问题，美国人会依赖法律，在法庭上解决问题。

这在硅谷实现起来是完全没有问题的，但是中国法律系统是完全不同的。如果事情发生后关系不能起到作用，那么随之而来的将会是一个很痛苦的过程。这对于很多外国人来说都是一场挑战。改变做生意的习惯是一件很难的事，接受一种完全不同的思维模式，把关系放在首位，同时把所有其他的东西都放在次要的位置也不是一件很容易的事。

因为我在中国的创业圈子中已经有了一定的知名度，我的关系网络也在不断地扩大。我现在的关系中包括了一些在中国的商界和政界最有影响力的人，这意味着我的中国合作伙伴如果看重他们自身名誉，就不太可能食言。我拥有的独特地位使得我有机会能够按照我设计的条款在中国各地拓展业务。

我采用的方法是将中国和美国的商业实践结合在一起。现在，我坚持所有的协议都必须有英语版本，一旦出现争议则以英语的解释为准。这给了我信心，那就是我们双方都很清楚协商的是什么内容。我还避开了合资企业的形式，因为这很有可能会是一件很麻烦的事情。建立一家合资企业基本上就相当于你要和你的中国合作伙伴结婚，这不仅很难管理，而且如果事情没有按计划进行，你甚至想分开都很难。

我所处的特殊位置让我对中国的创业环境有了比较深入的了解，并使我能在中国和美国之间建立起沟通的桥梁。因为我同时处在这两种文化之中，现在我已经能够帮助国外的创业者进入中国市场，构建一种合适的关系，并扩展他们的业务。与此同时，我还积极地与中国的创业者合作，帮助他们在硅谷和其他的国家开展业务。

总的来说，我在中国投入的时间已经成了我人生中最令我愉悦，并且可以学到最多东西的一段经历。我不会拿这一段经历去交换世界上任何其他的东西，更何况还有如此多的东西在等待着我去学习。

8．西方的创业公司应该进入中国市场吗？

另一个很多西方人会问我的问题是，我们是否应该在中国开展业务。西方人对于进入中国市场往往会非常谨慎，他们认为他们的知识产权很可能会受到侵害，甚至会被窃取。他们还知道要想融入中国的多元商业文化和经济中有多么困难。优步就是一个很好的例子，尽管优步拿着数十亿美元的融资，但它依然无法与本土的中国企业展开竞争。Facebook 和谷歌也同样不太走运。如果那些大公司都无法成功，你还会有多少机会呢？

所有这些都是事实，但是过去发生的事并不一定能预示未来。在中国，所有的事情都在快速地变化，市场正在打开大门。对于国外的创业者来讲，现在比以往任何时候都有更多的机会，尤其是如果你正好处在一个应景的行业中。让我们面对这个现实吧，中国的市场实在是太大了，你根本不可能忽略这样一个市场。如果你不进入中国市场，你就错过了一次机会，此时肯定会有另外一个人取代你的位置。但是你又怎么知道你的创业公司是否已经具备了在这样一个竞争激烈并且还很陌生的市场中获得成功的要素呢？

以下是我的一些建议：

◎ 中国在知识产权的立法方面已经取得了显著的进展。申请注册商标和专利并不是一件困难的事，而且法院也会维护你的权益。这并不是说别人不会模仿你的创意，这样的事情在全世界每时每刻都在发生。只要看一下硅谷你就会明白，任何好的创意都会有人模仿。最好的防御办法就是加快你进入市场的速度，并且建立起较高的进入壁垒。

◎ 如果你想进入中国市场，首先请确保你有能力守住你的创意。如果这一创意很容易被复制，当地的公司就会利用它。如果你对中国的商业文化没有深入的了解，也还没有比较成熟的关系，你就没有任何机会。等到你弄明白这一切的时候，你的中国竞争对手已经彻底把你甩在身后了。

◎ 一款你能守得住的产品的构成要素有哪些呢？拥有创新的科技以及保护商业机密是一个很好的开始。如果你拥有的技术或者算法是无法被轻易模仿或者弄明白的，那么这些东西就能形成进入壁垒。

◎ 如果你没有创新的技术或者商业机密，你就需要确保你有一个强大的品牌。如果你的品牌在中国很出名，你会大有"钱"途。中国人喜欢各种知名的品牌，而品牌不是那么容易被模仿的。这就是为什么苹果、Prada（普拉达）、星巴克、奔驰、Coach（寇驰）、宜家以及其他的品牌在中国都有着非常出色的业绩。

◎ 很多其他的进入壁垒也可以帮到你，包括与有能力全面掌控分销渠道的本地战略合作伙伴进行联合；充分利用你自己独有的国际关系以及专业技能，建立一个本土竞争对手无法复制的强大的全球化生态系统。所有这些都能给予你一种不公平的优势。

◎ 找一个好的中国律师，没有他，你的企业将无法生存下去。

◎ 避免从一开始就建立合资企业。最好从你能完全控制的外商独资企业开始。当你弄明白了市场并且建立起了可以相互信任的关系的时候，你再组建合资企业也不迟。

◎ 你不用去管市场营销和分销，这些对于任何一家在中国的外国创业公司来说都是非常难以掌握的，你最好还是找一家合作伙伴来负责这些事情。在战略上确定有哪些人和公司能够帮助你把产品推向市场，并在一个公平的基础上与你的中国对手展开竞争。如果他们与你的企业有利害关系，他们就会有动力来确保你的产品在最后胜出。

◎ 如果你在中国有一个长期的发展计划，从一开始你就需要建立起一个中国本土的团队。你需要找到你能够信赖的人来替你运营在中国的业务，而你则需要给予他们一定的自主权。如果你对于中国业务的控制过于严格，所有业务的进展速度就会慢如蜗牛，你将完全无法跟上本土竞争对手的脚步。中国是一个快速发展的市场，你不可能让一个远在硅谷、纽约或者伦敦的高管来负责批准中国公司的每一项决定，这样做是根本行不通的。

◎ 我所看到的在中国市场上取得成功的创业公司往往在团队中都会有一个中国籍的共同创始人。这个人将负责中国市场，而外国人则专注于其他的市场。如果你能够把所有的决策都本地化，同时还能够维持良好的沟通和协调，你获得成功的可能性就会大大增加。

◎ 从一开始就在你的公司里引入本地的顶尖投资人。获得中国风险投资公司的支持是非常关键的一步，他们可以帮助你建立你在市场竞争中所需要的各种关系，并且向你提供很好的建议。

◎ 加入一家国际化的中国加速器，参加本地的各种团体和校友会，引入一些顾问，帮助你跨越鸿沟，避开陷阱，找到合适的合作伙伴，与政府建立各种关系，并了解各种机会。只要你沿着这条路一直走下去，你肯定会对来自四面八方的支持感到非常惊讶。

有很多支持都是直接或者间接地来自当地的政府的。在中国，政府影响了商业活动的方方面面，这一点和美国以及其他的西方国家不同。你需要培养这些关系，了解各种政策，并确保你的目标和政府的倡议是一致的。如果你能做到这一点，你就能够充分利用当地政府提供的无数激励政策和支持方案。

我知道有很多国外的创业公司因为在中国境内开展业务而获得了（无须冲减每股收益的）非稀释贷款和政府补助，以及政府支持的风险投资、办公空间等福利。中国政府一直在努力精简整个流程，减少官僚作风，所以你一定要好好利用所有这些支持。如果你有一个很厉害的中国合作伙伴，它肯定能帮助你接触这些政府的支持，并引导你完成整个流程。

人们常常会问我，创始人空间是如何在中国获得成功的？中国目前有上千家孵化器和加速器，而且市场竞争非常激烈。这些确实没错，但是我们拥有一些当地公司无法比拟的东西。首先，我们拥有一个建立在全球声誉上的独一无二的品牌。其次，我们还有一个强大的孵化和加速平台，以及专有的课程、内容、关系和与硅谷的联系。除此之外，最重要的是我们有很强大的本地合作伙伴。这些加起来组成了我们的竞争优势，并使我们在中国得以快速地发展了起来。另外，一个好的时机也非常重要，当我们进入中国市场的时候，整个市场刚好开始逐渐地繁荣起来，而且也已经完全开放。

以色列的创业公司是另一个成功的故事。它们已经弄明白了中国市场，并且从中获得了巨大的好处，它们往往会首先在以色列开发出专利技术，然后马上引进中国的投资人和战略合作伙伴，接着双方一起在中国推出相关的产品和服务。以色列的公司常常让它们在中国的合作伙伴来处理所有关于分销、销售以及建立关系等一系列的事宜。它们的目标并不是控制所有的事情，或者拿走绝大部分的利润。相反，它们寻求双方利益一致的方面，并确保它们自己在获得成功的同时，当地的合作伙伴也能获得成功。

通过这样的方式，虽然以色列的公司并没有因此而得到最大的价值，但是它们所承担的风险被最小化了。它们的目标就是在早期退出，具体的做法往往是通过一次收购，或者把它们的股份卖给中国投资人或者当地的合作伙伴，然后再用到手的利润重新开始。很多以色列人对于这一策略的运用已经相当娴熟，而且他们不仅在中国采用这一策略，在美国也常常采用同样的策略。

如果你效仿以色列公司的模式，你就会有相当大的机会获得成功。中国的市场正在蓬勃发展，这是一个很难得的机会，你不但可以建立起自己的企业，而且还能学到很多东西并亲身体验中国。当然你可以通过阅读了解到任何你想知道的关于中国的东西，但是没有什么可以替代你在中国的亲身经历。你只需要投入时间和资源就能让这一切实现，但是你不要半途而废，这会是一个很漫长的旅程，你应该做好一定要坚持到底的准备，在这个过程中，你或许会犯错误，但最后肯定能恢复过来，并继续不断地尝试，直到最后获得突破。

9. 中美贸易政策

我相信自由和开放的贸易对于整个世界肯定是有益的。从历史上来看，国与国之间的贸易越多，两国间的经济和文化联系也就越紧密，两国的关系也会更加稳定。全球化已经让所有的参与者都获益不菲，并且已经帮助全球各地数亿的民众摆脱了贫困。只要看一看中国在过去 40 年里所取得的进步你就会明白。东南亚目前也同样处在上升期，而美国也比以往任何时候都更加富裕。我们不想回到过去，我们也不想成为孤立主义者，唯一明智的方向是相互之间更深入地融合与合作。

纵观历史，最伟大的国家总是那些拥有最广泛贸易网络的国家。无论是英国人、威尼斯人、奥斯曼人、罗马人、希腊人还是中国人，他们在帝国处于最鼎盛的时期，都拥有影响深远的贸易体系。正是这样一个体系推动了它们的经济发展，并最终使它们成为世界强国。我们通过自由贸易获得了最多的利益，但如果我们搞砸了这一套体系，最终失去最多的也将会是我们。所以今天中美合作才是更好的选择，两国政府需要更加开放，而不是关上各自的大门。

我坚信中国和美国应该同步向前。中美两国是世界上的两个大国，无论我们朝着哪个方向前进，整个世界都会跟随在我们的身后。只有通过建设性的对话，我们才能缓解全球的紧张局势，并发展经济。我们需要找到中美两国共同的利益基础，并努力降低两国间的各种壁垒。恐惧对于两国来讲都是最大的敌人，如果我们想要取得进步，并建立一个更好、更稳定以及更加繁荣的世界，中美两国就应该把对方看成是盟友，而不是对手。

第四章
自力更生：游击营销和增长黑客

在创业的时候你可以从你自己的口袋里掏钱来支撑公司的运营。尽管绝大多数的企业都是这样起步的，但是风险投资似乎在媒体上获得了更多的关注。但我能告诉你的是，风险投资并没有你想象的那样光彩夺目。风险投资很少能解决一家公司面临的问题，反而常常成为企业出现问题的根源。我就看到过有些创业者在投资人的压力下崩溃了；我也见识过其他创始人在与投资人的争夺中把自己的公司拖垮，最后一无所获地离开。

在你决定追逐大笔资金之前，首先花点时间想一想我在之前提到的那些风险投资的案例，至少在你创业的第一年还是不要轻举妄动。如果你缺乏的仅仅是资金，这并不一定意味着你会处于弱势地位。缺钱会让一家创业公司自律，因为你不可能一路不断地烧钱，所以你必须表现出某种让人惊叹的创造力以及足够的智慧才有可能获得突破。具有讽刺意味的是，很多成功的创业者在追忆往事时，都认为刚刚创业的那段日子才是他们的人生中最愉快的时光。他们感到，只有在那个时候，他们与公司以及周围的人才有可能拥有一种最为紧密的联系。在那个时候，他们往往正在奋力地拼杀以求得生存，也只有在那样的氛围中，他们和团队成员之间才可能形成亲密的关系，而一旦他们的公司变得更大和更稳定后，这样的氛围就再也不可能重现了。

在这一章中，我的目标是帮助你在这种极端危险但又让人兴奋不已的湍流中航行。为了让你最后不至于被卷入激流之中，我会向你提供一些你可能需要的工具以及建议，我还会讲述从成长黑客、游击营销一直到内容生产以及公共关系等各个方面的内容。在这一章结束的时候，你还会知道，在不打破你的储蓄罐的前提下，如何依靠你自己的力量创立一家企业。

1. 什么时候开始融资？

实际上，我遇到的每一家创业公司都沉迷于从风险投资那里获得融资，就好像这才是他们的终极目标，其次才是建立一家企业。很多创业者期望他们的演示文稿就能帮助他们获得数百万美元的融资，这已经成了硅谷的一种通病。有些创业者甚至相信成功就等于获得融资。但获得融资与获得成功是截然不同的两件事，如果你还没有证明你的业务价值，你拿到手的投资实际上没有任何意义。那数百万美元的投资最好是在你已经验证了你的商业模式后再到你的账上，而不是在这之前，因为过早地获得融资可能会置你于死地。

过早地拿到太多的投资很可能是最可怕的诅咒，它会把你推上一条不归路。它会让你分心，甚至让你对现实视而不见。我就曾亲眼见到有些拿到了数亿美元风险投资的创业公司最后通过不断地花钱让自己走向了灭亡。它们并没有在这整个过程中解决隐藏在深处的问题，反而用大笔的资金掩盖了问题的真相，直到一切都无可救药。在你的盈利模式还没有获得验证的情况下，盲目地加快你烧钱的速度，就好比你在汽车快要冲下悬崖的时候却还在加速。一些有着非同寻常潜力的创业公司就是因为过早地拿到了太多的资金，从而一头冲下了悬崖，这样的例子实在是太多了。

其中最出名的案例就是 Fab.com，这是一款非常时髦的闪购应用，它拿到了高达 3.1 亿美元的投资。曾经有一段时间，它差不多每个月要烧掉 1 400 万美元，却没有想任何办法去留住客户。那些钱只起到了掩盖所有问题的作用。最终，它耗尽了所有的资金，然后被贱卖出去。

过早拿到太多的投资还会扼杀创新，那些拿到了巨额支票的创业者很容易就会从原本的探索模式转向扩张模式。有了大笔资金的注入往往意味着这家创业公司会开始招收新人、拓展业务范围，并转而专注于增长，而不是大胆地尝试。但如果在那个时候它还没有找到符合市场需求的产品，各种问题就会接踵而至。在还没有弄明白客户的需求到底是什么的情况下，匆忙地扩张业务就等同于被判处了死刑。

创业基因发布的报告中提到，过早扩张是创业公司业绩表现不佳的最为常见的原因。这份报告提供的数据表明，70% 的创业公司至少在一个维度上过早地进行了扩张，包括招聘过快、产品产量过剩，以及在市场营销和客户获取上投入了过多的资金。

如果你不想让这样的事情发生在你的身上，与其花好几个月的时间去融资，还不如花时间去接触你的客户。尽量把各种费用降到最低，并且投入尽可能多的时间去进行各种实验以验证或者否决你的商业设想。如果你否定了你的核心假设，你就必须改变你的业务方向。如果你验证了你的模式，投资人就会在你的门口排起队。在你完成了最困难的那一部分工作后，所有的风险投资人都会感到非常兴奋。风险投资公司对于那些已经得到了验证的商业模式进行扩张是非常在行的，但它们并不擅长修正已经被否决的商业模式。

绝大多数的风险投资人甚至不会轻易地达成交易，除非他们确信你的手上有下一个具有真正重要意义的项目。"风险投资"实际上并不是一个很恰当的词汇，绝大多数的风险投资人都不喜欢冒险，而且他们也不想承担任何风险。他们会对你说，他们会亲力亲为并且很乐意为你增添价值，但你绝不要指望他们会帮你想出任何解决方案。通常他们并不知道该如何去做，而且他们也没有时间，你要有心理准备，所有的重活和累活都需要你自己来扛。

问题是在创业者拿到了大笔资金后，他们常常会认为自己已经成功了。毕竟，为什么一位大名鼎鼎的风险投资人要投资一家没有任何可取之处的创业公司呢？可悲的是，事实并非如此，风险投资人也会投资给一些失败者，这样的事情一直在不断地发生。在一个典型的风险投资组合中，绝大多数的创业公司只能为这家风险投资公司带来很少的回报，甚至零回报。只有极少数真正做大的创业公司才能赢得媒体的吹捧。

有很多创意是风险投资人绝不会投资的，因为与这些创意有关的市场的发展潜力还不够大，但是基于这些创意的创业公司却可能为创业者带来巨大的回报。建立一家每年营业收入在数百万美元，并且还能够赢利的企业实际上也是一个相当不错的成就。风险投资人通常会把这一类的企业称为"生活方式"企业，因为它们通常会在某个节点停止增长，这就使得风险投资公司很难退出。绝大多数我认识的创业者都会对他们每年能赚 100 万美元或更多的钱感到很满意，但如果你的投资人要求你把所有赚到的钱都投入公司以加速企业的成长，你就不会再有这样的好事了。

Little Passports（小护照）这家创业公司就是一个很好的例子，它的创始人曾尝试去融资，但很幸运的是她们没有融到钱。回到 2009 年，创始人埃米·诺曼（Amy Norman）和斯特拉·马（Stella Ma）先后向 75

个投资人推介了自己的创业公司，但被连续拒绝了 75 次。当时她们只想要 50 万美元，而且她们的商业模式很简单。Little Passports 会将以地理为主题的活动包邮寄给 6 到 10 岁的孩子，孩子的父母可以通过每个月支付 10.95 美元来获得这项服务，但没人想在她们身上冒险。

至少有一位拒绝了她们的投资人说过，"其中一位创始人刚怀上她的第二个孩子，而另一位创始人已经有了一个孩子"。投资人并没有意识到这两位母亲可能要比他们更加了解小孩。8 年后，Little Passports 每年已经有了 3 000 万美元的销售收入，尽管她们这一路走来合计从天使投资人那里融到了 500 万美元的资金，但她们从来没能吸引任何一家主要的风险投资公司。命运实际上帮了她们大忙，这迫使她们不得不处处节俭，并把资源聚焦于一些小型的、廉价的实验上。"从一开始我们就不得不依靠我们自己。"诺曼说道，"我们不得不遵循非常严格的财务纪律。"

和所有的创业公司的故事一样，这听起来很容易，但事实并非如此。诺曼和马不得不从自己的口袋里拿出 2 5000 美元来支撑公司，她们亲自制做了第一套活动包，然后对她们在分类广告网站上找到的 50 个家庭进行了测试。但是就在她们的产品发布之前，所有的事情接二连三地出了问题。诺曼发现她怀上了她的第二个孩子，同时她的婚姻也在这个时候破裂了。在生下了这个孩子后，她又患上了面神经麻痹。"这是我的生命中非常可怕的一段时间。"诺曼说道。

两个月后，她的父亲被诊断出癌症，她被告知他只剩下 4 个月的生命了。她的朋友劝她停下自己的公司，然后去找一份稳定的工作，但是诺曼拒绝了。她对自己的公司抱有绝对的信心，所以不想就这样放弃。

到了这个时候，她们已经融到了一些天使基金，但她们依然很艰难。诺曼承认，她希望获得风险投资，只不过她的理由并不是很充分。"我有沃顿商学院的学位，而且我在麦肯锡的背景可以让那些风险投资人拥有另一个值得他们夸耀的理由。"但是她的自信并没有让她获得想要的融资。

她们决定还是赌一把，于是花了 3 万美元购买了 Facebook 的定向受众广告。这种做法起了作用，她们的销售量开始上升。诺曼承认如果她们有了风险投资，也许她们会尝试采用更加昂贵的电视广告和报纸广告。但正因为没有现金，她们只能更加小心翼翼，所以也就没有了奢华的产品发布会、免费的午餐，更没有在硅谷的时髦办公室。"你对风险投资的依赖，就像依赖毒品一样。"诺曼说道，"你会一直等待着下一笔资金的到来。"

我已经看到有太多的创业公司沉迷于风险投资，只是一旦你开始筹集风险投资基金，你就很难再停下来，因为那时你的公司和你的心态都已经发生了变化。我的建议是不要在一开始就向风险投资机构进行融资。融资很困难并且需要花大量的时间，尤其是在你只有一个创意的时候。你的时间最好还是花在与客户打交道上，而不是花在风险投资人舒适的办公室里。我明白创业需要钱，所以我并没有说你不应该在早期向天使投资人进行融资，天使投资人的作用就是帮助早期的创业公司。但当你真的需要大量资金的时候，你需要有充分的证据表明你的企业确实能够飞起来，否则，承载着你的梦想的大象将永远无法离开地面。

2. 什么才算是好的业务？

开口告诫你不要从风险投资公司、朋友、家庭、高利贷以及信用卡公司那里进行融资是一件很简单的事，但没有资金你又如何启动一家新公司呢？企业的运作是需要钱的。对这个问题我有两个答案，都非常简单：要么找一份工作，然后把钱存起来，要么选择一项不需要大笔前期投资的业务。严格来讲，并不是所有的企业都需要大量的启动资金。好的企业往往只需要你花费时间和积蓄在上面，就能逐渐成长起来并开始赢利。我的第一家通过自有资金启动的创业公司就是这样的企业，我还看到有很多其他的创业者也一直在这条路上耕耘，并收获了丰厚的回报。

如果你有一个需要数百万美元作为启动资金的梦幻项目，在你有一至两次成功经验之前，你最好还是先搁置这个项目。世界上还有无数的创意等待被人发现，其中很多只需要很少的或者根本不需要前期投入就能启动。微软、戴尔和 Facebook 这些企业都是从宿舍中起步的，在启动的时候它们都不需要任何资金，创始人只是游说自己的朋友来帮忙。在我看来，合适的创意通常就是那些你只需用你的银行账户中的积蓄就可以开发的创意。你靠自己的钱能走得越远，你的处境也就会越好。

我想告诉你的是，在你把一个创意带给投资人之前，没有什么比验证其有效性更加重要了。一旦你拿了某个人的钱，尤其是拿了大笔的资金，你马上就会承受非常大的压力。他希望你能一直取得进展；他希望你能很快地获得成果；他还希望看到你的企业正在不断地成长。但是发现一个新的机会往往是一个痛苦、缓慢、曲折的过程。而在刚开始的时候，一切还都在迷雾之中，你最需要的就是时间。这让你从第一天起就和投资人出现了意见的分歧。

在你从投资人那里拿了钱之后，一种可能会出现的最糟糕的情形是，你将不得不回到投资人的办公室向他们解释，那个他们已经投入了大笔资金的创意实际上是根本行不通的。在这样的事情发生后，投资人很可能会对你丧失信心，这对你来讲绝不是一件好事。一旦投资人相信他们必须对你的公司进行直接干预以拯救他们的投资，他们就会成为你的噩梦。我曾亲眼看见这样的事情发生，那真的是一团糟。所以，任意地尝试头脑中冒出来的想法，不受约束地从一种创意转向另一种创意，随后再开展一系列不同的实验，直到你的企业能够走上正轨，拥有这样的自由才是你更好的选择。

当你面对一个真正杰出的创意时，你并不需要强迫自己去相信它，因为好的创意本身就会向你展示前进的道路。当某些东西确实能行得通的时候，你完全没有必要去说服任何人，因为它自己就会脱颖而出，而你只能在后面追赶，期望能赶上它的脚步。

3. 用业余时间进行创业

如果你的银行账户里没有足够的钱来承担你的创业成本，有一种可以支撑你的创业公司的方式是，在你进行创业的同时，去其他的企业找一份兼职，甚至一份全职工作。这种做法也许会让你每天都工作到很晚，并且不得不放弃周末的休息时间，但这是可行的。你只要问一问耐克的共同创始人菲尔·奈特（Phil Knight）就能知道这个问题的答案了。在耐克的早期，奈特一边全职做会计师，一边经营他自己的业务，这是他当时能够支撑起公司的唯一方式。奈特的故事绝非个案，很多创业公司在开始的时候也只不过是一个副业项目，而且有些项目在真正崭露头角前会有好几年一直维持这样的状态。

比尔·德雷顿（Bill Drayton）在麦肯锡公司干了4年的兼职工作，同时他也在经营他自己的非营利性机构Ashoka。Ashoka现在已经是世界上最大的社会创业者企业家网络。筱原欣子（Yoshiko Shinohara）在创立 Temp Holdings 这家日本著名的人力资源服务公司时是靠兼职教授英语谋生的，她的公司现在每年的营业收入已经达到了 48 亿美元。

GitHub① 的创始人在东拼西凑了数百美元后创立了他们的公司，在接下来的 4 年时间里，他们开发了在线版本的控制平台，并没有进行过任何形式的融资。"当我们在开发网站和经营公司时，真正的运营成本也就是我们自己的日常开销，"GitHub 的 CEO 兼共同创始人克里斯·万斯特拉斯（Chris Wanstrath）说道，"PJ 和我会做一些咨询方面的工作以便能支付我们的日常账单，汤姆则有一份全职工作。"随着他们的企业不断成长，他们逐渐地开始给自己发工资。在他们最后拿到了风险投资并且有能力扩大公司的规模后，情况变得越来越好。接着微软开始介入，并且以 75 亿美元的价格收购了他们的创业公司，这对于从一开始只不过是一份业余时间做的兼职来讲实在是一个很不错的结果。

戴蒙德·约翰（Daymond John）的日子过得就没有这样轻松，在他创立自己的时尚品牌 FUBU 时，他不得不从上午 10 点到晚上 10 点一直在红龙虾餐厅当服务员。"我在运营这家公司的同时还在红龙虾餐厅当了 5 年的服务员。"约翰说道，"最开始我每周有 40 个小时会在红龙虾餐厅，有 6 个小时在 FUBU。之后就逐渐变成了 30 个小时在红龙虾餐厅，20 个小时在 FUBU，因为到后来公司已经开始有收入了。"在度过了很多个不眠之夜后，他把 FUBU 发展成一个价值 60 亿美元的时尚品牌，并且他现在还是创业者真人秀节目《创智赢家》的明星评委。

如果你无法做到每天晚上和周末连续加班，你也许还可以考虑和你的老板谈一谈，向他请个假。莱恩·胡佛（Ryan Hoover）和他的雇主商

① GitHub 是一个面向开源及私有软件项目的托管平台，因为只支持 git 作为唯一的版本库格式进行托管，故命名为 GitHub。——译者注

谈了一个 6 个月的过渡期，这样一来，当他启动自己的创业公司时，他仍然能够拿到一份工资。在探索并评估了几个不同的商业创意后，他最终选择了 ProductHunt——一个面向极客的平台，能够为极客了解和学习新的技术手段和工具提供一个交流的场所。几年后他把公司卖给了股权众筹平台 AngelList。杰克·多尔西（Jack Dorsey）则更进一步，他选择了他的雇主 Odeo^①作为他的合作伙伴，而他所追寻的商业创意最后成为著名的推特公司。Odeo 的共同创始人埃文·威廉斯（Evan Williams）最后不但资助了推特，还成了推特的 CEO。

如果你无法承受一份全职工作或者兼职工作给你的压力，你可以去休个长假。当马克·贝尼奥夫想到 Salesforce 这个创意时，他就是这样做的。当时他已经为甲骨文公司工作了 10 年，并且感到有些疲惫，所以他获准休假 6 个月。在这期间，他周游世界，同时思考软件行业在未来几年将会如何发生改变，这激发了他关于云计算和 Salesforce 的想法。在他返回工作岗位后，他把他想到的这些概念与甲骨文的 CEO 拉里·埃里森进行了分享，而拉里最后投给了他 200 万美元。

无论你决定走什么样的创业之路，你有的选项都有可能比你想象的更多。有时候你只需要发挥自己的创意，或者尽全力同时兼顾多份不同的工作来跨越缺乏原始积累的障碍。

4. 如何与媒体建立和谐的关系

当你用自有资金创立一家企业时，在你创业的初期吸引到媒体的关注能够让你今后的路变得完全不同。公共关系是很多创业公司，尤其是

---

① Odeo 是一个音频、视频的聚合网站，提供索引和网站搜索服务。——译者注

以消费者为中心的创业公司获得发展势头的关键要素。但问题是雇用一家公关公司并不便宜，在硅谷，最好的公关公司会首先要求你预付一大笔的费用，而这笔费用对于绝大多数仅靠自有资金创立的企业来说是根本无力承担的。其实如果你知道自己正在做什么，签下一家一流的公关公司并不是必需的，因为大多数的博客作者和新闻记者更愿意直接从创始人那里，而不是从一家公关公司那里听到真实的故事。你需要知道的就是如何与他们建立起和谐的关系，以及在他们面前你该说些什么。

当你接触媒体的时候，你可以从标题栏开始。几乎每一个新闻记者都在想办法抓住更多读者的注意力，他们总是在寻找能够吸引眼球的故事，一个经过精心设计的标题肯定能立刻吸引他们的注意力。当你设计标题时，可以先去研究一下网上那些被疯狂传播的内容，看一看它们到底做了什么才会产生这样的效果，这是很有好处的。Buzzfeed、Upworthy 以及其他那些非常热门的新闻网站都有非常完善的制作标题诱饵的艺术，它们的故事能够在社交媒体上获得大量的关注和流量并不是偶然。你应该仔细地分析一下它们都做了些什么，以及它们又是如何做到的。

让人感到惊讶的是，当面向读者进行测试时，新闻记者最喜欢的那些标题往往表现得不尽人意。依靠直觉的日子已经过去了，那不过是一种对标题做出判断的古老方式，数据分析才是如今的专业人士使用的方法。例如，Upworthy 就会对它的所有标题进行 A/B 测试，这种做法更加科学。整个过程可以用如下步骤加以概括：

（1）为每一篇文章批量制作 25 个可用的标题。

（2）选择其中最出色的 4 个标题作为候选。

（3）把它们放在推特或者其他的社交网络上，然后测试相应的点击量。

（4）选出表现最好的标题，不要管它是否符合你的口味。

至于哪些才是真正行之有效的标题类型，下面是 Upworthy 给出的一些建议：

（1）描述清晰。

（2）使用对话的语气。

（3）与恐惧相关的词汇才是你的朋友，例如担心错过、害怕灾难的发生、对犯罪的恐惧等。

（4）读者都喜欢逐条罗列事实的文章风格，例如《10种……的最佳方法》。

（5）不要在标题中泄露所有的信息。

（6）不要表达强烈的个人意见，让读者自己决断。

（7）不要在标题中掺杂性别暗示。

（8）不要把标题弄得太复杂。

（9）不要表现得太聪明了，没有人会点击双关语。

（10）不要把人弄得不愉快。没有人会喜欢让人沮丧的故事。

那些获得了病毒式传播的故事并不一定是信息量最大、最相关、最有新闻价值或者最具有洞察力的。但正是这些故事能够让读者惊呼："哦，我的天，我几乎无法相信！"，或者他们会说："我就是想知道！"换句话说，你想要的是一些非同寻常的事情，这些事情能够让你的读者停下他们手上正在做的事情，因为他们想要知道更多的细节。

一旦你有了一些非常吸引人的标题，接下来就是和博客作者以及新闻记者进行联系。想必你一定能够理解，那些受人尊敬的作者或者记者肯定会被无数的问询所包围，从早到晚都会有一大群人想向他们兜售自己的故事。对他们进行陌生拜访通常不会有任何结果，如果有人介绍也许你会有更多的机会，但即使有人介绍也常常会无果而终。所以最好的方式是，通过参加活动和会议私下和那些记者会面，至少在那样的场合中你们可以随意攀谈，如果你能说出一些有趣的事情，或者发现他们正在寻找什么故事，这就是非常好的第一步。

无论你是在线上还是在线下与一个新闻记者联系，获得对方正面回应的关键是，你必须事先准备好你想要说的东西，以及该如何说。这里有一些非常基本的技巧，首先你必须站在新闻记者的立场来看问题，他们在为哪种刊物撰写稿件？他们的读者希望能看到哪些类型的故事？为什么你的故事对他们很重要？对于不同的出版物你需要兜售完全不同的故事。如果你的目标是《连线》杂志，他们能接受的故事种类就和你发送给《华尔街日报》或者当地报纸的完全不同。永远不要用完全相同的故事去骚扰每一个人。你应该花时间去研究每一位新闻记者都想听什么样的故事，再按照他们的喜好来量身定做。

一旦你掌握了相关的技巧，与媒体建立起一种良好的关系就不会是一件很困难的事。你只需要花时间和精力去理解他们的心理状态，以及媒体是如何运作的。绝大多数的新闻记者收入都很低且工作量巨大，通常你可以很简单地通过向他们提供有用的数据来作为你们交往的开始。你能接触一些对他们的工作有帮助的信息吗？你能向他们提供一些他们也许可以在下一篇文章中用到的事实吗？如果你帮助了他们，他们也会帮助你。很多新闻记者的手上通常都会有一份人员名单，每当他们在文章中需要相关的数据并加以引用时，他们就会打电话给这些人。你应该努力成为这张名单中的一员。

很多我认识的创业公司的创始人都很小心地经营着与新闻记者的

关系，而且他们还把自己定位成与他们的业务相关的某个特定领域的专家。把你的团队聚集在一起，弄清楚谁是某领域的专家。你也许会惊讶地发现，在你的团队中，有些成员拥有非常丰富的知识，而这些知识对于某些记者来说就具有很高的价值。如果你愿意让某些新闻记者把你的公司当作他们的御用研究机构，每当他们撰写与某些特定领域相关的故事时，他们第一个想到的就一定会是你。

另一个很有用的策略就是为一些知名的博客作者撰写客座文章，这样你不仅会被其他人看作某个领域的专家，而且你的那些文章还能为你的公司增加曝光度。我认识的很多作者、CEO 以及投资人每周都会花大量的时间撰写博客文章，他们中的很多人已经拥有了大量的粉丝，并且还已经与顶尖的出版商建立起了持续的合作关系。这种做法的唯一缺点是，撰写一篇高质量的文章需要花费很多时间，如果你经常这样做，那就几乎等同于你同时从事两份工作，但这样的做法对于你建立自己的粉丝群体是极其重要的。你需要认真地问问自己，花时间去做这件事值得吗？如果答案是肯定的，那你就应该坚持做下去。

讲述一个故事可以有很多种不同的方式，但只有你自己才能判断哪种方式最适合你的公司。如果你愿意多花些时间让你的故事变得非常精彩，这样做肯定会给你带来回报。我总喜欢这样对人说，一个好故事的价值抵得上 1 000 次广告。通过你自己的能力弄清楚什么样的故事会在网上火起来，以及你该如何利用这样的故事，这对于一家没有多少预算的创业公司来讲肯定是一笔非常聪明的投资，而且这要比雇用一个6 位数薪资的市场营销主管和昂贵的公关公司更能吸引那些新闻记者的眼球。

5. 游击营销的规则

　　游击营销的关键在于如何有效地利用资源，如何用某些替代的方式来建立你的品牌并获得客户。你有多少种创意，你就会有多少种类型的游击营销，这里唯一的规则就是你必须与众不同，你必须脱颖而出。你因为缺钱而做不到的事情只能靠你的独创性来弥补，实际上这也是吸引人们注意力的方式之一。下面我会罗列 15 个游击营销战术的案例，希望能够激发你的创造力。

（1）让我们从 Casper 聪明的营销策略开始。Casper 希望客户不光把它看成一家床垫公司，所以它推出了一个叫作 Insomnobot3000 的聊天机器人。这个机器人是专门为失眠症患者设计的。每当客户无法入睡时，他们都可以和 Casper 的人工智能聊天，这或许可以帮助他们放松下来并慢慢入睡。

（2）你如何才能在类似 SXSW 互动媒体大会这样一个参会人数众多的活动中引起人们的关注呢？就在会议大厅的前面，Foursquare[①]组织了一场四方格游戏，这是一种很像小孩在校园操场上玩的游戏。游戏只用了 Foursquare 的一些粉笔和两只皮球，却将平均签到人数从 25 万增加到了 35 万。

（3）你会将你的唾液交给一个机票比价平台吗？如果它通过分析你的基因向你提供寻找你的祖先的免费服务呢？如果你能赢得一次前往你的原籍地的免费之旅呢？丹麦旅行平台 Momondo 与基因检测公司 Ancestry DNA 合作运营了这场活动，结果不但

---

① Foursquare 是一家基于用户地理位置信息（LBS）的手机服务网站。——译者注

在全世界引起了轰动，还广受大众的欢迎。

（4）你会用什么样的方式来推销一台搅拌机呢？这种低技术含量的产品就像一块已经放了好几个月的面包一样很不受人待见，但在 Blendtec（美国搅拌机品牌）的市场营销经理乔治·怀特（George Wight）想出了一个非常出色的创意后，这一切发生了改变。他提出为什么不在 YouTube 上拍一系列名为《能把它们搅拌在一起吗？》的视频呢？这个系列视频的概念就是把一些乱七八糟的东西，比如耙子柄、可乐罐、巨无霸套餐或者 iPhone 等一起塞进搅拌机，看看最后会发生什么。就像所有在 YouTube 上的视频一样，这个系列视频找到了受众，在它达到了数百万的浏览量之后，该品牌的搅拌机自然地成了市场营销界的传奇。

（5）你如何才能知道你买的咖啡豆是否足够新鲜呢？也许它们已经在货架上放了好几天或者好几个星期了。Café Pelé（巴西咖啡品牌）每天都会用当天出版的报纸来包装它的咖啡豆，并用这样的方式来向所有的顾客保证咖啡豆的新鲜度。这种营销方式让它获得了相当多的媒体关注。这样做需要花多少钱呢？只不过是购买几张报纸的零钱罢了。

（6）如果你是一家广告代理商，你如何才能让自己鹤立鸡群呢？麦肯世界集团日本公司制作了一台非常精巧且具有灵性的机器人，它被称作 AI-CD β。这台机器人会与其他的员工一起开发新的项目。AI-CD β 在平面广告、电视广告以及在线营销上为新项目贡献了它极具创造性的想法。"我们希望，我们的人工智能创意总监可以参与尽可能多的项目，这样它就能通过不断地积累经验成长为一个世界级的创意总监，并在广告行业留下它的印记。"麦肯千禧团队的创始人松坂春（Shun Matsuzaka）说道。

（7）你如何判断自己是不是得了流感？一种方法是从一块广告牌前走过，这可不是什么普通的广告牌，它是 Theraflu（感冒药品牌）体温扫描广告牌，能够测量路人的体温。如果发现路人的体温过高，它就会主动地提醒他们。现在它已经是一块非常受人欢迎的广告牌。

（8）还有什么其他的方法能让人们关注你的广告牌，尤其是让那些已经疲惫不堪的人来关注呢？如果你把某个广告牌的作用扩大，让它同时成为一个休息站，给疲倦的司机提供一个可以安心打盹儿的地方，这样的做法会有什么效果吗？这就是家居用品商场 Sodimac Homecenter 在秘鲁所做的事情。在秘鲁的泛美高速公路上，每三起交通事故中就有一起是因为疲劳驾驶造成的。该商场建造的每一个休息站里都有一个被装修成像卧室一样的单车车库，里面有免费的无线网络、眼罩以及热饮。司机可以很安全地在方向盘的后面静静地入睡了。

（9）如果你经常乘坐飞机而不是开车，在冰岛停下来休息一下怎么样？你曾经来过这个神奇的国度吗？我曾经数十次飞越这个国家却从来没有停留。冰岛航空希望能够改变这种状况，所以它向自己的乘客提供了长达 7 天的免费中转服务。冰岛航空甚至还为乘客提供了一个中途停留期间的同伴，他会带你免费游览冰岛。

（10）谁会想收到一张违章停车的罚款单呢？ Fixed 是一款手机应

用，用于反对不公平的停车罚单。为了在旧金山推广和上线产品，这家创业公司雇用了一群被称作"罚单英雄"的志愿者，他们会在大街上搜寻挡风玻璃上被贴了罚单的汽车。他们只要发现一辆这样的汽车，就会留下一张便条告诉车主如何下载这款应用，并避免支付那张罚单。

（11）为了推广电影《金刚》的 3D 版，这部电影的市场营销团队在海滩上留下了大猩猩的巨型脚印，以及一辆被压坏的救生车辆。第二天早上，不知情的人们开始拍摄各种照片，并且将照片分享在社交媒体上，从而又吸引了更多的人前来拍照。

（12）为了推出一条新的内衣产品线，Gold Toe（美国男袜品牌）首先做了一条内裤，这条内裤很大，足以让纽约市最著名的地标之一——华尔街牛穿上它。结果华尔街牛穿着内裤的照片在网上迅速走红。

（13）Lifelock 是一家从事身份信息防盗服务的供应商。这家公司的 CEO 为了向用户展示他对于 Lifelock 服务的信心，专门拍摄了一系列大胆的电视广告。在广告中他公布了自己真实的社会保险号码，并向有胆量的身份信息窃贼宣战。他的营销活动非常成功，他也因此获得了大量的免费宣传。但最后他自己成了身份信息失窃的受害者，以另一种方式付出了代价。

（14）Grasshopper（蚱蜢）是一家提供虚拟电话解决方案的创业公司，这家公司给 5 000 位商业领袖、新闻记者以及博客作者各送去了一只涂抹了一层巧克力的蚱蜢，他们还在包装中附上了一个视频链接，以鼓励每个人都去冒险。

（15）肌萎缩侧索硬化在美国也被称作卢伽雷病。人们通过"冰桶挑战"活动为这种疾病的预防筹集了大量的资金。这项活动的概念很简单：通过拍摄某个人将一大桶冰水倒在自己的头上来唤起人们对这种疾病的认识。最终有超过 250 万个贴有标签的视频在 Facebook 上传播，这也推动了人们针对这种疾病的捐赠金额急剧地增加。

正如你已经看到的，最好的游击营销活动并不一定需要花很多钱，相反，以上所有的案例都是利用了某些能够引起人们共鸣的想法。它们激起了人们的情感反应，创造出了一种对话的氛围，并鼓励人们进行分享。它们超越了简单的宣传噱头，挖掘出了我们文化中的某些元素，以及我们对于世界的理解。通过借助某些正在形成的趋势，你不必投入大笔的市场预算或者寻找名人来为你背书，因为这些活动仅仅靠其自身的力量就已经足以在全国和全世界不断地传播。

这里是策划成功的游击营销活动的 12 条规则：

（1）活动的形式要有创意。

（2）问问你自己为什么这样做很重要。

（3）在活动中挑战你的受众。

（4）让活动变得有趣和诙谐。

（5）尽可能地简化你想要传播的信息。

（6）寻找合适的人群。

（7）尽早地让有影响力的人也参与进来。

（8）活动的方式离谱儿一点也没有关系，不要去在乎出现在你周围的杂音。

（9）充分利用一些能够在网上走红的视频和照片。

（10）允许受众参与并鼓励他们进行分享。

（11）充分利用各种社交平台，比如Facebook、Instagram以及Snapchat（色拉布）。

（12）避免复制或重复其他人已经做过的事，创意非常重要。

现在是时候把你那些最具想象力的同伴都聚集在同一个房间里，然后就那些能够体现你公司精神的活动和想法进行头脑风暴了。在所有成功的活动中，一个最基本的要素就是创意，如果你是第一个想出某种全新的可以让人着迷的东西或者做法的人，全世界都会将目光转向你。

6. 打破固有的思维模式

你也许没有那么多的资金来开展各种营销活动，这是绝大多数的创业公司在刚刚创立时必然会面临的情形，在这个时候，打破固有的思维模式，大胆地思考各种可能性一定会给你带来很多好处。在这一点上没有人比克里斯·林德兰德（Chris Lindland）做得更好了。我认识他的时候，他的品牌Betabrand才刚刚起步。这是一个直接面向消费者的服装品牌，林德兰德通过把产品线与一些有趣的创意结合，最终让他的公司发展了起来。

在一栋摩天大楼的屋顶平台上，一个迷人的年轻女子穿着一条闪闪发亮的Betabrand品牌的短裤从平台上纵身一跃，她始终面带微笑。这是该品牌的一次宣传秀，只不过这是林德兰德的粉丝们想出来的主意。林德兰德的品牌与他一手建立起来的社区有着千丝万缕的联系，他一直在询问社区成员对于产品的反馈，以及他们对于时尚的想法，而且他还在产品的照片和视频中把他们作为模特。另外，他还总是组织一些他的粉丝能参与的社交活动。

"我们的业务就是不断地产生全新的想法。"林德兰德说道，"当我们看到有什么东西卖得很好时，我们就会围绕这款产品建立一个网络社区。"他总是问自己一个简单的问题：虽然有那么多可爱的猫咪视频可以用来分享，但是为什么还会有人愿意转发我的视频呢？所以，如果有某个视频无法通过他的猫咪视频测试，他就不会发布这个视频。

为了让你对林德兰德的市场营销风格有所了解，我罗列了一些他的产品：

礼服型运动裤——正式的宽松运动长裤，你完全可以穿着这种运动裤去参加董事会。

迪斯科连帽衫——由一艘沉没的西班牙帆船中打捞出来的古金币制成的闪闪发亮的衣服，至少他是这样说的。

吃货的裤子——这是一条有 3 个纽扣的休闲裤，这 3 个纽扣上印着极有创意但也非常恰当的"小猪""母猪"和"野猪"的字样，这些纽扣是用来满足在吃饭的时候腰围不断膨胀的需求的。

"我们是一个极其热切地想成为博客热点的品牌。"林德兰德说道，"正因为我们没有像拉夫劳伦那样高额的市场营销预算，所以我们会很认真地思考我们的每一款产品，只有这样，那些博客作者才有可能为我们撰写文章。"他采用的方式确实起了作用。不仅博客作者都很喜欢他提供的素材，而且很多主流媒体也很喜欢。他所采用的游击营销战术，帮他获得了价值数百万美元的免费媒体报道以及在网上的病毒式传播。

另一个通过"病毒式营销"获得成功的产品是"反人类卡牌"（Cards Against Humanity）。这是一个愚蠢、粗俗的卡牌游戏，它在那些所谓的潮人中非常流行。8 个朋友共同在 Kickstarter 众筹平台上发布了他们的卡牌游戏，自此，这款游戏便风靡全国。这些创始人喜欢将其称作"一群可怕的人玩的派对游戏"。相当于成人版的"苹果派对"游戏。

"在某种程度上，这是一款如此愚蠢的产品！"这群人中的头儿马克斯·泰姆金（Max Temkim）说道，"当时我们的感觉是'我无法相信居然会有那么多的人喜欢这款游戏，有些卡车司机甚至停车也要玩这款游戏'。"

尽管这一切都很无聊，或者正因为这一切很无聊，"反人类卡牌"成功地在第一年就获得了 1 200 万美元的销售额，而且他们采用的一系列近乎荒谬的病毒式营销策略，使得销售额还在不断地增长。在黑色星期五，他们进行了一次"反销售"的活动，他们声称："仅在今天！'反人类卡牌'的售价会上涨 5 美元。不要错过！"很莫名其妙的是，卡牌的销量却呈直线上升，而不是下降。在黑色星期五，人们心甘情愿地多支付了 5 美元来购买这款产品。

这些喜欢恶作剧的家伙继续用一系列很精明的营销噱头来建立他们的品牌，包括切割一幅毕加索的作品，销售牛肉馅饼，提供一个"假日废话"的扩展包，以及明目张胆地要钱等。他们还筹集了超过 200 万美元用于在墨西哥边境购买一块空地，试图阻挡特朗普建立边境墙，这吸引了大量的媒体报道。尽管这种做法没有太多的政治含义，却给了人们很多启发。他们还筹集了 10 万美元在某地挖了一个巨大的"假日深洞"，接着又把一段关于这个巨洞的视频放在他们的网站上，另外他们还针对一些常见的问题做出了如下回答：

这是真的吗？

不幸的是，这确实是真的。

这个巨洞在哪里？

美国，以及我们的心里。

这个巨洞是否有某种更深层次的含义或者目的？

没有。

为这个巨洞捐款我能得到什么？

一个更深的洞。你还打算购买什么，一只 iPod（苹果 MP3 播放器）吗？

为什么你们不把这些钱都捐给慈善机构？

为什么你不把所有的钱捐给慈善机构？这是你的钱。

无论他们做什么，其中都包含了他们那种独特的、对任何事物都毫无敬意的幽默感，正是这一点引起了人们对他们的关注，并助长了他们自创品牌的病毒式传播。如果你想学习如何让内容能像病毒一样疯狂地传播，他们就是你最好的老师。

7. 集客营销策略 [①]

在美国市场上，另外一种用很少的资金就能造成巨大影响的方式是集客营销策略。你可以通过创造内容来吸引客户关注你的品牌。全世界有很多最成功的企业都会运用创造性的内容，以及复杂的搜索引擎优化技术来扩张他们的业务，这种方式的美妙之处在于，在拥有了必要的技

---

① 集客营销（Inbound Marketing）是一种让顾客自己找上门的营销策略，也是一种"关系营销"或"许可营销"。营销者以自己的力量赢得顾客的青睐，而非通过传统的广告方式去拉客。这个概念诞生于 2008 年。——译者注

能之后，它不会花费你太多的时间。这就是为什么它对于很多创业公司来讲是一种真正完美的方法。

但请确保你创造的内容对于你的客户是有价值的，如果你的内容无法提供人们所需要的信息，也不能教育或者娱乐你的受众，或许你就无法获得成功。人们会因为某些特定的原因去寻找相关的内容，而你需要确切地知道你的目标客户正在寻找什么，以及他们为什么需要这些内容。你的内容越是个性化，针对性越强，效果就越好。

本特利大学就是一个很好的例子。这所大学想为它的 MBA 项目招生，所以相关人员撰写了一篇内容极其丰富的文章叫作《在 MBA 的面试中你会被问到的 12 个问题》。在谷歌的关键词短语"MBA 面试问题"的搜索结果中，这篇文章被排在了第一位，并且从那以后，每个月都有成千上万的访问量。

当你启动一项集客营销的活动时，一个好的策略是，专注于在你的行业中表现极为出色的内容，内容越具体，针对性越强，效果就越好。你需要去发现在内容分类中还缺少些什么，然后用你的内容去填补其中的空白。这并不需要你有神来之笔或者很多钱，只需要你去发现当下已经存在的版本，然后撰写出你增添了价值的新版本。在这里，你的目标是实用而不是新奇。

你可以从询问自己如下 4 个问题来开始你的集客营销活动：

（1）你所在行业的人会在网上点击什么？

（2）有哪些信息是他们有需要但还没有获得的？

（3）你如何通过一种更有效的方式把这些信息传递给他们？

（4）有哪些东西是你能提供而其他人无法提供的？

　　你需要特别关注你的竞争对手在网上发布的内容，并了解这些内容的表现。比如，假设你想发布一款健身用的手机应用，你可以去类似BuzzSumo[①]这样的网站搜索一些基本的关键词，比如减肥、燃脂、节食以及健康习惯等。接着 BuzzSumo 就会明确地告诉你哪些带有这些关键词的文章在网上的流量是最大的，这样你就可以将你发现的所有对客户特别有吸引力的内容以及相关的东西列出一张清单来。

　　接下来，你应该仔细地查看每篇文章的标题，然后写下在这些文章中出现的关键词。将你得到的关键词进行组合，然后在谷歌上搜索，继续将优质的搜索结果添加到这份清单中。最后，前往你的竞争对手的网站，去看一看有哪些他们开发出来的内容在搜索结果中的排名靠前，再把这些结果加入你的清单。

　　这样一来，你应该已经拥有了一份在你的目标客户眼中排名很靠前的文章列表。只不过你的目标应该是创造出自己的内容，你的文章可以与这些文章类似，但应该更好。你如何做到这一点呢？

◎ 首先，花时间去研究你的竞争对手的内容，你可以从他们的尝试和错误中学到有哪些内容是有吸引力的，而哪些是没有吸引力的。

◎ 研究在你的行业中那些有影响力的人士正在谈论什么话题，并把这些话题作为你创作内容的基础。那些有影响力的人士知道该如何与大众沟通，而且他们也始终在给那些大众关心的问题把脉。你可以从他们身上学到很多。

---

① 　BuzzSumo 是一个内容营销和有影响力人士的识别平台，该公司创立于 2014 年，总部在欧洲。——译者注

◎ 写一篇短文，然后把这篇短文改写成一篇完整的博文，文章的结构需要包含引文、正文以及结论。

◎ 针对读者的疑问，给出你的答案。你的读者需要知道什么？有哪些内容是他们可能正在寻找，但不太容易找到的？在你的竞争对手的文章中是不是缺少了某些内容，而这些内容是你可以补充的？

◎ 用真正有用的信息来填充你的文章。人们喜欢分享有用的东西，这远比网上的那些标题诱饵更加有用。所以你应该尽可能多地在文章中添加有用的信息。

◎ 有一种策略是将三篇及以上的文章信息组合成一篇文章，单单把所有的东西放在一起就能使分享变得更加简单。没有人想分享三篇不同的文章，他们会更愿意分享一篇完整的文章。

◎ 保持表达的简洁，不要对每个要点都进行详述。人们希望能够以最快的速度看到"干货"，如果你不能满足这一要求，他们就会走开。想要增加你的文章在网上的热度，让你的文章看起来清晰、简洁以及有条有理才是关键。

◎ 采用清单体写作。清单要比段落更容易浏览和消化，就比如我现在就是这样做的。

◎ 没有什么比用照片、视频、图表以及信息图形更容易创造出有吸引力的视觉体验了，它们能让你的文章从一大堆杂乱的文章中脱颖而出。人是一种视觉动物，通过把一些复杂的东西视觉化，你不仅可以为你的文章增添更多的价值，而且还能把一篇好文章提升为一篇让人感到惊艳的文章。

◎ 让你创造的体验变得更加有趣；让你的网站充满个性；设计一

个可以抓住访问者注意力的吉祥物；赋予你的网站能够反映你的品牌、价值以及精神的个性。你会惊讶地发现这一切是如此重要。

◎ 创造与你的品牌无关但与客户的价值有关的内容，不要尝试向你的客户推销你的品牌。要让客户爱你的理由是，你在乎他们所在乎的东西。

◎ 构想出一个既有描述性，又有吸引力的原创标题，在你的手上需要有一些客户从未见过的东西，只有这样他们才会不由自主地点击相关的链接。

◎ 链接到其他的关键网站，提供附加信息。

◎ 鼓励人们分享你的内容，仅仅做到这一点就能极大地提升你的内容在网上的热度。

当你做到了上述这些时，你就可以开始推广你的内容了。请记住，每天都有数百万篇的博文被上传到互联网上，所以你不能指望人们能神奇地找到你发布的内容，你需要积极地去推广。下面是一些你可以采用的策略：

（1）从第一天起就建立你的邮件列表，你可以用它给那些注册用户一些适当的回报，比如你可以向他们提供一些有价值的在线课程、白皮书、电子书、有声读物、视频或者折扣券等。

（2）创建用户画像。这是对一个标准客户非常细致的描述。一旦你能清晰地定义你的买家，你就不会把那么多的时间浪费在那些永远也无法产生转化的销售线索上。

（3）走出你的办公室，积极地参与那些针对你的目标客户群体的活动。你的客户在哪里你就应该在哪里，而且你还应该让他们知道你专门为他们创作了一些内容。

（4）找出你的客户通常会去的地方。如果他们会待在某个特定的社区里，会经常上某个社交网站，会常常使用某个手机应用或者浏览某个特定的网站，你也应该经常光顾那些地方。这样的地方有可能包括 Reddit 新闻网、Quora 问答网站、Facebook、推特、Instagram、Snapchat、领英、微信等。永远不要违反那些特定媒介的潜规则，因为你绝不想疏远你的受众。你需要用一种让你的客户感觉对他们有帮助的方式，而不是以一种入侵性的或者单方面利用的方式来介绍你的内容。

（5）分析数据。如果你想让你的集客营销策略起作用，你需要确切地知道你的客户会如何处理内容，如何进行分享，以及投资可以带来哪些回报。像 Hubspot 这类集客营销平台可以为你提供一些工具，让你可以对网站的访问者有更深入的了解，把他们转换成你的付费客户，并把他们和你的社区紧密地捆绑在一起。

（6）搜索引擎优化是集客营销策略的核心，把很多页面浓缩成一个关键词或者一个长尾短语，这对你在网上进行营销是很有帮助的。你的目标是为每一个在你的业务中至关重要的关键词争取到搜索结果中顶部的位置。

（7）你可以通过在网站上设计一个小测验来和网站的访问者进行互动。按照新闻聚合网站 BuzzFeed 的数据，绝大多数用户在打开了某一项测验后都会完成它。这种高完成率，加上让你更多地了解你的访问者以及他们的具体需求的能力，使得这种测验成为一种非常聪明的工具。

（8）请所有人，包括你的雇员、朋友、有影响力的人士、战略合作伙伴、商贩、供应商以及投资人在他们自己的社交媒体上分享你的内容。另外你还可以鼓励他们撰写相关的评论，向你的网站提交文章，并参与你的活动。

（9）每当有用户访问你的网站或使用你的手机应用时，你可以用动态表单来收集更多的信息。因为在成为潜在客户之前，绝大多数的人会访问某个网站 7 到 13 次，所以每当他们回来的时候，你可以动态地收集关于他们的额外信息，这样你就没有必要反复询问他们相同的问题。

（10）实时沟通对于降低网站跳出率[①]是很有帮助的。你可以尝试把实时聊天、聊天机器人或者网络研讨会与你的网站进行融合，让你的用户能参与进来并向你提供反馈。你能提供的体验越是个性化，用户的参与程度和转换率就越高。

（11）创建可以为你的主要业务带来流量的站点和应用程序，向你的目标客户提供资源或者价值。

（12）进行跨媒体思考，将你写得最好的文章转换为播客、白皮书、视频、电子书、信息图、有声读物以及 GIF（图形交换格式）文件可以给你带来很多的好处。这种做法可以拓展你的分销渠道和影响力。

（13）确保在你的网站里 FAQ（常见问题）这个部分有一个合理

---

① 网站跳出率是对网站进行分析的最基本度量之一，网站跳出率 = 只浏览一个页面的访问量 / 整个网站所有的访问量。——译者注

的结构，而且其内容对你的客户是有用的。一个没有出色的 FAQ 页面的网站就像一部没有出色情节的电影，访问者最后会沮丧地离开。设置 FAQ 页面的目的就是回答你的客户最紧迫的问题，这往往是一个网站上最受欢迎的内容。

（14）如果你有一笔市场营销预算并且还有很高的转换率，另一个选项就是在搜索引擎、手机应用、网站以及各种社交网络上购买广告，然后把流量引向你的内容。但这可以让你很快地花掉大量的资金，所以这种做法对于绝大多数的内容是行不通的。

（15）最后，你也许想探索如何为语音商务平台开发手机应用。现有的语音商务平台有亚马逊的 Alexa、谷歌的 Assistant、微软小冰以及苹果的 Siri。这些平台现在都在快速地发展，而你作为在你的市场上第一批探索这种应用的人可以获得竞争优势。

8. 让你的品牌代表一种价值

我们都知道一个合适的名字对于一个品牌会有多大的影响，对于那些缺钱的创业公司来讲就更是如此了。但品牌并不仅仅是一个名字，在今天的世界里，品牌还关系到如何表达一种合适的价值观。

Soma 是一家生产饮用水过滤器的企业，它已经开始努力吸引年轻的消费者。这家公司的口号是"为世界补充水分"。它不仅售卖饮用水过滤器，还给自己设定了一个使命，即通过每一杯过滤水来拯救人类。"我们相信喝上清洁的饮用水是一项基本的人权。" Soma 的官网上写着，"这就是为什么我们对于成为 CharityWater.org 的赞助商感到非常自豪，为了帮助这家非营利性组织实现它的使命，我们与该组织展开合作，为超过 6.63 亿无法获得清洁饮用水的人群提供安全的饮用水。"这种形式的言论吸引了 X 世代和 Y 世代的消费者，因为这些年轻人想要看到，他们付出金钱购买的商品所代表的价值观和他们自己的是一致的。

Bouqs 是一家在线花店。在线花店并不是什么新鲜事物，但 Bouqs 却把鲜花的销售带到了一个全新的高度。这家公司在成立的时候就"有一个非常大胆的企图，那就是把浪漫和快乐的元素带回曾经高尚的交流中"。它甚至向你保证在购买鲜花的过程中你会感受到快乐。如果你没有感受到快乐，它还可以把钱退给你。除此之外，花店所有的供应商都采用了可持续的、生态友好的种植技术。"我们只采摘我们将要出售的花朵。"它的网站上写着，"所以我们不像其他的花店那样每采摘 3 枝花会浪费 1 枝。"在这里，你能再一次地看到，这其中所表现出来的社会价值已经高于产品的价格、种类以及质量。

Ritual 是一家生产多种维生素的创业公司。他们在这方面则更进一步。与其他成千上万的维生素供应商不同的是，Ritual 以提高透明度作为它的使命，而且还把这一点体现在了透明药片和时髦的口号上："维生素的未来是清晰可见的。"该公司表示，"Ritual 是一个新的健康品牌。我们相信简单、可追溯性以及对人体最有效的成分。你有权明确地知道你吃下去的是什么，以及它们来自哪里。"为了更有针对性，它把女性当作唯一的目标客户群体，并且大胆地宣称："女性只接受真相，本产品由女性创造，为女性创造。"它只是一家生产维生素的企业吗？还是一个体现了女性价值的品牌？

另一个不得不提的例子是 bkr。bkr 是一家销售水瓶的公司，只不过它卖的不是普通的瓶子，它的瓶子是一种对时尚的阐述。这家公司的使命是证明"美能改变世界，用一个如此漂亮的瓶子喝水会让你感觉愉悦"。如果这还不够，"每一个 bkr 的水瓶都为每天喝 8 杯水的生活准则注入新的生命。它能让那些小口啜饮的人感到，这些水就是上天的恩赐，可以帮助打造迷人的皮肤基底，让随后的皮肤保养品和化妆品发挥作用。"一个瓶子真的能做到这些吗？显然 bkr 想让你相信它能做到。

尽管这些产品中的绝大多数和它们的竞争对手都出自同一家工厂，但这一事实似乎并不那么重要。这已经和产品无关，这里所涉及的实际上是你和这些产品打交道时所产生的感觉，它们正在把普通的消费品转变成一种对生活方式的选择。你在购买这些产品时所做的决定定义了你是谁以及你关心的是什么，而这正是它们的品牌营销策略的关键所在。这种策略以前只会用在一些大件物品上，比如乘用车，但是现在这种策略已经逐渐地渗透到了从牙刷到厕纸的所有产品中。所以，如果你打算在当下这种体验式的商业时代中参与竞争，你就需要把你的游戏提升到一个全新的层次，去与你的客户的内心而不是与他们的头脑对话。

9. 投资视频制作

人们说一张图片胜过千言万语，而一段视频则抵得上一千张图片。抓住你的客户、投资人以及媒体想象力的最廉价的方式之一就是利用视频，在交流新的创意以及激发情感等方面，没有哪种媒体拥有可以与视频相媲美的能力。另外视频还拥有不可思议的病毒式传播的能力。

美元剃须俱乐部是一家从事男性美容的创业公司。它可以说是视频制作的典范，用一段视频就创造出了一个价值 10 亿美元的品牌。迈克尔·迪宾（Michael Dubin）只花了 4 500 美元就制作了他的第一个视频，然后他把这个视频放在了 YouTube 上。在视频中，他问了一个问题："刀片好用吗？"接着，他回答道："是的，我们的刀片太他妈的好用了。"因为这个视频的与众不同、不加修饰以及诙谐幽默，它立刻就得到了很多人的追捧。在获得了超过 2 500 万次的浏览量之后，这个视频不但把他的公司推到了大众的面前，而且还让他的品牌在千禧一代的心目中牢牢地扎下了根。

美元剃须俱乐部并不是唯一一家破解了热门视频密码的企业。M 工作室为西捷航空制作的一个视频也使后者的品牌腾飞了起来。在视频中，当乘客登上了西捷航空的飞机后，乘务员挨个询问乘客，他们希望获得什么圣诞礼物。当飞机抵达目的地，所有人都去取行李的时候，在行李转盘上出现了一排用五颜六色的圣诞纸包装的礼品。乘客们惊喜地收到了仅仅在几个小时前他们希望获得的礼物。这个非常简单的视频在 Youtube 上有超过 4 000 万次的浏览量，给人留下了深刻的印象。

无论你决定制作一段热门视频，还是一段简单的解说视频，请专业人士来制作是完全值得的。你至少需要有一个上过专业摄像课程的人，如果你的视频看上去很业余，这会对你的品牌产生不良的影响。绝大多数我现在认识的投资人在阅读创业者递交的融资文档或者其他材料之前都会首先观看创业者的视频文件。所以如果你的视频制作得很糟糕，他们就很有可能会否决你的创业公司。

消费者也同样如此，如果他们访问你的网站，然后发现你的视频制作得非常糟糕，你就不要再期望他们会购买你的产品。如果你仔细地研究一下 Indiegogo 和 Kickstarter 这两个著名众筹网站的数据，你就会发现，在筹集到的资金数额与视频的质量之间存在直接的关联。对视频制作进行投资已经不再是一个选项，而是一张入场券。

10.　为什么你的故事很重要

无论你正在制作一段产品视频，与投资人沟通，还是与一个新闻记者闲聊，你讲述的故事都非常重要，所以你不能随随便便地讲述一个故事。你必须从一个感性的层次上来理解你的受众对你的品牌的期望。如果你对此没有一些基本的了解，你就无法做到有效地沟通。

下面我来告诉你克里斯·"戏剧"·普法夫（Chris "Drama" Pfaff）是如何成为一个讲故事的大师的。他没有 MBA 学位，甚至没有接受过大学教育。他看上去也不像是一个能成为创业者的人，他曾经是一个普通的滑板运动员。但他从滑板上摔了下来，造成了颅骨骨折，并因颅内出血昏迷了整整 4 天。尽管没有留下后遗症，但这次事故却让他开始重新思考人生中最重要的事情是什么。

"我认为当一个运动员已经不是我应该做的事情了。"普法夫告诉自己。所以他决定把自己的家搬往洛杉矶。在那里，他租下了一套小型公寓，然后在一家滑板店里找到了工作。但事情在突然间变得不一样了。他的二表哥获得了一份临时的工作，去协助拍摄一部有关于滑板的 MTV 试播节目。就这样，普法夫成为他的助手，并到处跟随着他与 DC Shoes（滑板鞋品牌）和怪物高能饮料商谈各种协议。也就在这个时候普法夫萌生了创办自己的企业和服装品牌的想法。

普法夫把他的创业公司命名为"年轻和鲁莽"（Young & Reckless），然后他开始设计衬衫，希望能吸引像他这样的人，即那些来自美国中部的滑板爱好者。普法夫让一个懂平面设计的兄弟画了最初的商标图案。接着他充分利用了他的表哥在 MTV 上的试播节目，拉来了一些合伙人以及零售商。他让他的一个朋友的朋友为他生产了衬衫，条件是营业收入按照五五分成，然后他跑去见了零售商 PacSun 的人，并对他们说："这将会是接下来世界上最大的服装系列，你们可以在接下来的 6 个月内拥有独家销售权。但是你们必须把货铺到你们所有的商店里。"PacSun

同意了，从此普法夫真正启动了他的业务。

在 PacSun 支付了衬衫的货款后，普法夫把这些钱又都投到了业务中。他付了 5 万美元给了一位他之前认识的说唱歌手米克·米尔斯（Meek Mills），然后和他一起拍了一张照片，在照片中他们俩正在泥地上玩自行车前轮离地的平衡特技。他根本不知道这样一个小小的促销动作是否会给他带来回报，但是他必须去碰一碰运气。"在某种程度上，我觉得我是一个最顶尖的商人。"普法夫说道，"因为我现在已经开始给别人写支票了，但同时，我感到我很有可能会因此而崩溃，但没人会在意。"

他的朋友想了一个主意，如果他的品牌名称是"年轻和鲁莽"，普法夫自己就应该是年轻和鲁莽的。所以他们说服他拍摄了一段从六楼的窗户中跳出来的视频。他们在一个被遗弃的仓库旁的地面上放了一张特技演员用的安全气囊，然后普法夫从窗口一跃而下。他们居然成功了，他的客户疯狂了，产品在 PacSun 的零售额也开始蒸蒸日上。

普法夫很了解他的受众，知道他们想要的是什么。"年轻和鲁莽"已经不单单是一个品牌，它还成为一种生活方式。接着普法夫又开始讲述他的心目中的英雄故事，其中有一个英雄名叫达赖厄斯·格洛弗（Darius Glover），他是一个对越野摩托车赛充满了激情的小伙子，在一次事故中，他腰部以下彻底瘫痪了，但他并没有因此而放弃。格洛弗当时想了一个办法，把他自己绑在了一辆越野摩托车上继续比赛。当时，大多数的比赛并不想接受他，因为他一旦摔倒就再也站不起来了。但他与体制进行了斗争，最终他不但克服了自己的瘫痪，而且还克服了不利于他的规则。

这段视频直接戳中了"年轻和鲁莽"的受众的内心，当 CNN（美国有线电视新闻网）在新闻中对这件事进行特别报道的时候，该品牌也开始了自己的比赛，它的销量开始飙升。普法夫最后在 Facebook、Instagram 以及 YouTube 上收获了 350 万粉丝。这些粉丝并没有被动地观看视频，普法夫讲述的故事让他们产生了共鸣，他们做出的反应就是去购买产品。

普法夫也曾犯过错误，但他从中吸取了教训。他曾支付 15 万美元请一个名人来穿他的服装，但最后的结果是浪费了很大一笔钱。"这样做你没有什么故事可讲。"普法夫说道，"没有不顾一切的故事可以讲给我的受众听。这次推广不仅损失了一大笔钱，还损害了品牌。"当 Tillys① 表示要出售他们的棒球衫的时候，普法夫又一次搞砸了。"我们把商标放在了棒球衫上。"普法夫说道，"但这根本没用。我们没有关于为什么会生产棒球衫的故事。"

最终，故事和这个品牌紧密地联系在了一起。没有一个合适的故事，也就没有这个品牌。幸运的是，普法夫不仅对于自己这个品牌的理解深入灵魂，而且他还是一个讲故事的大师。每年他都会在各种媒体上发布数百条不同的内容，所有都与他的"年轻和鲁莽"这个核心主题紧密相关。现在"年轻和鲁莽"已经成为一个全国性的品牌，它的分销渠道覆盖了超过 3 000 家梅西百货、迪拉百货以及 PacSun 的店面。它的营业收入已经达到了 3 000 万美元。普法夫会继续请像吹牛老爹（Puff Daddy）和贾斯汀·比伯（Justin Bieber）这样的名人来为他的品牌代言，当然，这些代言都会伴随一个合适的故事。

正如普法夫所做的那样，你需要在不同类型的故事上进行实验以寻找出最合适的故事。故事必须可以和品牌匹配，强化品牌的核心信息，

---

① Tillys 是美国知名的运动产品零售商，主要为年轻人提供价格合理的日常单品。——译者注

并且能够引起受众的共鸣。如果你的故事无法做到以上这三点，你就无法真正激活你的客户。

11. 叙事的类型和模式

每一家企业都能构建出很多种不同类型的故事。在这里我列出了一些最受欢迎的故事类型，希望这些能激发你的想象力。

◎ **成功的故事**——我们都很喜欢霍拉肖·阿尔杰（Horatio Alger）讲述的故事，在他的故事中，主人公会从一个"草根"奋斗成一个大富翁。这是你的故事吗？

◎ **你自己的故事**——你是为了解决一个你自己所面临的问题而创业的吗？或者你这样做是为了你的家人或者你的密友吗？在创业的过程中，你经历了什么？在你的生活中，是什么或者是谁激励了你成为一个创业者？

◎ **涉及因果的故事**——你能把你的故事与某一项人们都在关注的事情结合起来吗，比如气候变化、难民收容、疾病预防或者教育？

◎ **让人担心的故事**——人们都在担心什么？机器人会抢走他们的工作吗？恋童癖者在对他们的孩子虎视眈眈吗？或者席卷美国的枪支暴力事件？你的公司能帮助预防或者抵御这样的风险吗？

◎ **利用数据的故事**——一些创业公司会利用他们自己的专有数据来构建故事。他们会观察用户在他们的网站上具体做了些什么，然后构想出一个相应的故事，比如，"我们的数据显示，83% 年龄在 30 岁以下的女性喜欢长着伐木工胡子的男性"。当然，你完全没有必要如此搞笑，但你应该已经有一个概念了。

◎ **企业成长的故事**——你的公司成长速度有多快？你的企业是接下来要发生的那个重大事件吗？你还可以以优步和爱彼迎这两家企业为参照，关于它们的扩张速度有多快以及它们的估值是如何飙升的，你都可以找到一系列有趣的故事。

◎ **趋势的故事**——包括社会、商业以及技术等的发展趋势。你知道现在网上正在流行什么吗？你很容易就能找到答案，推特有话题标签，谷歌有关键词。在几分钟之内，你就能看到当下正在出现的各种全球性趋势。然后你就能找出一种对你的企业有用的趋势，并且把这些趋势性的内容融入你的故事中。

◎ **关于未来的故事**——接下来世界上会发生什么？你会如何塑造未来？我们都很好奇世界正在朝着哪个方向发展，尤其当这样的发展会影响我们的工作和生活的时候。

◎ **弱者的故事**——这实际上就是古老的大卫对战歌利亚的故事[1]。人们总是被那些小矮人打败大食人魔的故事所吸引。

◎ **灾难的故事**——你经历过灾难吗？当时你是如何面对这场灾难的？曾经有一场飓风摧毁了你的商店吗？或者有一场大火烧毁了你过去10年的研究成果吗？你的狗吞下了你价值10万美元的模型吗？你又是如何从这样的挫折中恢复过来的？

◎ **古怪的故事**——单单一些古怪的事情就可以成为一个很好的故事题材，比如一个小孩在早餐的时候吞下了200根牙签，或者一个男人和他的玩具猫结婚等。

---

[1] 大卫对战歌利亚是《圣经》中的一个故事，大卫年纪很轻就上了战场，而歌利亚却是一个巨人，但大卫最后把歌利亚杀死了。——译者注

◎ **丑恶的故事**——没错，我们都知道性、毒品以及几乎任何类型的丑恶行为都会有市场。我并不是说你也应该从中取材，但毫无疑问这些东西确实可以吸引访问者的点击。

当然，你不应该被上面提到的这些故事类型所束缚。关键是你应该充分发挥创造性，不要约束你自己。大胆地去尝试各种不同的讲故事的方式，然后找出最有效的那一个。其中最重要的是找到最适合你和你的品牌的故事类型，你的故事不仅应该人夺人眼球，而且还应该能够强化你想传递的关键信息，表达你的价值观，同时推动人们对你的产品的认知。

12. 如何推行增长黑客

如果不讨论增长黑客，任何讲述如何用自有资金创建一家企业的章节都是不完整的。增长黑客是一个以业务增长为目标而展开的快速实验的过程，整个过程将贯穿你的营销漏斗、产品开发、销售以及所有其他的相关环节。肖恩·埃利斯（Sean Ellis）在 2010 年杜撰了这个词，它在字面上的含义就是杀出一条通往增长的道路[1]。增长黑客和传统市场营销之间的区别在于，前者更加别出心裁和有创造性。在进行增长黑客的整个过程中没有任何所谓的规则，你必须构想出一些别人从未做过的事情。

增长黑客的营销漏斗从上至下分别为：

---

[1] hack 的原意为劈砍，在计算机领域中被引申为"非法入侵"，但在这里 hacking 的含义更多是指仔细深入研究其他人的做法，如果有必要可复制或改造其他人的做法以用于自己的目的，而在计算机领域，黑客的行为本质上也是一种对其他系统的深入研究。——译者注

（1）客户获取——最优化在线客户的获取。

（2）客户激活——与访问你的网站的客户进行互动。

（3）收入增长——增加首次和重复销售。

（4）产品推介——让客户分享你的产品。

（5）客户留存——建立客户忠诚度，增加客户访问网站的频率和
　　　时长。

为了达成这些目标，增长黑客将创意营销、软件工程、自动化、测试以及数据分析结合在了一起。为了能更清晰地理解这个概念，让我来给你一些真实的案例。

◎ **客户获取**——Craigslist是一个很受欢迎的分类广告网站，爱彼迎实际上是通过对Craigslist进行黑客攻击，从而将流量导向了它当初还没有真正成长起来的市场的。当时爱彼迎制作了一个网络机器人对Craigslist进行不间断地骚扰和刺探，然后利用其获得的信息对Craigslist的客户持续发送垃圾邮件，目的是让这些客户能同时在两个网站上发布他们的求租信息。这里的关键是找到某种方法获得一个将Craigslist上的信息转发到爱彼迎的链接，这样就能把流量导向爱彼迎。这一策略尽管不是很道德，却为爱彼迎带来了它起步时所需要的大量关键用户。

◎ **客户激活**——推特利用数据分析得出了一个结论，即如果在新用户完成注册的时候你没有给他安排任何关注对象，他就几乎不太可能会参与以后的互动，而那些从一开始就已经关注了不少于5个对象的新用户则有更大的可能性再次访问他们的网站。

因此，推特会给新用户推送一些热门的推特账户，这样这些新用户从一开始就会看到各种有趣的内容。

◎ **收入增长**——Ticketmaster 是全球最大的销售各种演唱会门票的专业网站，这家公司发现，在用户购票时增加一个简单的倒计时功能，能极大地提高销售量。这个计时器让用户感到，如果他们不立刻做出决定买下门票，他们就很有可能错过这场表演。

◎ **产品的推介**——云文件托管服务供应商 Dropbox 发现，如果他们给予成功推介朋友进行注册的用户额外的免费云存储空间，他们网站的热度就会增加。

◎ **客户存留**——YouTube 通过实验发现，在其视频中增加连续播放的功能可以提高客户的忠诚度以及他们在网站上停留的时间。

正如你已经看到的，增长黑客的实验过程首先会对用户如何使用产品进行仔细的分析，然后会尝试采用不同的创造性方法来提高产品度量指标的表现。在每一个这样的实验完成后，你应该马上进行相关的调整，然后再重新设计实验，直到获得最优的结果。对于创业公司来讲，增长黑客的优势在于，这种做法并不需要大量的资金，当这种做法只关注于对营销漏斗进行简单的改进时就更是如此了。出于这个原因，当创业公司的市场预算非常紧张时，增长黑客就成为它在早期获得上升势头的一个非常强有力的工具。

13. 那些自力更生的创业者有能力展开竞争吗？

谈论如何省钱不是一件什么坏事，但是在今天这个赢者通吃的世界里，在这个新闻头条被那些具有超级活力的创业公司完全霸占的年代，仅靠自有资金进行创业的公司还有能力在竞争中胜出吗？他们还有能力挑战那些拥有数十亿资金，而且还有风险投资公司在背后给予支撑的企业吗？在亚马逊、谷歌以及 Facebook 唱主角的世界中它们还能够脱颖而出吗？单单靠自有资金真的有可能创建一家大型企业吗？

当然可以，这是毫无疑问的。你不仅可以参与竞争，也许还能够比你那些资金充裕的表兄弟做得更好。让我来告诉你一些靠自有资金获得成功的创业故事，希望这些故事能让你相信，为了最终有可能获得的成功，所有承受过的痛苦都是值得的。

◎ MailChimp（邮件猩猩）[①]——在 2000 年的时候，MailChimp 的 CEO 本·切斯特纳特（Ben Chestnut）正在经营一家小型的设计咨询公司。当时他的不少客户都要求他制作一些网上的简报，这对他来讲不难，只是他很不喜欢做这样的设计工作，这也太无聊了。对此他的解决方案是制作一款能够简化整个流程的工具，他把这款工具命名为 MailChimp。今天，他的创业公司已经有接近 5 亿美元的营业收入和超过 500 名的员工。但最棒的是实现这一切他没有依靠任何来自风险投资公司的资金。

◎ Shopify——购物车系统 Shopify 的创始人当时正在寻找一种购物车的解决方案，因为他们想为滑雪板爱好者建立一个电子商务网站，只是他们没有找到能让他们满意的方案，所以他们决定还是自己干。事实证明，有很多其他的创业公司也需要同样的

---

① MailChimp 是通过电子邮件订阅 RSS（简易信息聚合）的在线工具。如今邮件推广已经是非常重要的营销方法之一，MailChimp 也是一款免费的电子邮件发送工具。——译者注

解决方案，这最后成为他们的主要业务。创始人在没有向任何风险投资融资的情况下运营了这家企业整整 6 年。今天 Shopify 已经是一家市场规模达到了 160 亿美元的上市公司。

◎ Braintree Payments（支付平台）——防诈骗的在线货币兑换是很多企业都存在的需求。Braintree 的创始人建立了一个解决方案，以帮助企业接收和处理相关的支付。在向风险投资公司融资之前，他们依靠自己的业务收入运营了 4 年。最后贝宝用 8 亿美元收购了该公司。

◎ SurveyMonkey（调查猴子）——这家争强好胜的创业公司花了整整 11 年才从风险投资公司那里融到了资金。现在该公司已经是世界排名第一的在线调查软件企业，每天有 1 600 万个问题在这里得到解答，他们的年营业收入已经达到了 1 亿美元。"我每周工作 7 天，每天大概会工作 14 到 18 个小时，而且我从来没有休息过一天。"这家公司的 CEO 戴夫·戈德伯格（Dave Goldberg）说道，"我必须这样做。"

◎ ShutterStock（在线图库网站）——作为一个连续创业者，乔恩·奥林格（Jon Oringer）曾经碰到过一个问题，当他为自己的公司创建营销文档和网站时，他无法在一个合理的价位上找到高质量的艺术作品和照片。在几乎没有任何其他选择的情况下，他拿起自己的数码相机开始了创作。最终他从他自己的个人照片库中选出了 3 万张照片，并以此为基础创建了世界上最大的在线图库网站之一的 ShutterStock。在没有向任何风险投资公司进行融资的情况下，这家公司已经成功上市。现在这家公司的市值已经接近 20 亿美元。

◎ CoolMiniOrNot（桌面游戏品牌）——想要酷，你根本无须成为一个亿万富翁，这就是 CoolMiniOrNot 的创始人发现的一个事实。最开始的时候他们创建了一个网站，供极客们展示他们绘制的《龙与地下城》这款游戏中的各种人物形象。这是多么无聊和古怪啊！最终网站创始人决定制作他们自己的桌面游戏。到目前为止，他们已经在众筹网站 Kickstarter 上进行了超过 20 场活动，并且从客户那里筹集了 2 000 万美元的资金。当你的粉丝可以对你进行投资时，谁会需要风险投资呢？

◎ Tuft and Needle（簇和针）——当这家非常活跃的创业公司进入在线床垫市场的时候，创始人的手上只有 6 000 美元的种子资金。尽管面临着像 Casper（美国线上床垫品牌）这种已经筹集了数亿美元风险投资且体型庞大的捣蛋鬼的挑战，Tuft and Needle 依然做得相当不错。该企业将成本控制在了一个较低的水平，守住了盈亏底线，并且使销售收入超过了 1 亿美元，与此同时，它还始终保持了盈利的状态。他们那些有风险投资公司支持的兄弟公司也许规模更大，但是 Tuft and Needle 在财务报表上的数字始终是黑色的。

◎ Tough Mudder（最强泥人真人秀）——作为大英帝国的前反恐官员，威尔·迪安（Will Dean）想要创造一个在世界上最艰难，但同时也是最可怕的竞技运动挑战。这些疯狂的竞赛项目包括在电网下的泥地中匍匐前进，攀爬高耸得让人畏惧的障碍物，以及让参赛者精疲力竭。谁会想要遭受这样的折磨呢？显然有很多人愿意去进行一些这样尝试。从 7 000 美元的种子资金开始，他把这家创业公司发展成一家营业收入超过 1 亿美元的企业。他的秘密是预先收取参加比赛的注册费，然后再用到手的钱来制作那些疯狂的障碍赛道。你认为在早期会有风险投资公司愿意在这样疯狂的商业计划上去冒险吗？

◎ **AppLovin（移动营销平台）**——这家小型的创业公司的宗旨是帮助手机应用的开发人员推销他们的产品。"我找不到有任何人愿意以我认为的合适的初始估值对我们进行投资，这个估值也许在 400 万或者 500 万美元左右。"这家公司的创始人兼 CEO 亚当·福鲁吉（Adam Foroughi）说道。一年后他们就已经有了盈利，而今天，他们的营业收入已经达到了数亿美元。一家中国的私募股权公司刚刚以 14.2 亿美元收购了该公司的多数股权，对于一家只拿到了天使轮融资的公司来讲这已经非常不错了。

◎ **Wistia（商业视频托管网站）**——有时候关注那些没人会在意的无聊的东西也是有好处的，这就是 Wistia 的创始人所做的事情。当时他们决定去做一个汇聚各种企业培训视频的网站。同样是视频网站，YouTube 始终处于世人关注的目光之下，而 Wistia 则鲜为人知。该网站几乎没有什么热度或者存在任何娱乐的氛围。尽管如此，或者正因为如此，Wistia 成功地建立起了一支 80 人的团队来服务于超过 30 万的客户，这其中就包括了一些大品牌，比如星巴克、太阳马戏团以及 Casper。

◎ **Grammarly（语法纠错软件公司）**——另一种赚钱的方法就是简单地制作一个更好的"捕鼠器"，这就是 Grammarly 的创始人所做的事情。他们想要做一个更好的英语拼写和语法检查的应用，并且还成功地和超过 800 所大学以及成千上万个作者签了约。在经过了近十年靠自有资金的创业后，这家公司终于筹集到了 1.1

亿美元的风险投资。

我还可以列举出更多的例子，有太多靠自有资金创业的公司最终都获得了相当出色的业绩，但我们很少能听到关于它们的故事，这是因为媒体更喜欢那种一夜成名并且还赚到了大钱的故事。正如你已经看到的那样，利用自有资金创业的企业发展速度确实会慢很多，但最终依然能带来同样的回报。

上述企业都有一个共同点，那就是它们都解决了一个真正的问题，而且常常是它们的创始人自己碰到的问题。这就是为什么它们能够在最艰难的处境中存活下来，而且客户都很愿意为它们的产品付费。当你犹豫不决的时候，创造一件真正有价值的东西永远是答案。如果你能解决一项紧迫的需求，金钱自然会来。你只需要准备好付出汗水、鲜血、眼泪和时间，就可以让你的企业真正飞起来。

第五章

独角兽猎人：找到未来的赢家

　　在这一章里，我会向你展示硅谷的顶尖投资人是如何解构创业公司，评估它们的商业模式，并把赢家和输家区分开来的。为什么有些投资人的表现总是优于其他的投资人？在挑选创业公司的时候，沙丘路上的那些顶尖的公司是用哪些东西来作为它们的衡量标准的？而你又如何才能知道你的创业公司是否能够入它们的法眼？

　　在一家创业公司出现了向上攀升的势头之后，你很容易就能判断这将会是一家很了不起的企业，如果一家企业出现了指数级增长，那么很清楚，它的产品肯定有很大的市场需求。一旦有球棍探出头来，即使是一个球场新手也能立刻发现其中的机会。但是风险投资公司又是如何在一家独角兽企业还没长出犄角之前就找到它的呢？如果一家新成立的创业公司想要发展成一家成熟的企业，它必须拥有哪些基本的要素呢？是不是存在某种早期的信号能够预示一家创业公司将会腾飞还是消亡呢？

　　可惜的是，大多数投资人在投资创业公司的时候都会出现亏损，因为他们没有理解一些潜在的因素以及和业务相关的基本面。当一家创业公司只有很少或者根本没有任何营业收入，并且还只有用一只手就能够数过来的几个用户时，想要判断这家创业公司在未来的发展潜力是一件极其困难的事。在创始人空间，我们几乎每天都在纠结这样的事。每年我们都会收到数千份商业计划书，并且还会参加数百场的融资路演。

在这些创业公司中，我们是如何挑选出那些成功概率最高的初创企业的呢？

在这个章节里，我会和你分享我在和那些极其聪明的投资人一起工作时所学到的一些东西。我会向你解释在管理团队中哪些品质才是最重要的，如何判断某个商业模式是否能够实现规模化，以及如何发现一家真正做好了融资准备的公司。等到你读完这一章，我希望你已经明白投资人是如何对复杂情形进行分析的，他们对交易进行过滤的标准，以及为什么有些创业公司的估值会高出其他的创业公司好几个数量级。

1. 投资团队

聪明的投资人总是从观察团队入手。在硅谷，风险投资公司总是喜欢这样说，他们赌的是团队，而不是某个创意或者某项业务。为什么会有这样的说法呢？难道创意和业务不比团队更加重要吗？

答案是，团队确实更加重要。你可以拥有这个世界上最佳的创意，但如果你的团队很糟糕，在实际执行的过程中你就很可能会失败，与之相关的业务也就分文不值了。你必须记住，创业公司并不是成熟的企业，它们还只是未成型的作品。如果一家创业公司有一个能够赢的团队，即使在开始的时候他们的想法是错误的，相应的商业模式也是行不通的，但他们最终也一定会想出办法，调整企业的方向，并不断地进行迭代，直到他们发现前进的道路。

那么，有哪些要素可以让一个团队获得成功呢？你又如何才能知道你是否也拥有其中的某个要素呢？首先你需要观察的是这个团队的领导者。CEO 是一个团队中最重要的人。一个弱势的 CEO 往往意味着团队的各个职能之间会出现不协调。所以没有一个强势的领导者的企业是无法快速发展起来的，那个需要为公司承担起责任的人实在是太重要了。但是投资人该如何来判定某个 CEO 是否能够胜任他的工作呢？又是哪些品质定义了一个出色的领导者呢？

投资人采用的最流行的筛选条件之一就是这家创业公司的 CEO 就读的大学，这是因为很多向风险投资公司寻求融资的创始人都很年轻，并且普遍没有什么经验，他们的简历常常不到一页。刚毕业的大学生会有怎样的工作和生活经历呢？在宿舍食堂里打过工？一两次的实习经历？所以只有一样东西能让他们脱颖而出，那就是他们就读的大学，这也就是投资人会盯上这一点的原因。投资人相信如果这个 CEO 上的是哈佛大学、麻省理工学院、斯坦福大学，或者其他的名校，那么这个创业者肯定是一个当 CEO 的料。尽管这在某些情形下可能是有道理的，但并非普遍正确。能否被一所顶尖大学录取看得更多的是考试成绩以及课外活动，而不是任何与生俱来的领导力或者运营一家企业的能力。创始人是一个可以进入哈佛大学的可造之才并不意味着他有能力启发、鼓励并且领导一家企业。

我自己就认识很多从名校毕业的学生，但他们都不会成为一个创业者。他们更适合在学校、研究机构、政府等地方工作。过分强调创业者必须来自名牌大学肯定会让你犯错，因为这种思维不仅会让你产生一种虚幻的乐观情绪，还会让你很武断地过滤掉一些非常有意思的性格类型，比如叛逆者、追求精神自由的人以及大器晚成者，他们中有很多人会选择一条另类的生活道路。数据也支撑了这一观点，美国全国经济研究局发现，从名牌大学毕业的学生的终生收入与在 SAT（学术能力评估测试）中分数相近却进入了其他大学的学生相比，可以说几乎没有什么差别。

　　所以，即便你从来没有进过名校，也不要为此而气馁，你或许会很惊讶地发现有多少成功的创业者从来没有进过顶尖的大学。这其中就包括了本杰明·富兰克林、托马斯·爱迪生、安德鲁·卡耐基（美国钢铁大王）、约翰·戴维森·洛克菲勒、亨利·福特、米尔顿·赫尔歇（好时公司创始人）、雷·克拉克（麦当劳的创始人）、桑德斯上校（肯德基的创始人）、沃特·迪斯尼、巴里·迪勒（曾任派拉蒙影片公司董事长）、迈克尔·戴尔（戴尔计算机创始人）、理查德·布兰森（维珍集团的创始人）、马云和史蒂夫·乔布斯。仅仅因为他们没有上过布朗大学或者耶鲁大学，投资人是不是就应该放弃下一个马云或者史蒂夫·乔布斯呢？

　　我不得不很遗憾地说，有太多的投资人都掉进了常春藤联盟这个陷阱，他们把大学的名字和成功等同了起来，这使得他们对于某些最重要的东西视而不见。在这里我想说的是，只有个人的品质才是让一个人最终获得成功的最重要的因素。CEO 应该具有怎样的形象？他应该是哪一种类型的人？为什么他会创立这样一家企业？这家企业对他来说意味着什么？他在过去有没有获得过值得人们关注的成就？他是那种能够挺身而出，自愿承担起一个领导者的责任，并激励他人与他一起创立一家企业的人吗？他是否曾克服了某种极端的困难和不确定性？他是否已经具备领导一家企业的能力，以及是否会有某位值得尊敬的导师来引导他？所有这些事情都可以向你表明，眼前的这个创业者是不是真的有能力建立起一家可以改变世界的企业。

　　我看到投资人犯的另一个错误是过于看重简历，他们倾向于选择那些曾经服务于像谷歌、苹果、腾讯以及微软等一些非常成功的高科技公司的创业者。CEO 曾经在一家世界级的企业里工作这当然很不错，但是这并不意味着这个人肯定能成为一个出色的创业公司的创始人。谷歌有超过 6 万名员工，微软有 12.5 万名员工。并不是这些人都天生具有运营一家企业的能力，他们中的大多数只是更适合在谷歌或者微软工作而已。

同理，个人的头衔也并不像人们想象的那么重要。能够当一个副总裁当然很不错，但是我认识很多副总裁，他们都是很优秀的执行者，却不是天生的冒险家。甚至有些高管什么也不用做，只需要玩弄办公室政治就能坐稳他们的位置。所以，我更愿意选择一个初级的项目经理而不是一个副总裁，通常前者会非常推崇一个新的创意，并且愿意在市场上实现这个创意，而后者往往几乎什么也不用做，最多也只不过是给某个项目放行罢了。聪明的投资人会去寻求一份简历背后的东西，并且深入地挖掘某个人在他的上一份工作中曾经做出的决策类型以及需要承担的责任。

当我对创业公司进行审核时，我评估创始人的方法就是做深入调查，然后向创业者本人提出一系列的问题。我想要知道，这个创业者是否提出过原创的想法，如果答案是肯定的，那么他又是如何说服他的同事并管理他的团队的？在推进并实现这些想法的过程中他曾经遇到过什么障碍，他是如何克服这些障碍的？他所做的某个决定是否曾经导致了失败？他从这些挫折中学到了什么？类似这样的问题可以让我看到，这个 CEO 是否有能力处理一些困难的情况，是否能在艰难的处境中坚持下去，是否会运用创造性的方法来解决一些看上去非常棘手的问题。

另外我还会观察创始团队，在创立这家公司的时候，CEO 都把哪些人拉进了这个团队？如果整个团队都是由同样可信赖的人组成的，我就可以判断肯定发生过一些很特殊的事情。我会问这个 CEO，他是如何认识他的共同创始人的？他是否只是随便拉来了几个刚好有空的人，还是真的花了不少时间去寻找一些最好的人选？他的员工是否可以很容易地找到一份薪资高达 6 位数的工作，最终却选择了公司的股权并决定为他工作？他是如何说服他们认同加入他的创业公司才是他们最好的选择的？

杰出的领导者就像是一块磁铁，对于各种人才都有很强的吸引力，即使追随这样的领导者需要承受巨大的甚至是非理性的风险，人们也愿意为他们工作。事实上，只有这样的企业领袖才有可能说服他的员工去相信企业的使命，而不是放在他们眼前的金钱。这也是为什么那些几乎没有什么资源的创业公司能够超越行业中的老牌企业，并且在老牌企业的赛场上击败它们。我的理念是，没有任何人可以只靠自己就建立起一家独角兽企业，这样的事情必须依靠团队才有可能做到，而企业的 CEO 只是让所有人都能行动起来的催化剂。杰克·多尔西并不是单靠他自己就建立起 Square 的；里德·霍夫曼也并不是只靠他自己就让领英上市的；如果马化腾没有众多杰出人才在背后给予他支持，他也不可能把腾讯发展到今天这个规模。如果一个 CEO 不能从一开始就建立起一个顶尖的团队，那么不要指望在将来这家公司会有什么成就。通常来讲，它们的情况只会越来越糟。

这就是为什么团队应该是对于 CEO 领导能力的第一项测试，如果一个 CEO 能够仅凭言语和公司的股权组建起一个成功的团队，他就拥有了实现目标的神奇魔力。总而言之，CEO 必须拥有的最重要的品质就是他的领导力，一个拥有杰出领导者的强大团队几乎在任何情况下都可以找到他们的方向。

在评估一个团队的时候，我并不会只询问他们的背景，我还希望能了解他们和 CEO 的关系，是什么让这位 CEO 如此特殊？他们真的信赖他吗？是什么激励了他们？当出现问题时候，他们还愿意坚持下去吗？

一个强大的团队会100%信守自己的承诺，并坚信企业担负的使命。对他们来讲，这并不仅仅是一份工作，更是一个关乎生死的问题。他们愿意和船一起沉没。正是这种态度定义了一家成功的创业公司。投资人需要理解团队的心理状态，因为他们对于公司和彼此的看法，对最终结果的影响最大。不少团队从表面上看起来是非常出色的，但一旦我把他们的外壳一层层地剥开，就会发现他们永远也熬不过创业的第一年。这就是为什么比起任何其他的事情，我会花更多时间来分析一个初创团队。

你有一个由顶尖的行家和真正的信仰者所组成的团队吗？如果没有，你就需要认真地去做一些功课了。

2. 评估市场规模

独角兽猎人接下来关注的就是市场规模了，如果你的市场规模太小，你的创业公司的成长就会受到限制，这就像是在玻璃缸里饲养鲸，企业最多也就只能成长到和它的市场规模同样大小。但这并不意味着从一个很小的缝隙市场起步的企业不能扩张并超越这个市场，只不过此时你能否清晰地看到一条通往更大市场的道路就显得非常重要了。如果不存在这样一条道路，你的创业公司必然会在某个时刻不得不改变方向，否则就只能停滞不前，无论是哪种情形都意味着你遇到麻烦了。

风险投资公司会选择避开小型市场是有很多理由的。首先，这是对风险和回报做出的权衡，不管一家本地面包店的牛角面包多么可口，它也只能赚这么多钱。尽管风险很低，但是回报同样也很有限。不过，如果创始人的愿景是创立一家特殊的面包连锁店，利用独特的配方和创新的商业模式，它就会引起更多人的关注。创立一家全国性的连锁店风险很高，但是获得的回报可以呈指数级增长。

投资人会考虑的另一个因素是退出的潜力。成长缓慢的小型企业几乎没有上市的可能性，收购要约也很少。即使一家小型企业拥有一项不可思议的新技术，这项新技术的价值也几乎永远比不上一家瞄准了大市场，并且已经呈现快速上升势头的企业的价值。一些有资金进行大规模并购的大型企业往往会专注于一些成长中的市场，而不是那些没有扩张潜力的缝隙市场。

早期阶段的投资人还会考虑的是，到了企业发展的后期是否会有跟进的投资人。如果他们投资于一家只面向小规模市场的企业，这种做法就自动排除了风险投资在企业发展后期参与的可能。而风险投资机构对于小规模的退出并没有兴趣，这不是它们的商业模式，它们需要的是巨额的回报，这就意味着必须要有一个大规模的市场和快速的增长。如果一家创业公司无法做到这一点，一线的风险投资公司就不会参与进来，而且这家创业公司在今后的几轮融资中都会遇到麻烦。聪明的天使投资人不会把钱投入一家他明知道在后期几乎不会有投资人跟进的企业里。

最后，一个规模很大的市场往往意味着有更多的关注，一些比较小的创业公司并不为人所知，但是几乎所有人都知道顶尖的独角兽企业。在每一家风险投资公司的网站上，你能够看到的公司的商标通常都是一些家喻户晓的企业，而不是某些仅仅以 2 500 万美元就能被收购的小型企业，即使这些小型企业可以给你带来不少于 10 倍的投资回报。所以，所有的事情都是公平的，更大的规模不仅意味着更好，而且还常常是唯一符合逻辑的选项。当你的创业公司想要开始融资时请务必记住这一点，如果你所面对的市场不够大，不要依赖风险投资，因为他们根本就不会来参加你的派对。

3. 谁才是你真正的客户？

当有创业者来见我的时候，我向他们提出的第一个问题常常是："谁是你的客户？"

曾经有一位创业者回答："女性。"

我鼓励他说得更详细些，但是他只说，他的创业公司的目标客户就是女性，所有的女性，然后就没有更多的细节了。

我最后只能告诉他，我对投资他的公司没有兴趣。

为什么我会这么快就做出决定呢？是因为我不喜欢女人吗？不，我可以向你保证我喜欢女人，我的真正理由是这个 CEO 对于客户一点儿也不了解。他所说的"女性"的确切含义到底是什么？老年女性？十几岁的少女？全职妈妈？职业女性？你面对的客户永远不是"女性"这两个字所能概括的。作为一家创业公司的 CEO，你必须明确地知道客户到底是哪些人，以及他们为什么要购买你的产品。如果一个 CEO 甚至不知道他的客户具体是哪些人，他又怎么可能生产并营销一个具有突破性的产品呢？

对你来说，全面地了解你的客户是极其重要的。他们最看重的是什么？他们是年轻人、老年人或者中年人？他们有多少钱？他们开的是什么品牌的汽车？他们喜欢看哪种类型的电影？他们的目标和愿望是什么？你知道的越多，你成功的概率也就越大。

如果你运营的是一家 B2B（企业对企业）的创业公司，整个过程就会相当简单。花更多的时间与你的客户在一起，去了解他们。带他们去午餐；了解他们的生活、家庭、业务、面对的问题以及抱负。你应该记下这些信息，你了解得越多并且越早，对你也就越有好处。你不应该独自一人去做这些事情，你应该让你的整个团队都参与到收集、整理以及分析客户数据的过程中。

下面是一些你应该询问你的客户的问题：

（1）你为什么需要这款产品？

（2）为什么贵公司需要这款产品？

（3）购买这款产品需要获得谁的批准？

（4）你的企业有哪些利益相关者？

（5）在从 1 到 10 的衡量范围里，你会如何标注这款产品对于你们的重要程度？

（6）这款产品和竞争对手的产品相比如何？

（7）如果没有这款产品，你们会使用哪种替代品？

（8）你是否愿意现在就下订单？如果不是现在，那会在什么时候？

这些只是你应该向你的客户询问的众多问题中的一部分，尽可能把这样的会面过程用视频或者音频的形式记录下来，这是一个很好的做法。如果记录下来的内容非常积极，你还可以将这些记录展示给天使投资人和风险投资人。这些内容完全可以被当作早期的证据，用以证明你的产品在市场上确实是有真实需求的。

如果你有一款在线的应用程序，那么依靠数据分析工具往往要比你面对面地与客户沟通效果更好，这是因为客户常常会说一套，做一套。真正重要的是他们会如何使用你的程序，而数据分析软件恰好能精确地向你展示你的应用程序里真实的、正在发生的事情。无论你是建立一个视频背景的登录页面，还是发布一款最小可行性产品，你都能从用户那里挖掘数据，评估他们的反应模式，然后利用这些信息来确保你自己没有偏离正确的轨道。

聪明的投资人总是希望能够在他们做出决定前看到这些数据。当我对一家创业公司进行审核时，我更希望可以获得数据分析平台的所有访问权限，因为这对于我直接审查并复核所有的事情是非常重要的。我会特别关注 DAU（日活跃用户）、MAU（月活跃用户）、客户留存率、客户参与模式、产品在网上的传播能力以及业务的增长状况。

如果这家创业公司还没有启用，或者没有在线组件，你可能就无法获得数据分析。在没有数据的情况下，你能做的就只有瞎猜了。遇到这样的情况时，我常常会问一大堆的问题：CEO 是如何知道他的企业能够获得成功的？他有什么证据吗？他做过哪些实验？如果这个 CEO 还没有做过任何实际的尝试，而且手上也没有任何数据，这是一个危险的信号。这通常意味着这个 CEO 完全凭感觉做事，而且还不明白应该如何去验证一个市场。我一般就不会把这类创业公司推荐给任何投资人。

即使在非常早期的阶段，你的创业公司也应该开始积累数据，进行实验，并且弄清楚你是否真的有适合市场的产品。如果你没有这样做，后续肯定会出现各种各样的问题。你不应该把你所有的时间都花在构建你的产品、融资、炒作以及参加各种会议上，毕竟，这些事情的重要性远远比不上你花时间去了解的客户。大多数创业公司会失败并不是因为它们的产品无法像它们承诺的那样运行，或者是因为它们没法获得足够的融资以及媒体的宣传，而是因为它们根本就不知道客户想要的是什么，而你做到这一点唯一的方法就是彻底地了解你的客户。

4. 顺应潮流

我特别喜欢那些能够顺应趋势的创业公司，没有什么比你在一波浪潮刚开始的时候就乘上去，然后被这波浪潮推动着一路冲向成功的彼岸更酷的事情了。乘着浪潮就好像在你的身后安装了喷气引擎，你的那家微不足道的公司会被不可思议的力量推动着极速向前。绝大多数成功的创业公司都曾搭上过某种趋势，无论那是技术发展的趋势，比如人工智能、区块链或者基因编辑，还是消费的趋势，比如瑜伽、极限健身或者健康食品。

独角兽猎人总是在搜寻那些能够比所有其他人更早发现某个新趋势，并准备利用这一趋势的企业。拿 Shake Shack 这家快餐连锁企业为例，他们搭上了美味汉堡这一发展趋势，并被一路带到了上市。Stitch Fix（贴切缝制）是另一家引领潮流的创业公司，在运用了非常具有想象力的算法、大数据以及时尚造型师的建议后，它成了能够符合客户的个人品位和需求的服饰搭配专家，之后它会每月直接发货给客户。Stitch Fix 因为引领了极致个性化服装的发展趋势，从而一路走到了上市。类似的案例还有 PluralSight（在线教育网站）。这家公司在确认了软件培训是接下来的一项重大机遇后，随即就将其转变为一项更大的业务。在开设了从 C 语言到 Javascript 语言的 6 000 多门课程后，它的 IPO 融资额达到了将近 20 亿美元，而 PluralSight 的创始人还是在没有风险投资的情况下做到这一点的。

如果一家创业公司能够抢在其他人之前就识别出一种趋势，并承担起市场领导者的角色，那么它不但能充分地利用一个不断增长的客户群体，而且还能够成为媒体的宠儿。媒体人总是在搜寻下一个热点，如果他们发现有一家创业公司正在拓展一条全新的道路，这家创业公司就很有可能成为这一趋势的典型代表。这意味着你将会拥有大量免费的市场营销机会。这对于一家资金紧张的创业公司来讲，没有比这更好的方式去快速地建立起自己的品牌了。

RXBAR（能量棒品牌）就搭上了健康蛋白棒的热潮。当这家公司的创始人彼得·拉哈勒（Peter Rahal）向他的父亲要钱时，他得到的回答是："你应该闭上嘴，先卖掉 1 000 根蛋白棒再说。"这个建议后来被证明是相当睿智的。当时拉哈勒和他的合作伙伴贾里德·史密斯（Jared Smith）用他们手中仅有的 1 万美元创立了这家公司，并开始手工制作健康蛋白棒。这完全是一家靠他们自己的资金运作起来的企业。"我不是一个设计师，但是贾里德和我都知道，我们需要尽快地将产品推向市场。所以我们打开了 PowerPoint（演示文稿）这个办公软件，然后制作了我们能够做到的最好的包装。"拉哈勒说道。

在手上有了第一批蛋白棒后，他们向一些本地的咖啡店和食品杂货店免费供应这些蛋白棒。"我们并不在乎这些。"拉哈勒说道，"我们只希望人们可以马上开始品尝。"缺乏设计师、生产设备以及市场营销预算并没有对他们产生大的影响，因为他们抓住了这一波趋势。仅仅因为喜欢他们的产品，人们开始竞相购买。

"我们知道我们应该是瞎猫撞上死耗子了。"拉哈勒说道。这就是在正确的时间做了正确的事情。他们并没有将蛋白棒和糖等不健康和未知的成分放在一起，而是保持了产品的简洁。在一根标准的蛋白棒的外包装上，他们会用大号的粗体字印刷上其中包含的所有成分："3 个蛋白、6 个杏仁、2 个腰果、2 颗大枣，没有任何其他添加剂。"这引起了客户的共鸣。

市场是如此火爆，以至他们的生产开始跟不上销售。在市场上，他们的蛋白棒一传十十传百，口碑传递的速度远远快于生产规模的扩张速度，而且媒体也非常喜欢他们的故事。他们没有向风险投资进行融资，甚至没有引入任何外来的资金。他们就这样继续干了下去直到家乐氏公司开始介入，并且用 6 亿美元收购了他们的公司。

趋势还赋予了创业公司建立一个社区的机会，趋势之所以会出现是因为人们对于某种东西表现出了激情和兴奋。"我甚至把我的手机号码印刷在了产品包装上。"拉哈勒说道，"当初我只是想确保人们可以找到我，我却因此获得了客户的反馈，这使得我们更快地成长了起来。"你也许并不想把你的私人电话号码印刷在每一件产品上，但是这一做法显示了 RXBAR 的创始人投身于他们的社区的决心。

如果一家创业公司在趋势出现的早期就已经开始介入，那么它不仅能成为事实上的社区核心，还将成为整个市场的领跑者。这家创业公司可以发起活动、举办各种会议、创作有意义的内容、建立一个平台、与客户进行互动、鼓励各种对话，并在此过程中拓展整个市场。如果创始人能把这些事情都做到位，他们就能在客户、品牌以及趋势之间建立起纽带。这将让他们成为真正的市场领跑者，而进入这个市场较晚的竞争者就会被看成抄袭者。

聪明的创始人会把完全掌控整个趋势当作自己的使命，这意味着他们会尽一切可能地去把控趋势发展的方向，并引导趋势朝着一个更加积极的方向发展，最终趋势的形成将等同于这家创业公司的成功。聪明的创业公司还会积极地防范各种丑闻、维护自己的客户、提供各种指导，并以此建立起客户的忠诚度。这家创业公司在趋势中投入的越多，能获得的回报也就会越多。这样的创业公司对投资人来说才是真正千载难逢的机遇。

5. 优秀与卓越

我希望可以在早期就发现某一家创业公司有没有可能成为它所在市场的老大。如果我不相信这个团队有潜力领导他们的市场，那么我对他们的兴趣就会降低。

为什么我会这样说呢？因为这是一个赢家通吃的世界。业务的规模越是容易扩大，拥有最佳产品的公司也就越容易主导整个市场，这是因为每个人都会被卓越的东西所吸引。如果在市场上有两种互相竞争的产品，其中一种产品极其卓越，而另一种产品只是优秀，你会如何选择呢？通常来讲，一款卓越的产品必定会赢。谁会想要一款第二好的搜索引擎、聊天应用、智能手表或者止痛药呢？为什么你要选择一款品质稍次的产品呢？但是需要说明的是，如果一款质量稍次的产品的价格只有质量更好的产品的一半，那么很多人还是会选择低价的产品的。这是因为一款产品的卓越性实际上是其所有属性的综合，而价格恰恰也是产品的属性之一。一加手机（OnePlus）的品质虽然不如苹果手机那样好，但是考虑到价格属性，前者的性价比更高。

卓越的产品会是一个品类杀手，它们会吞下其他人的午餐。这就是为什么谷歌会在搜索上占据主导地位，并且还比与其最接近的竞争对手在公司的市值上高出很多倍。同样的情形也发生在苹果、亚马逊、Facebook、贝宝、Netflix（网飞），以及大多数其他在市场上表现最好的公司身上。在美国，仅次于亚马逊的竞争对手的市值是多少？或者在中国，仅次于微信的第二大社交网络企业的价值是多少？在任何具有高度扩张可能性的业务中，处于第一位的玩家往往都会获得远超竞争对手的客户数量。

有些投资人也许会倾向于避开市场的领头羊，这是因为这些公司的估值实在是太高了，他们会转而投资估值严重折价的后来者。独角兽猎人很清楚这并不是什么明智的决定，也许在当时他觉得很便宜，但从长期来看，市场的领头羊通常会以更快的脚步前行，要不了多久，它们就会把其他的竞争对手都远远地抛在身后。一些平台尤其如此，使用这个平台的人越多，这个平台也就越有价值。

作为一个创业者，如果你的目标仅仅是成为市场上排名第三的企业，那么你还不如现在就放弃。你期望成为第三，如果你幸运的话，你也许会排在第七、第八或者第九的位置，而这实在是一些非常糟糕的位置，在这些位置上的创业公司通常都无法存活下来。如果你不相信自己能够成为市场的领头羊，在你浪费更多的时间和金钱之前还是选择退出吧，你完全可以去选择另外一些你真正能赢的东西。

当 Snapchat 创立的时候，Facebook 早已是网上占主导地位的社交网络了，所以直接硬碰硬并不是一个好的策略。相反，Snapchat 把它的重点放在了移动通信上。在 2010 年，Facebook 在移动市场上还不是一个占主导地位的玩家，这意味着整个比赛的场地还是开放的。Snapchat 把目光瞄准了青少年，因为他们想要一种免费的方式来发短信和分享照片。另外，Snapchat 有一个独有的功能，即它可以让某些信息在一段时间后自动消失，这使得它对于这个群体更具吸引力。Snapchat 不但可以在手机上使用，还可以通过无线网络提供相关的服务，所以没有数据套餐的青少年依然可以使用它。这款移动应用最后让它的投资人成为赢家。Snapchat 是在 2017 年上市的，在首日交易中，其股价飙升了 44%，这使得这家公司的市值达到了 280 亿美元。

如果你浏览不同的产品类别，你总能发现有这样一些公司，它们不但在相关的产品类别中占据了一定的市场空间，而且等同于这个产品类别。比如，当大多数人想到 CRM（客户关系管理）的时候，第一个出现在他们头脑中的名字就是 Salesforce 公司；当人们想到数据库的时候，通常会出现的名字只有甲骨文公司；当人们想到营销自动化的时候，首先会蹦出来的名字只有 Marketo（营销自动化软件）。集客营销早已经被营销自动化公司 Hubspot 所主导；SurveyMonkey 现在是已经是调查行业之王；Zendesk[①]引领了客户支持这个行业；DocuSign 也已经等同于电子签名；而 Zuora（祖睿）则霸占了订用式商务计费的整个市场。我想你现在应该已经有了一个大致的概念。

通过占有相关产品类别的通用名称，市场上的领头羊都获得了一种巨大的优势。它们的品牌认知度更高；它们收获了绝大多数媒体的关注；它们看上去更值得信赖；而且它们还能够提供更多的价值，尤其是当网络效应存在的时候。所有这些加在一起形成了巨大的进入壁垒，使得任何竞争对手都不可能追赶上它们。

另一个关键因素是可扩展性。在高度可扩展的业务里，起点上小小的领先可以迅速地扩大为巨大的领先优势。一旦拥有一款高品质产品的市场领导者开始领先于竞争对手，它就会不断地获得增长的势头。它不仅更容易筹集到资金，而且还能够利用规模经济的优势。它的品牌会变得越来越有价值，而且它还可以通过将越来越多的资源再投资于销售和营销来推动其自身的增长。

我们看到这样的故事在硅谷一遍又一遍地重演，即使竞争对手拿出了更好的产品，这也无关紧要。一旦有一家公司建立了市场领导者的地位，它就有了在市场上回旋的空间。墓地里你随处可见曾经想要替代微

---

① Zendesk 创立于 2008 年，为客户提供基于互联网的 SaaS（软件即服务）客户服务和支持管理软件。

软的个人电脑操作系统公司的遗骸，苹果公司也差一点成了其中之一。如果不是因为史蒂夫·乔布斯重新执掌了苹果的大权，并且将整个公司转向了在线音乐，或许现在苹果也已经破产了。这一根本性的转变拯救了这家公司，并为 iPhone 的出现开辟了道路，而 iPhone 又反过来促进了苹果电脑的销售。事实上客户并不想更换他们正在使用的产品的供货方，而且只要有可能他们就会紧随市场的领导者。这就是为什么像阿里巴巴和亚马逊这样的巨人会变得越来越强大，它们在持续地吞噬市场份额，而与此同时它们的竞争对手却只能挣扎求存。对于一家创业公司来讲，优秀是永远不够的，你需要变得卓越。所以我想问你一个问题，你的产品极其卓越吗？如果不是，那么就像史蒂夫·乔布斯做过的那样，现在就是你重新开始的时候。

6. 你的秘诀是什么？

我很喜欢问创始人一个问题："你的秘诀是什么？"我想知道是什么让他们的创业公司如此与众不同。如果他们回答："我们的产品很像 X 产品，但是我们有这个非常惊人的功能。"我的心就会沉下去。我并不在乎这个功能有多么惊人，我想知道是什么使得他们的创业公司如此不可思议，以至他们将重新定义产品的类别。我还想要看到某种非常独特的东西，它能将这家公司与所有其他的企业区分开来。这才是市场的新进入者获得突破的唯一途径。

仔细听好了，我需要你们能弄清楚这一点。对于一家创业公司来讲，只有两种方法能够撬开一个市场。如果这家创业公司没有按照这两者之一去做，它将永远无法取得成功。这两种方法是，要么你有比竞争对手好出很多个数量级的产品，要么你和其他人截然不同。

让我们从假设你有远比其他人更好的产品开始。想要真正超越竞争对手，你的创业公司必须进行创新，这样你才能让你的产品对客户有远高于其他产品的价值，并让你的客户放弃他们当下正在使用的产品。人们并不喜欢改变自己的习惯，没有人会想花时间去学习某种新的东西。市场存在巨大的惯性。让客户放弃一种产品，然后去尝试另一种产品的最好方式就是，让他们觉得自己已经无法忍受现状了。

苹果就是这样推出 iPhone 的。iPhone 要比当时市场上的任何手机都要好 10 倍以上，它的用户体验击败了所有的竞争对手。尽管苹果之前从来没有生产过任何受到市场追捧的手机，但就是这样一家公司从一些树大根深的老牌企业，如诺基亚、摩托罗拉以及黑莓的手中夺取了市场份额。

同样的情形也曾发生在谷歌身上。谷歌的搜索引擎远比仅次于它的竞争对手好，它提供了用户想要但之前没法从其他搜索引擎上获得的结果。也正是这一点使得谷歌飞速地超越了所有的老牌玩家，并把雅虎、Infoseek、Alta Vista，以及其他的对手都远远地抛在了身后。如果谷歌当时的产品只是稍稍优于它的竞争对手，就不会有今天的谷歌。

即时通信软件 Skype 则是另一个例子。它并不是 VoIP（网络语音传递）技术的发明者，这项技术在当时已经存在了好几年，但是那些老牌的通信企业没能看到市场对这种技术的需求。这些通信企业当时拥有对市场的绝对垄断，并且可以向客户收取高得离谱的长途电话费用。就是在这样的背景下 Skype 出现了，当时它提供的长途电话的通信质量要比那些传统的通信公司的差很多，而且它还需要使用专门的软件，甚至不支持普通的电话机，人们还必须有一台电脑才能使用它的服务。那么 Skype 是如何获胜的呢？它通过提供免费长途电话服务赢得了最后的胜利。对于很多客户来讲，尤其是那些需要打越洋长途电话的客户，Skype 的服务比起传统的通信服务实在好太多了。他们之前需要花一大笔钱给家人和朋友打长途电话，为了省下这笔钱，他们几乎愿意付出任何代价。因此，在和那些大型企业竞争的过程中，Skype 几乎没有遇到任何阻力。

如果一家创业公司无法向客户提供远超其他竞争对手的价值，它就需要提供某种截然不同的东西。换句话说，需要向客户提供他们无法从其他地方获取的价值。让我来给你举几个例子。当一家名为 Slack 的创业公司推出其服务的时候，市场上已经有了很多即时通信服务公司。Facebook 的桌面窗口聊天客户端 Messenger、Snapchat、Instagram 以及社交通信软件 WhatsApp 当时已经主导了整个市场，而其他的即时通信服务软件就像被打死的苍蝇一样不断地跌落下来。但这一切都没能阻止 Slack，它不但存活了下来，而且还成长为硅谷最顶尖的独角兽之一。

那么这一切是如何发生的呢？ Slack 当时使用的技术和其他的玩家并没有什么不同，但是它向客户提供了完全不同的价值。Slack 从一开始就不是一款个人即时通信工具，它瞄准的是企业用户，并且从底层开始就被设计成一种业务协作的工具。它并不是在 Facebook 的 Messenger、Instagram 或者 WhatsApp 上添加了某个额外的功能，它是一款真正的商务工具。大多数人把 Slack 和他们的个人即时通信软件放在一起使用，所以它根本就没有与那些老牌的个人即时通信软件竞争，因为它提供的是一种完全不同的核心价值。

另一家因为与众不同而赢得市场竞争的创业公司叫作 Affirm，这是一家消费金融公司。当马克斯·拉夫琴（Max Levchin）创立这家公司的时候，对于美国的消费者来讲，在市场上早就有了很多支付和融资的选项，包括维萨卡、万事达卡、发现卡、贝宝、eCheck，以及其他各种各样的借记卡。零售商对于在支付方式的清单上再添加一家公司并没有兴趣，另外消费者也没有这样的需求。Affirm 是如何撬开这个市场的呢？它向消费者提供了一种所有其他的竞争对手从来没有想到过的选项——一种非常简单而优雅的支付方式，即当你在线购物时，你可以选择按月分期付款。这在本质上是一种贷款，只不过贷款的利息被包含在了一个非常容易把握的支付计划中。这一创新就像野火燎原般迅速地发展起来，而 Affirm 也因此成长为一家非常健康的独角兽企业。

在分析了足够多的技术创业公司之后，你就会发现，如果创业公司无法提供真正卓越的产品，或者做到与众不同，那么想要撬开某个品类的市场，并成长为独角兽企业将会是一件非常困难的事情。这就是为什么你应该仔细地审视你的创业公司，然后问你自己一个问题："我们的秘方是什么？"如果你还没有一个秘方，你最好马上就开始着手解决这个问题。

7. 简化商业模式

以下是我关于商业模式的 10 分钟 MBA 课程。实际上只有两种真正行得通的商业模式：（1）客户直接付钱给你；（2）广告商付钱给你。所有其他的商业模式都是这两种模式的子集。

让我们从客户直接付钱给你的商业模式开始讨论。要让这一模式能行得通，客户在使用你的产品或服务的整个生命周期中支付给你的平均费用必须显著高于平均获客成本和货物成本之和。利润率越高，你的企业也就越健康。当投资人看到了丰厚的利润与一个庞大的市场结合在一起的时候，他们就会排着队来和你交易。只要风险投资公司能清晰地看到在将来有一条可以通往高利润的道路，它就不会在乎一家创业公司是否会在短期内亏损。通过现在就把钱投入一家创业公司，它实际上是在押注这家创业公司会成为相关市场的领导者，并最终变成一棵摇钱树。

我们都听说过所谓的病毒式增长，但是在现实中，很少有产品能够像病毒一样增长。在企业发展的某个时间节点，几乎每一家创业公司都必须拿出一笔相当大的市场营销预算，这样它们才有可能在早期用户之外进行扩张。但是客户的获取从来就不便宜，任何一家创业公司都需要从每一个客户身上赚取利润。有两种方式可以做到这一点：一种是创业公司向客户收取一次性费用，并用这笔钱来推动企业的增长；另一种是创业公司在一个更长的时间段里向客户收取增值服务费。

非消耗品通常都会采用一次性的售卖政策，其中的问题在于客户只需要支付一次性费用，然后所有的事情就到此为止了，你再也没法收到更多的钱。比如售卖沙发、割草机或者吹风机就是很好的例子。客户付钱给你购买产品，从此你再也得不到有关于这个客户的任何信息，除非你的产品出了什么问题。对于一家创业公司来讲，这是一种次优的商业模式。你花费了很多成本来获取一个新客户，然后，除非你有了某种新产品可以售卖给这个客户，否则他就再也不会支付给你哪怕一分钱。对于创业公司来讲不断地开发并在市场上推出新产品是一件成本极其高昂的事情。一次性售卖的商业模式更适合于那些已经有了一定知名度的品牌，因为它们已经拥有了品牌的知名度、强大的分销渠道、长期的市场营销合作伙伴以及规模经济。

即使一家创业公司开发出了一款与市场上其他产品都截然不同的新产品，它的竞争对手也很快会效仿，并通过降低售价来获取市场份额。

我们在消费类电子产品上就看到过这种现象，这是一个竞争非常残酷的商业领域，因为低成本的复制品会不断地压低价格。这就是为什么从事硬件的创业公司日子会过得如此艰难。除非它们拥有竞争对手无法复制的专利技术，或者非常高的进入壁垒，否则它们的利润很快就会被侵蚀，这样一来，它们就不会有钱来打造自己的品牌并拓展相关的业务。

让事情变得更加复杂的是那些抄袭者的动作会越来越快，并且越来越聪明。在今天这个高度互联的世界里，如果有一款产品获得了非凡的成功，在几个月内大量的克隆体就会出现在市场上。我就亲眼看到过这样的事情。一家创业公司花了一年或更长的时间进行创新，推出了一款非常酷的新产品，那是一种极其新颖的小玩意，然后它把这款产品放在了 Kickstarter 或者 Indiegogo 上进行融资，并希望以此来提升它的知名度，但最后发现抄袭者在很短的时间里就以一个更低的价格在市场上开始销售同样的东西。出于这个原因，聪明的投资人往往会刻意回避那些采用一次性售卖模式的公司。这种业务做起来确实很艰难。

相反，独角兽猎人喜欢专注于那些拥有一个强大的可持续收入模式的创业公司。他们并不在乎你从事的是什么业务，你的业务可以是软件、硬件、食品、医药、交通，或者任何其他的行业。真正重要的是这家公司是否能深度地将用户变现。下面让我们先来看一下四种非常受欢迎的将用户变现的方式：订阅、易耗品的销售、产品功能升级收费、平台。

◎ **订阅**——订阅模式被客户接受之后，这实际上能为企业提供一个稳定的、可预测的收入来源。投资人很喜欢这种模式，因为他们能够很容易地从过去的数据中推断并预测未来的增长。大多数的订阅模式都是按月或者按年进行收费的。和一次性的售卖模式不同的是，客户在开始阶段支付的费用很低，甚至有可能是免费的，这意味着客户可以在几乎无须承担任何风险的情况下试用相关的产品，并以此来判断他们是否真的喜欢这款产品。这种模式的美妙之处在于，随着时间的推移，即使是相对很便宜的月费或者年费，最终全部加在一起也远远超过一次性的大额购买。这种模式有一些很好的例子，比如 Zendesk、GitHub、New Relic 以及 Domo。[①] 这些公司都是从事企业 SaaS（软件即服务）的独角兽企业，而且都采用了一种非常健康的订阅模式。实际上这一模式也同样适用于消费品和服务，具体的例子有威瑞森、Netflix 和美元剃须俱乐部。

◎ **易耗品的销售**——销售易耗品可能是这个世界上最赚钱的生意了，因为一旦顾客认准了某个品牌，有时候他们甚至一辈子都只购买这个品牌的产品。无论这种易耗品是某个品牌的除臭剂、某一家非常受人欢迎的连锁餐饮，还是游戏中的某种道具，这种模式比一次性的销售模式更容易扩张。一些为人们所熟知的例子包括：辉瑞制药的降胆固醇药物、好奇纸尿裤以及善存多种维生素片。我自己就非常喜欢这种模式，尤其当某种易耗品与一种价格较高的一次性销售产品捆绑在一起的时候，例如，与索尼的游戏机系列 PlayStation 配套的游戏、克里格咖啡机专用的胶囊咖啡、

---

① GitHub 是一个面向开源及私有软件项目的托管平台，于 2008 年 4 月上线。New Relic 是一家数字智能公司，为全球企业提供全堆栈可见性和数据分析。Domo 设计并提供了一个高级执行管理平台，并把这个平台作为一种服务提供给企业，以帮助企业的管理人员管理他们的业务。——译者注

惠普打印机的喷墨以及博朗电动牙刷的替换刷头等。一旦客户购买了那款价格较高的产品，在心理上他们就已经与配套的易耗品捆绑在了一起。

◎ **产品功能升级收费**——一家公司向其客户销售额外的附加产品或者新增功能时，就可以采用这种模式。比如，你下载了一款手机应用，但是你得支付一笔一次性的费用来解锁这款应用上的某些高级功能。对于大多数的产品，我并不推荐用产品功能升级收费的方式将你的客户变现。这里的问题在于，绝大多数的产品并没有那么多可供升级的高级功能，所以你的收益也将止步不前。但是对于某些产品，比如卡牌游戏，这种模式却具有不可思议的魔力。例如，像《万智牌》（*Magic the Gathering*）这样的卡牌游戏就能提供一种几乎没有极限的产品功能升级，这也使得这款产品成了真正的摇钱树。

◎ **平台**——创建一个平台可以说是一种最强大的商业模式，因为这种模式很适合规模化。平台通常会从每一笔交易中抽取一个很小比例的提成，在客户的生命周期内，这些小笔的费用会随着交易数量而不断增加。最终这些业务就会逐渐地转变成提款机，并汇聚成极其可观的利润。更妙的是，这种模式不容易被复制。让买家和卖家转移到一个新的平台上进行交易是一件极其困难的事，只要有某一家公司达到了一定的体量，网络效应就会开始起作用。这意味着在平台上进行交易的买家和卖家越多，这个平台对于每个人的价值就越大。一旦有某个平台如亚马逊、阿里巴巴的淘宝网、易贝或者爱彼迎取得了市场的支配地位，其竞争对手就会发现，再想要追赶上它们将会是一件几乎不可能的事。

现在让我们来讨论一下第二种主要的商业模式：广告。广告模式想要能行得通一般需要符合两个基本条件：第一个条件是大量的用户。绝大多数在线广告的价格都很低，这意味着在广告模式开始为企业带来大量的营业收入之前，创业公司必须首先拥有数百万活跃用户。第二个条件是用户的高参与度，用户的留存率越高，在网站上停留的时间越长，企业的营业收入就越高。Facebook 和其他的社交网络是适用在线广告商业模式的完美案例。

当用户的数量不多，或者用户没有进行深度参与时，广告模式就会崩溃。曾经有一位创业公司的创始人这样对我说："我打算采用广告模式。"但是当我问他一个普通的用户使用他的应用的频率是多少时，这个创始人估算了一下说大概每两周一次。我不得不告诉他这个模式应该不适合他的公司。如果他的用户无法做到每周多次地使用他的应用，想要依靠这种模式发展出一家大型的企业就会是一件很困难的事。广告模式很简单，但是只有一小部分创业公司适合这个模式。这样的企业通常是具有大众影响力的媒体以及社交媒体初创公司。如果一家创业公司并不属于这一类别，广告模式就不适合它。

总结我上面的 10 分钟课程，我想说的是没有唯一的最佳商业模式，关键还是在于业务本身以及客户的需求和愿望。很多创业公司在为它们的产品挑选合适的商业模式之前，都会尝试各种不同的模式。但对于投资人来讲，只要创业公司能将它的客户深度变现，赚取可观的利润，并扩大业务，具体采用哪种商业模式其实并不重要。毕竟以上的这些关键点才是真正重要的。

8. 商业模式的模仿

在优步以其创新的商业模式成为媒体的头条后，在几个月的时间里硅谷就有很多家创业公司将它们的商业计划进行了"优步化"，或者换句话说叫作"共享化"。很快就出现了共享洗衣、共享洗车、共享家政、共享停车以及共享按摩，甚至还有共享冰激凌。每一家创业公司都想照搬优步的秘方，然后将其应用在另外的业务线上。只要在你的智能手机上按下一个按钮，各种不同的服务就会像魔法一样出现在你的眼前。不幸的是，这些创业公司中的绝大多数现在都倒闭了。

从表面上来看，模仿成功的商业模式确实是一种很不错的做法，但这样的模仿很少能获得成功。原因在于，两种业务从表面上来看似乎很相似，但是当你做更深入的探究时，你就会发现两者在本质上是不同的。缺少一个元素就可以让整个模式完全崩塌。在优步的案例中，共享模式能如此成功，不仅因为它能给用户带来方便，还因为它有着如下这些特征：

◎ 有经常性收入流。

◎ 客户会反复多次地使用该产品，并且客户的参与度非常高。

◎ 客户的生命周期价值要比获客成本与服务本身的成本之和更高。

◎ 通过将司机和客户进行配对，优步创造了平台网络效应。

◎ 你很难绕过优步公司和司机直接联系。

◎ 提供了比传统出租车更好的服务。

◎ 客户可以很容易地就司机和相关服务的问题向优步公司提供反馈。

◎ 拥有良好的用户体验。

正是以上这些元素的综合才使得优步成为一家估值如此之高的创业公司。把这种模式照搬到其他服务业上，比如家政和按摩业，你很快就会发现漏单和客户留存将是这些行业的创业公司遇到的一个很麻烦的问题。而那些想尝试用优步的模式按需配送冰激凌、提供洗车服务或停车服务的创业公司也会发现，为个体提供服务而获得的经济效益根本无法支撑公司的运营。尽管有很多这样的创业公司获得了大量的融资，结果却都一败涂地。

类似的事情也发生在瓦尔比派克眼镜公司直接面向客户的商业模式上。瓦尔比派克眼镜公司在网上向客户直销眼镜，可以说它在这方面做得非常出色。在看到了它的成功后，数百家抄袭者试图将同样的模式用在销售箱包、家具、珠宝、牙刷、胸罩、袜子、卫生棉等产品上。几乎每个消费品类中都会有一个创业者想通过建立他自己的在线品牌，从而从那些更加知名的品牌手里抢走客户。

其中有一些获得了巨大的成功，我们在前面提到过的美元剃须俱乐部就采用了订购的模式在线销售男士剃须刀，它也因此走在了所有抄袭者的前面。这家经营个人美容产品的公司通过利用时髦的形象、网上的热播视频以及低廉的价格获得了高速的发展，最终以 10 亿美元的价格卖给了联合利华。经营其他品类的创业公司就没有这么幸运了，它们中的大多数到现在还在挣扎求存，或者已经倒闭了。它们到底哪里出了问题呢？当所有的创业公司都采用了相似的策略时，为什么有些成功了而有些失败了？它们每一家都创立了一个能吸引千禧一代的时尚品牌，设计了很酷的产品和包装，并且还充分利用了社交媒体和网络热门视频。

原因很简单，并不是所有的产品品类都是完全相同的，每一个品类都有其独有的市场规则。在瓦尔比派克眼镜公司的案例中，眼镜市场一直被陆逊梯卡（Luxottica）眼镜制造及销售跨国集团主导，这个集团拥有绝大多数的顶尖品牌和连锁零售店。这种近乎垄断的状态使得陆逊梯卡公司的产品能够获得相当高的溢价。瓦尔比派克眼镜公司在向客户提供同样时尚的产品的同时大幅降低了价格，此举颠覆了原来的市场。更低的价格鼓励了消费者每年更换自己的眼镜，而这意味着他们会购买更多的眼镜，从而更进一步增加瓦尔比派克眼镜公司的经常性收入。

美元剃须俱乐部也采用了类似的做法。吉列公司在当时已经完全主导了剃须刀的市场，并且同样对其某些产品提高了销售价格。但是，通过打折销售品牌刀片，美元剃须俱乐部不但成了吉列的主要替代品，而且还向客户提供了更多的价值。它的客户再也不用担心刀片会用完。该公司每月都会给客户发邮件提醒，而这种订购模式使得它能够锁定客户，并且还可以在一个相当长的时间段里逐步将客户变现。另外，这样的做法让它可以花更多的钱在客户的获取上，从而创造一个不断增长的良性循环。

很多其他的市场并不具备上述特性，这也是为什么那些市场上的创业公司举步维艰。如果在线下商店的货架上早就有了数十种不同价位的产品，对于创业公司来讲，进入这样的市场并试图把自己与竞争对手区分开来就会是一件很困难的事。例如，在当下的市场上早就有了品类繁多的各种价位的内衣和牙线可供选择，只是简单地添加另一个选项并不会起什么作用。这个新的选项或许有吸引人的外观，甚至还采用了方便的订购模式，但是这些通常无法让客户放弃他们已经熟知并信任的产品。

这就是为什么我要提醒创业者，不要简单地选择某一种商业模式，然后不加权衡地直接采用该模式来运营自己的公司。如果你跑得太快却没有注意到自己在朝哪个方向前进，你就有可能被绊倒并狠狠地摔一跤。在你判定照搬其他人的商业模式是一条正确的道路之前，你需要对市场以及形成该商业模式的所有因素进行深入的分析。有时候，当你脱口而出"我们就是销售水笔的瓦尔比派克公司"的时候，也许你会很容易因此而获得融资，但是你必须小心，你们真的是一样的吗？

9. 锁定客户

独角兽企业有一个共同特征，那就是它们都拥有把客户锁定在长期关系中的能力。这种关系越牢固，竞争对手抢走它们的客户的难度也就越大，从而带来更高的利润率以及长期的增长。

锁定客户通常意味着让客户将他们的时间和资源投入你的产品和服务中。一个很好的例子是社交网络，客户参与得越多，该网络的价值也就越大。当用户在社交网络上邀请朋友、建立关系、上传照片和视频、创建自己的页面、组建交流群组以及开展各种业务时，他们实际上是在进行投资。如果用户选择离开这个社交网络，他们就会失去之前投入的所有资产。结果是他们将不得不承担高昂的转换成本，而这很可能成为竞争对手进入这个市场的巨大壁垒。

这一点不仅对于社交网络是适用的，对于很多成功的独角兽企业也同样适用。这些独角兽企业已经围绕它们的产品建立了完整的生态系统，这就使得用户更换产品成了一个很痛苦的过程。拿美国博客平台运营商 Automattic 为例，这家公司目前正在运营世界上最为成功的博客平台之一 Wordpress.com。一旦客户选择了 Wordpress.com，他们就会开始上传内容并建立自己的页面。这种在时间和创造力上的投资可以把客户和平台紧紧地捆绑在一起。另外，客户还能在平台上接触数以千计的第三方插件和主题。他们使用 Wordpress.com 上的插件越多，最后离开的难度也越大，因为这些插件在其他的平台上并不一定可用。

　　锁定客户的一个常见判定标准是你是否能让客户把他们的时间投资在你的产品或服务上。对于软件产品，用户通常会首先花时间学习如何使用它，然后再对其进行定制，接着就是让这款软件与他们的工作流程和生活成为一体。这就使得切断未来的联系变得越来越困难。拿为中小型企业提供一站式营销自动化服务的 Hubspot 为例。一旦某家企业购买了 Hubspot 的生态系统，它就会利用这个系统来部署自己的内容，吸引客户并与客户互动，管理各种关系以及发展它的业务。等到它把 Hubspot 与它的工作流程集成，到时你再想要让它迁移到另一个平台上就会是一件很困难的事了。

　　对于世界上大多数的大型软件公司来讲，它们的利润率如此之高的原因就在于它们锁定了客户。微软用它的 Windows 操作系统做到了这一点；思爱普用它的企业资源规划以及商业服务来做到了这一点；甲骨文用它的数据库管理系统做到了这一点；Zendesk 用它的集成化客户支持解决方案也做到了这一点。

　　无论你采用了上述的哪个平台，退出都会非常困难。因为软件的触角可以渗入企业的业务流程和组织架构中，想要解开这种捆绑，你所需付出的代价已经大于其他的竞争产品可能会给你带来的好处。这就确保了在今后很长的时间里，这些平台可以始终维持很高的利润率，而这一点正是所有的投资人都乐意看到的。

10．硬件还是软件？

　　经常会有人问我，投资人更喜欢从事硬件的创业公司还是从事软件的创业公司？几乎每一次我的答案都是软件会比硬件更受欢迎。我这样回答有好几个原因。首先，硬件的开发一般会很困难，大多数首次创业者都不会意识到在市场上推出一种新的硬件需要承受多大的风险。硬件和应用不同，后者你可以不断地对其进行调整和改善。而硬件一旦开始投入生产，成本很可能就会上升，而且出现一次失误就足以让一家缺乏现金的创业公司倒闭。这就是为什么我们在 Kickstarter 和 Indiegogo 这两个众筹平台上可以看到有那么多的硬件项目正在进行融资，但几乎看不到有哪个项目最后发布了它的产品。那些毫无经验的创始人常常低估了他们所需要的时间、金钱以及项目的复杂程度。

如果创业公司能够在早期得到专家的帮助，有些风险是可以降低的。Indiegogo 正开始转向这种模式，它会为创业者请来一些在工程设计、制造以及分销方面的专家。这种做法确实对创业者很有帮助，但这只是他们需要克服的第一个障碍，如何让企业开始赢利才是真正困难的部分。

我对于硬件会感到犹豫的另一个原因是，单凭硬件很难锁定你的客户。在客户购买了一件新鲜玩意后，他们通常会消失。除了在最初购买你的产品时他们支付的那笔费用，你和他们之间不会有持续的关系，而且他们对你的产品也不会有更进一步的投入。没有了这样一层关系，创业公司必然会遭遇到一系列的困难。比如，它们无法将客户变现，无法就未来的产品或者不同的组件对客户进行追加销售，并且还无法从客户那里获得任何反馈。解决这个问题的最佳方法就是用软件将硬件和互联网连接起来。这就是为什么现在有很多人对于物联网会如此热衷。所有人都认为物联网将改变一切，它可以给予硬件和软件同样的力量。

但是，尽管有很多围绕着物联网的炒作，但成功的故事相对较少。这是因为绝大多数的创业公司要么擅长硬件，要么擅长软件。我几乎没看过有哪家创业公司同时精通这两方面，而如果一家创业公司在某一方面没能做好，它的产品也将无法兑现承诺。这必定会导致更长的开发时间、更高的成本，以及在开发的过程中会有更多的通用部件被搞砸。

消费物联网没有像人们预言的那样得到飞速地发展，其中的另一个原因是，大多数人对于和他们的面包机、微波炉或者恒温器建立持续的关系并不感兴趣。另外，很多物联网设备要比它们正尝试替代的产品更难使用。除了电子设备狂之外，没有人想学习如何与一种新的设备互动，除非这种设备能够比现有的解决方案提供更重要的价值。如果这种新设备没有什么非同寻常的功能，学习使用这种新设备又有什么意义呢？谁会想下载一款新的应用并重新去熟悉一种全新的界面呢？最好的设备往往是那种不需要经历学习曲线的设备，所以物联网在当下依然还有一段路要走。

从前，很多人都在热烈地探讨 Nest 这家智能恒温器创业公司将如何为进入互联家庭的各种设备提供一个门户，这也是谷歌当初会以 32 亿美元的价格收购这家创业公司的原因。在这次收购发生后，风险投资也开始向消费物联网初创企业投入资金，因为它们认为这些企业很可能会成为一只会下金蛋的鹅。但很不幸的是，大多数的蛋最后都烂了。甚至连 Nest 也没有达成谷歌当初的期望，它在市场上的业绩一直表现不佳，对客户的深度变现以及与客户的互动也从来没有真正实现。

不过亚马逊的智能音箱 Echo 却成为一款真正获得突破的智能家居产品，它原本只是一款声控音乐点播盒，但现在它已经扩展成为一个被称作 Alexa 的家庭语音平台，并且还拥有了一个由应用和相关开发人员组成的完整的生态系统。Alexa 和其后续的产品向用户提供了非常重要的价值，包括通过语音控制访问网络上几乎所有的内容。谷歌的母公司

Alphabet、阿里巴巴、微软以及无数其他的公司也纷纷推出它们自己的竞争产品。

即使 Alexa 以及其他对其进行克隆的产品在市场上取得了成功，但想要让物联网变现依然是一件很困难的事。让人们为订阅或消耗品付费并不是一件简单的事。你不可能简单地把这两种模式应用在联网的设备上。实际上，任何商业模式都应该提供价值。如果随着时间的推移重要的价值无法累积，采用订阅模式就没有任何意义。谁会愿意为了使用真空吸尘器、智能门锁或者智能吹风机而按月支付订阅费呢，更不用说只是为了使用能够互联在一起的电灯泡或者马桶了。

在企业应用方面，事情看起来就比较乐观了。工业物联网通过将硬件和软件结合在一起已经解决了一些非常关键的应用问题，并且已经可以向大中型企业提供非常重要的价值。随着制造商、物流运输公司等企业开始采用物联网，这个领域也将变得越来越有前景。如果创业公司能够发现其中一些困难的业务问题，并且通过把硬件和软件结合在一起给出某种解决方案，它们就会有机会创造出一种可以扩张的模式，并以此来获得风险投资的青睐。

当某种硬件能够让一家创业公司进入一个全新的市场，并且抢在所有竞争对手之前占据市场的领导地位时，这种硬件是具有极高的价值的。我认为硬件就像是特洛伊木马，如果它能够成功地说服客户把一款产品带进自己的家门，并且这款产品的内置软件还能够悄悄地接管客户的很多日常应用，这样的软硬件组合就必定能够赢得投资人的青睐。

11. 什么时候专利才是重要的？

我曾经和创业公司的创始人对于专利的价值有非常激烈的讨论。没错，我知道像高通、3M（明尼苏达矿务及制造业公司）以及英特尔这样的公司是依靠它们不可思议的专利组合建立起市场主导地位的，但是对于大多数的创业公司来讲，尤其是软件创业公司，我相信绝大多数的专利都是毫无价值的。只有极少数的专利非常有价值。在我仔细地观察那些创业公司，并且深入地挖掘它们的专利组合后，我常常会感到非常失望。因为一家创业公司已经申请了 10 项专利并不意味着这些专利是有用的或者有效的。任何人都可以申请一项临时专利并且获得批准，但真正重要的是某项专利如何让企业在面对竞争对手时可以拥有显著的优势。

让我们先来看一下可穿戴技术公司 Jawbone，这家公司生产了蓝牙耳机、无线音箱以及健身追踪器。它从投资人那里拿到了 9 亿美元的融资，并且还拥有涉及面相当广泛的专利组合。尽管它是这个市场的早期参与者，而且还申请了数百项专利，但最终因为质量控制问题、生产问题以及糟糕的产品设计而破产了。Jawbone 曾试图通过对萤比健康科技提起专利诉讼来自救，但是在这件事上即便圣母玛利亚也帮不上什么忙。事实上，想拯救一艘正在沉没的船仅仅依靠专利几乎是不可能的。

当我对专利进行分析时，我总是会这样问我自己：这项专利是否真正构成了进入壁垒？如果想在市场上开展业务，这项专利是否是必需的？这项专利是否可以被用来阻挡你的竞争对手，或者向对方收取专利许可费？如果想要绕开这项专利，在具体的操作上会有多难？在我能判断这项专利的真正价值之前，我需要知道这些问题的答案。

另外，获得一个无与伦比的专利组合是非常昂贵的。首先研发出一种很强大的专利需要有足够的时间、研发人员以及资金。另外雇用专利律师也是一笔很大的开销。大多数早期的创业公司根本没有什么资源来承担上述这些成本，而且即使它们有足够的资源，其收益往往也需要数年才能看得到。通常，等到专利生效的时候，这家创业公司要么已经成功了，要么早就破产了，所以专利对于创业公司的成败的影响很小或者几乎没有。

即便专利可以很快地得到批准（当然在美国通常不会有这样的事情出现），大多数创业公司也没有钱来实施它们的专利。专利诉讼既昂贵又费时，诉讼很有可能会在法庭上纠缠数年。对于创业公司来讲，最佳的方案就是与其他的公司就专利达成交易从而避免诉讼。

基于上述原因，我认为，对于绝大多数早期的创业公司来讲，把它们的时间、金钱和资源用于建立自身的业务而不是花在申请专利上会是一个非常明智的决定。大多数创业公司之所以会失败并不是因为它们缺少专利，而是因为它们从来就没有从一开始就想明白什么样的商业模式对它们是最适合的。即使一家创业公司有非常实用的专利，如果这家公司破产了，这些专利通常也只会被贱卖或者转交给债权人。

这就是为什么聪明的风险投资人通常会避开那些有很多专利却没有真正商业模式的创业公司。如果一家创业公司唯一能够行得通的商业模式就是专利授权，一般来讲它就不是一个好的投资对象，因为靠专利授权的公司很少能成为一家独角兽的企业，这样的企业通常都很小。仅依靠专利授权的企业与那些用真实的产品解决真实问题的企业相比，前者的业绩往往不如后者。如果你仔细观察为什么独角兽企业会有如此高的估值，你可以肯定地说，这和它们是否拥有专利完全没有关系。它们的估值主要取决于它们的市场领导地位以及增长的潜力。

WhatsApp 就是一个很好的例子。当这家即时通信创业公司被 Facebook 以高达 190 亿美元收购的时候，所有人都震惊了，按照《今日美国》的报道，这是近十年来第四大的科技收购案。甚至更让人惊讶的是，WhatsApp 并没有给 Facebook 带来什么专利。虽然这家初创公司将其 100% 的精力都投入了产品的开发中，却选择不寻求专利保护。这是因为专利并不能给它带来更多的价值，只有快速地增长才会有更高的估值，而 WhatsApp 的创始人从未将他们关注点从这一点上挪开。

我并不是说申请专利对于一家创业公司来讲不是什么好主意，有些专利还是非常有价值的。对于那些发展资本密集型业务和新核心技术的创业公司来讲，比如在半导体、新材料、医疗设备、机器人、制药、农业科技、太空科技以及生物科技等领域，专利技术可能是极为关键的，并且完全值得投入大量的时间和资金。很多这一类的专利来自大学、研究中心以及大型企业，因为开发这些技术的成本非常高昂，而且研发时间长。这些类型的专利常常具有颠覆整个行业的潜力，所以尽早地对相关技术申请专利可以带来截然不同的结果。

这样说吧，通常一家利用自有资金进行创业的公司基本上没什么钱，也很少自己开发新的核心技术，所以在早期就申请专利几乎没有任何意义。即使一项专利在将来可能会带来相当不菲的专利授权费，这对于一家还处于早期的创业公司也并不会有什么帮助，毕竟这一切都需要归结于细致的成本效益分析。我的观点是，创业公司不能自以为投资人想要看到它们拥有很多专利从而盲目地去申请专利。这种做法也许能糊弄一些没有经验的投资人，但无法糊弄你真正想要吸引的投资人。

对于绝大多数的创业公司来说，什么才是最佳的专利策略呢？我的建议是，没有新的核心技术且依赖自有资金的创业公司可以首先专注于验证并构建自己的商业模式，专利申请可以等到将来再说。在绝大多数的情况下这一点才是最重要的。一旦创业公司找到了与其产品相匹配的市场，并且已经准备好扩大企业的规模，它就应该开始严肃地考虑专利申请的事宜了。这应该是长期知识产权策略的一部分。企业的规模越大，与专利相关的事务也就更加重要。只有当你的业务规模扩大了以后，企业才会有更大的能力将更多的资源投入专利以及防御性的知识产权开发。

12. 硬性地套用（不一定适用的）技术

我看到过有很多创业公司抓住时下最热门的技术，然后毫不犹豫地粘贴到它们自己的商业计划中。例如，当人工智能（AI）成为网上的一个热搜词时，每一家拥有某种算法和数据库的创业公司都会突然间开始拼命地向投资人、客户甚至媒体推销其人工智能技术。在大多数情况下，这些创业公司实际上并没有改变它们当下正在从事的业务，它们只是利用这些最新的流行语给自己的企业做了一次快速的"美容"。在每一次类似的炒作周期的顶部，都会有很多单纯的投资人在没有真正地理解有关的技术，或者仔细地去了解这些创业公司的业务基本面的情况下，就豪爽地跟风进行投资了。

但是当一家创业公司试图将一项热门技术硬塞进一个并不适用的商业模式中时，甚至还可能会出现更加糟糕的情况。这样的事情发生在区块链开始流行的时候。所有人，其中包括一些投资人，都在吹捧区块链将是一个比互联网更大的机会，它将改变世界上的每一项业务。很多创业者迫不及待地想赶上这一波浪潮，纷纷开始用区块链的概念来推动各种可能的业务，包括社交网络、拍卖、电影、电子商务、搜索等。他们的论点是，只要使用区块链技术，他们就有可能在以后的竞争中超越那些老牌的对手。但是在大多数的情况下，这只是一厢情愿的想法罢了。

下面是我与一家创业公司的创始人在区块链最为疯狂的时候的一段对话。

"我应该用区块链来创建我们的在线租赁平台吗？"

"你为什么会有这样的想法？这项技术可以让你在面对爱彼迎或者 Home Away[①] 时更具竞争优势吗？"

"我不知道。"

"这项技术能够为用户带来额外的价值吗？"

"不一定。"

"这项技术能够让你的项目更容易实现，或者提供一些额外的功能吗？"

"事实上，它会让项目的实施变得更加困难。"

现在你应该可以知道这样的对话会走向哪里，这个创业者根本就没有想清楚。他只不过是想从那些容易上当受骗的投资人那里拿到融资，而无视了这项技术是否适合他手头的项目。对我来说，这不但是一笔很糟糕的生意，而且还是很不道德的。强行套用某种完全不适合的新技术不是一种成功的策略。在当下，中心化的数据库依然还能够为大多数的互联网应用提供动力，其根本的原因就在于它能够满足客户的需求。除非去中心化的区块链在某些特定的任务中有更好的表现，或者可以让某种全新类型的服务成为可能，否则，采用这种新技术完全没有意义。这就像你用一把电钻把一颗钉子钉入墙体一样，虽然投资人痴迷于这个想

---

① 　HomeAway 是一家提供假日房屋租赁的在线服务网站。——译者注

法，但这又有什么意义呢？

不幸的是，这种类型的短视想法在全世界各地随处可见，其推动力是人类的贪婪和无知。创业公司极其渴望获得融资，投资人想更快地发财致富，而媒体对于任何热门的内容都会推波助澜以吸引人们的眼球。其结果是，创业公司选择某种技术不是因为这是最佳的实施方案，而是因为这是吸引各种关注并获得融资的捷径。当你开始创业时，请不要强行地套用某项技术。这不仅是不道德的，还是徒劳的，而且这样做你根本不可能为任何人（包括你自己）创造价值。

13. 设计思维

独角兽猎人知道很多价值实际上都源自设计创新。在创业早期，设计创新往往比技术创新更重要。为什么会这样呢？这是因为开发一种新的核心技术往往需要花费大量的时间和金钱。这和投资一款新的流行衣架不同，后者任何人都可以做，因为其中没有什么技术含量。但是在高科技的世界里，开发一种核心技术可能需要数年以及数千万美元的投入。大多数创业公司没有时间也没有金钱，唯一能够倚靠的是自有的资金，所以它们必须尽快进入市场。因此设计创新往往会成为全世界大多数成功的创业公司的核心。

Dropbox 通过设计出一种共享文件的更佳方式成了独角兽企业；Facebook 设计了一种全新的通信方式用于朋友间的沟通；WeWork（美国共享办公企业）重塑了工作空间；Pinterest（拼趣）基于视觉隐喻重新构想了一个全新的社交网络；Spotify 重新定义了一代人消费音乐的方式；Hulu（葫芦视频网）重塑了在线电视的体验。这样一份名单还可以继续罗列下去。聪明的设计可以让这些独角兽企业和更多其他的公司闯入市场并重新定义它们的产品类别。

在优秀的设计中什么才是最重要的元素？首先当然是产品的外观。每个人都喜欢这样说："不要用封面来评判一本书。"但是人们会这样说恰恰是因为每个人都在这样做。我们所有人都在用一本书的封面来评判这本书的好坏，所以书的封面最好还是能够非常吸引人，否则，这本书也许永远也不会被人从书架上拿下来。如果你想把你的产品推销给消费者、企业以及投资人，产品的外观非常重要，这包括从你的产品设计和包装一直到你的网站、手机应用、视频内容、甚至你的名片。它们都是你的产品的一部分。

如果你正在开发的是一款实体产品，所采用的材料、颜色、人体工程学、形式、功能以及包装都是设计的一部分。对于软件来讲，设计的核心就是用户界面以及用户体验。用户是如何在你的应用中四处浏览的？整个流程是否符合人的直觉并且合理？其中包含情感因素吗？

真正卓越的产品能够与客户建立起一种非凡的联系，人们在使用这些产品的时候会感觉愉悦，甚至会上瘾。这些产品能向你提供视觉、听觉以及感官上的反馈。按下一个按钮，你会感到眼前的这款产品仿佛突然间有了生命，它会对你的触摸做出反应，就和活生生的器官一样。这就是人们所说的卓越的用户体验。

实体产品在设计中还会涉及一些感性的因素，包括：你在触碰产品时的感觉如何？产品的外形与某些功能有关联吗？这些功能看起来是产品本身的一种自然延伸吗？这款产品是否给了你只有一些真正特殊的产品才会具有的那种非同一般的感受？一款产品从第一次取悦客户，到随着时间的推移成为客户不可或缺的伙伴，它能够与人的情绪进行互动，正是这种能力把一款热门的产品与其简单的模仿者区分了开来。

我总是在寻找让我着迷的产品，这款产品看上去是不是专门为我设计的？我是否想拥有这款产品？不是说这款产品只有在梦中才会出现吗？我会骄傲地在我的朋友面前炫耀这款产品吗？人们购买各种产品，包括汽车、电脑、电话和住宅，不仅是为了产品的使用功能，也是为了产品表达的内容，而这些内容更多关乎个人的自我实现。

想一想人们现在对于手机的依赖程度。手机不仅是一件不可或缺的通信设备，而且还代表了使用者的身份。因为人们会随身携带手机，并且在各种不同的社交场合使用它。真正的设计思维应当超越某件东西的外观，并且对使用者的心理以及情感需求有本质的理解。

史蒂夫·乔布斯对设计的理解就已经达到了最深的层次。"大多数人都犯了一个错误，他们认为设计就是让产品有一个好看的外观。"乔布斯说道，"人们常常会把一个盒子交给设计师，然后对他说，'让它变得好看一些！'但这不是我对于设计的理解，设计不仅关系到某件产品在视觉上和触觉上会给人们带来什么样的感受，它还关系到这件产品将如何表达其自身所具有的使用功能。"

设计思维是一个完整的过程，包括定义问题、研发、形成想法、设计原型以及测试。卓越的设计团队中不但会有工程师和产品设计师，而且还会有心理学、人种学、文化人类学、人体工程学、认知和感知等领域的专家。IDEO是硅谷顶尖的设计公司之一，这家公司的总经理汤姆·凯利（Tom Kelley）对此总结道，"光有很酷的技术是不够的。如果这样就够了，我们今天都会骑着赛格威①，并且和机器狗在一起玩耍了。"

聪明的投资人都知道这一点，这就是为什么在寻找独角兽创业的时

① 赛格威（Segway）是电动平衡车的一个品牌，赛格威公司也是电动平衡车的发明者。——译者注

候，设计是一个需要考虑的核心因素。他们知道，几乎在每一家创业公司的成功或失败的过程中，设计都起到了非常关键的作用。作为一家创业公司的创始人，雇用一个顶尖的设计师是你能做的最佳投资之一。如果你的公司没有很强的设计基因，现在是时候去外面找一个好的设计师了。

14. 生产优质的产品

有一个人相信，产品比其他任何东西都更重要，这个人的名字叫詹姆斯·戴森（James Dyson）。在学习了家居设计，接着又学习了建筑和结构工程学后，他获得的第一份工作是为一家工程公司设计产品。这家公司的老板杰里米·弗赖伊（Jeremy Fry）是一位发明家，他很喜欢雇用年轻人，然后观察他们能够做出什么样的产品。他让戴森设计一种新型的平底船，尽管当时戴森没有任何相关的经验。

碰巧弗赖伊自己也对船只一无所知，设计一种新型的平底船不过是他心血来潮的一个想法罢了。但是弗赖伊却拥有一种独特的方法，他认为一个人不应该有太多的顾虑，你应该大胆地追随自己的想法。他不喜欢专家，因为专家知道的太多了，而且还不愿意承担任何风险。他想要的是一个能够对任何事情都保持开放心态的人，而不论这件事情有多么不靠谱儿。这就是为什么他会选择雇用几乎没有任何实践经验，却有天赋的年轻设计师。

戴森接受了这份工作，尽管他认为这有点疯狂。在没有任何头绪的情况下，他一头扎进了各种资料中学习所有他能找到的关于船舶的知识。在建造一艘原型时，他遇到了第一个问题。他不知道如何进行焊接，而这是一项必须具备的技能。他以为弗赖伊会雇用一个专业的电焊工，但是弗赖伊没有同意。"你自己试一试吧！"弗赖伊回答道。

在别无选择的情况下，戴森开始学习如何焊接，以及如何处理玻璃纤维和其他材料。当他最终成功地做出了一条能够浮在水中的小船时，弗赖伊让他把这条小船送到市场上去卖。戴森再一次措手不及，难道弗赖伊不准备雇用一个专业的销售和市场营销团队吗？戴森是一个设计师，并不是一个商人，对于销售他可以说是一窍不通。

"别傻了。"弗赖伊对他说道，"这条小船的每一处细节都是你设计的，你自己拧上了每一颗螺母和螺栓。你了解这条小船的所有细节，所以现在就出去把它卖掉！"

在这件事情上戴森同样别无选择，他戴上了销售员的帽子然后出去寻找他的客户。在第一年里，他卖掉了100条小船，而且利润还相当不错。他无法相信这样一款产品居然还能获得如此成功。最后英国军方、建筑公司以及石油公司都成了他的客户。

戴森继续为弗赖伊设计并建造其他的项目，他在工作中学到了很多东西。7年后，他有了创立自己公司的冲动。弗赖伊想为他提供资助，但是戴森想看一看他是否能完全靠自己来做成这件事。在经过了深思熟虑后，他决定发明一种新型的独轮手推车，这种手推车没有轮子，取而代之的是一个巨大的圆球。他在修理自己房子的时候注意到了独轮手推车的缺陷，所以很自然地有了这个想法。手推车的小轮子很容易陷入松软的地面，尤其是当地面满是泥泞的时候，这使得传统的独轮手推车很难使用。为了解决这个问题，他用一只巨大的圆球代替了狭窄的轮子，与前者相比，后者更容易操控，而且还不会陷在潮湿的泥土里。戴森把他的这个新发明叫作球轮手推车。

球轮手推车非常好用，但真正的困难是如何把它们销售出去。五金店不想要这款产品，因为它们认为这种球轮车看上去很古怪，所以戴森只好在报纸上刊登小广告，他的广告紧挨尿失禁裤和治疗秃顶的广告。令人惊讶的是，他最后居然卖掉了相当多的球轮手推车，只是他并没有赚到多少钱。最后他发现靠卖手推车是赚不到钱的，这给他上了非常重要的一课。不管你的产品多么优秀，市场也很重要。实际上并没有那么多的人想要购买手推车，就算有人真的想买，他们也不愿意花很多钱，所以手推车的利润并不高。戴森承认他应该为他的创新产品定一个更高的价格，而不是在价格上与其他的产品竞争，只不过在当时他不知道该怎么做。

戴森接着又犯了一个错误。为了拓展业务，他引入了外部的投资人。这些投资人并不像弗赖伊那样开明，当戴森提议公司推出第二款产品的时候，他的投资人很恼火。即使他的第二款产品是一种新型的真空吸尘器，也于事无补。戴森当时对于一款不需要吸尘袋并且还能产生巨大吸力的真空吸尘器非常着迷。他的创意显然受到了工厂中用于抽走颗粒物的旋风分离器的启发。戴森想，如果他可以将这种技术小型化，他就能制造出这个世界上最强有力的真空吸尘器，而且这款吸尘器还有一个额外的好处，那就是再也不需要吸尘袋了。

他认为他的概念很现实，他的投资人却认为这个想法很疯狂。他们坚持认为如果这是一个极其出色的创意，那么为什么胡佛公司或者伊莱克斯公司不那样做呢？这些大型企业应该对其所在的行业了如指掌。它们已经有了 80 年左右的历史，所以只要这个创意是可行的，它们应该拥有足够的资源去开发一款家用旋风真空吸尘器。但它们并没有这么做，显然是因为这种产品并不值得它们去花精力。所以当戴森坚持要推进他自己的想法时，投资人感到非常不安，最终他们把他直接踢出了公司。

戴森身无分文，前途渺茫，但这并没有阻止他。事实上，这反而激励了他更加努力。他意识到他的发明非常有价值，因为真空吸尘器确实有一个问题。吸尘袋的效率很低，在真空吸尘袋还没有完全装满之前，那些可以让空气流通的细小孔洞就已经被堵死了。所以吸尘袋中的垃圾越多，吸尘器的效率就越低，这也是人们不得不经常更换吸尘袋的原因。但如果使用了旋风分离器，这就不再是一个问题。吸力再也不会因孔洞的堵塞而减小，因为你已经不再需要那些细孔让空气流通，气流可以从管道中直接通过，而颗粒物则附着在两侧。

在制作了超过 5 000 个原型之后，他终于成功地做出一台功能齐全的旋风真空吸尘器。他带着手上的产品拜访了一些大型的真空吸尘器和家用电器公司，并尝试向它们推销生产许可。但让他感到惊讶和沮丧的是，所有的公司都拒绝了他，它们并不感兴趣。它们更想要销售的是真空吸尘袋，因为这才是真正有利可图的经常性收入来源。

随着一天天过去，戴森的财务状况越来越糟糕。他现在已经负债累累，既没有任何收入也没有客户。但戴森非但没有放弃，反而比以往任何时候都更坚定地想要证明那些人都错了。他的朋友和家庭认为继续推进这个毫无结果的项目肯定是疯了，但是戴森知道，那些真空吸尘器公司并没有给他一个很好的理由来说明为什么他的产品不行。如果他们能够给他一个真正有说服力的理由，也许他已经去尝试其他的东西了。

因为没有任何理由可以让他停下来，所以尽管每个月的情况看起来都比上个月的更糟糕，但他还是坚持了下来。在接近最后的时刻，他和一家日本的小公司谈成了生产许可。这笔交易加上他在美国赢得的专利侵权诉讼，最终把戴森从破产中拯救了出来。他把自己的房子作为抵押，筹措到了一笔贷款，然后开始生产吸尘器。接着他在英国四处寻找分销商和零售商。

当一位品类经理问戴森，为什么他应该把胡佛或者另一个顶尖品牌的产品从货架上移开，来为戴森这种奇怪的、还没有被验证的发明腾出空间时，戴森回答道："因为你的品类太单一了。"最后的结果证明这是一个非常充分的理由。在两年的时间里，戴森的吸尘器成了英国销量最高的吸尘器。

带着胜利的喜悦，戴森将自己的目光投向了利润更加丰厚的美国市场。在著名的电视广告中，他亲自出境，解释他为什么发明这种创新的吸尘器，以及他的产品又是如何远超市场上的其他产品的。产品销量的急剧上升，使戴森成了世界上最顶尖的吸尘器品牌之一。

10年后，戴森辞去了CEO的职位，转而把全部精力放在发明新的产品上，其中包括一种外形很漂亮的无叶风扇、第一台有两个反向旋转滚筒的洗衣机、一种新颖的手持干燥机，以及其他具有突破性的家用电器产品。戴森把他的成功归因于他有一种长跑运动员的心态，他坚定地相信，当你开始感到疲倦的时候，你就应该跑得更快，因为在这个时候其他人也都累了。如果你想赢，你就不能在这个时候放弃，尤其是当你感受到痛苦的时候。通常在达到临界点的时候，很多人都会停下来，但如果你再坚持一段时间，你就能获得突破。

回头再看戴森发明他的第一台吸尘器的时候，他已经40岁了，并且可以说是负债累累，看不到任何成功的迹象。但现在他的身价大约是60亿美元，拥有公司100%的股权。他正是通过长期专注于卓越的设计才做到这一点的，他的信念是，最好的产品终将在长期的竞争中胜出。

独角兽猎人也意识到了这一点，而这就是他们对于精心设计的产品以及创意团队予以特别关注的原因。毕竟，如果你无法让你的产品做到与众不同，那么你不过是在运营另一家模仿他人的企业罢了。

15. 为什么媒体的关注很重要

为什么媒体的关注如此重要？第一个理由是大多数的创业公司都资金紧张。在刚开始的时候，它们一无所有。没有知名度，没有客户，而且几乎没有任何资金。用传统的广告建立一个全国知名的品牌不仅极其昂贵，而且通常还需要好几年的时间。但如果一家创业公司能够成功地引起媒体的关注，这一切很可能在几个月内就能实现，而且几乎不用花钱。

媒体非常善于发现趋势，毕竟这是大多数新闻记者的本职工作。老板雇用他们的目的就是让他们预言接下来会发生什么，并且以来此作为媒体的头条。他们对于什么样的故事会得到广泛的传播是极其敏感的，当他们嗅到哪里有一些特别的故事时，他们就会扑上去。如果这些故事受到人们的关注，更多的记者就会蜂拥而至，并且在把这个故事推向一个新高度的基础上进一步发展出各种话题。后续每一次的重复，都让这个故事的内涵变得更加丰富，更深刻地印在公众的想象之中，从而使这个故事变得越来越有价值。通常一家创业公司的品牌就是建立在这种不断得到扩张的话题之上的。

这就是为什么聪明的投资人会对媒体始终保持特别的关注，因为这是一家创业公司是否具有脱颖而出的潜力的关键指标。

创业本身就是故事，每一家创业公司都在讲述自己的故事，但只有某些特别的故事才能引起大众的共鸣，并获得人们的关注。如果一个故事现在很流行，这是一个很好的迹象，说明这家公司正在做一件大事，某件可能会改变游戏规则的事情。

对于一家创业公司来讲，搭乘媒体的顺风车能做到的一些事情很可能是你投入多少资金都无法做到的。媒体能让创业公司的产品成为流行文化的一部分，让它的品牌成为日常用语的一部分。尽管我们乐于把自己看成一个独立的个体，人类在行为上却处处表现出群体性。我们倾向于去做周围其他人也在做的事情，我们会使用相同的应用，吃相似的食物，购买相似的服装，并运用相似的表达方式。英国利兹大学的一项研究就证实了这一点，该研究表明在任何一个群体中，占比 5% 的人就能够影响其余 95% 的人。我们就是这样进化并形成一个相互合作的社会的，这也是为什么分布在数千英里土地上的数百万人能够认同他们是某一个国家和文化的一部分。

这个庞大的沟通网络的核心就是由传统媒体、新媒体以及社交媒体组合而成的混合体。传统媒体以及新媒体的作用就像是一个过滤器；编辑、新闻记者以及博客作者的作用就是捕捉和生产出各种故事；社交媒体则更像是一个推动传播的引擎，让这些故事传播地更快和更广。有影响力的监管人、夺人眼球的标题以及用户的反应，所有这些因素混合在一起为这些故事想要传递的观念和思想背书，并且让它们引起大众的关注。用这样的方式，媒体就像是一个虚拟的交警，不断地引导公众的兴趣以及各种观点的流动。

公关公司很清楚这一点，名人靠媒体而声名远扬，但也因媒体而臭名昭著，政客们利用媒体。作为一个创业公司的创始人，你必须花时间去了解社交网络时代的媒体是如何运作的，然后制定一个有效的策略来利用媒体的力量。如果你没有这方面的知识，你就应该去寻找一个能够为你在这方面出谋划策的人，并让他加入你的公司。在今天，想要推出一款新的产品不仅会涉及市场营销、价格政策以及分销渠道，还会涉及媒体的运用。

尽管优步和 Facebook 这两家公司与媒体的关系不是那么和谐，但在大多数的情形下，有一句老话依然是没错的，那就是"有总比没有好"。即便媒体对于爱彼迎、Facebook、Snapchat 或者 YouTube 这些企业一直都没有什么正面评价，因为它们认为这些企业做了一些非常愚蠢的事情，或者正在腐化我们的年青一代，但正是这些媒体的评论将以上企业深深地植入了我们的头脑。

大多数创业公司，尤其是在它们发展的早期阶段，在媒体上都获得了不加批评的、正面的曝光。媒体很喜欢报道有关创业者的新闻，这就是为什么每当一家创业公司在媒体上获得了大量的报道，投资人往往也会紧随其后。这样的事情就曾发生在 Oculus VR 和 Nest 这两家媒体的宠儿身上，它们在媒体的追捧下，最终以数十亿美元的价格被收购。

Slack 是一家面向企业用户的即时通信平台，这家公司在仅仅两年的时间里就从一无所有发展成一家独角兽企业，而且它还没有组织过任何大型的市场营销活动。它既没有一个精心制作的电子邮件策略，也没有花数百万美元在广告牌和电视广告上。事实上，Slack 甚至没有一个首席市场营销官。这家公司的创始人只是确保了在企业发展的早期就和媒体进行接触，而且每当在媒体上发现有给他们好评的文章时，他们就会将文章分享给最有影响力的朋友，而后者又会将文章转发给他们的粉丝。

当我观察一家创业公司的时候，我始终希望看到一些早期的迹象，表明这家公司的故事能够与媒体产生共鸣。这家创业公司是否有什么特别之处能够打动新闻记者？这家创业公司是否有能力顺应潮流，或者引领潮流？当撰写关于这家创业公司的故事时，那些博客作者会说些什么？面对一个相当大的人群时，这家创业公司自己又会说些什么？如果上述问题的答案与这家创业公司提供给其客户的价值是相一致的，这家公司就有相当大的机会利用媒体传递的信息来获得业务上的突破。

但不要被媒体愚弄了，媒体也有可能会写出一些相当愚蠢的东西。并不是每一种趋势都能成就一家独角兽企业。我至今还记得，有一款社交应用被称作 Yo，它唯一能做的就是让用户给他们的朋友发送"哟！"这个词。正是这个极其愚蠢的想法，引起了每个人的注意，使得这款应用快速地登上应用程序商店的榜首，并获得了大量的报道。在急切地想要抓住赚钱机会的心理驱使下，一些天真的投资人跟风而行，向那家创业公司投入了 150 万美元，意料之中的是，这只火鸡根本就飞不起来。

单靠媒体的关注并不意味着一家创业公司一定会取得成功，但如果该公司还拥有可靠的团队、产品以及愿景，媒体促使其获得的快速增长就绝不能低估。这就是为什么对独角兽猎人来说媒体的关注极其重要。

16. 不可告人的秘密

大多数的创业公司都有不可告人的秘密，而投资人的职责就是在做决定前去发现这些秘密。有一次，我在做尽职调查时，我要求查看一份将知识产权转让给创业公司的协议。之前我已经相信这项知识产权是属于该公司的，但最终事情根本不是那么回事。这家公司的 CEO 将核心知识产权归在了他个人的名下，而且并没有将这件事告诉任何人。事实上他误导了我们，这几乎等同于欺诈了。我对这个创业者失去了所有的尊重，拒绝将他介绍给投资人，并切断了和这家公司的所有联系。

当一个投资人对你的创业公司进行尽职调查时，请不要隐瞒任何东西。哪怕你觉得开诚布公很可能会扼杀这笔交易，但这样做对你来讲会更有好处。毕竟，在这个时候，你的声誉正面临风险，如果你隐瞒了任何与你的公司未来潜力相关的重要细节，这就相当于你在对投资人说谎。如果你打算建立长期的信任关系，所有的事情都必须是透明的。最终所有的细节都会浮出水面，所以隐瞒重要的事实只会给你带来困扰，在这一点上我再怎么强调也不为过。毕竟投资人会成为你事业中的合作伙伴，而你最不想看到的是你的合作伙伴认为你背叛了他。

另一件你需要注意的事情就是面谈。在尽职调查的过程中，聪明的投资人不会只阅读你交给他们的文档。他们会提出与你的团队中最重要成员单独面谈。通常他们会向你的管理团队中的每一个成员提出相同的问题，然后对会谈的笔记进行比较，以确保所有他们听到的故事在逻辑上都是一致的，他们就是用这种方式来发现你的企业中可能存在的问题的。在记住了这一点后，你需要让你的团队做好准备，以确保所有人都能够前后一致。你最不想看到的肯定是因为沟通上的失误或者误解让你的投资人在自己的头脑中敲响警钟。

在开始进行尽职调查之前，为了在一笔热门的交易中排除可能会出现的竞争者，很多投资人会要求创业者签署一份没有约束力的投资意向书。通过这种方式他们就能够锁定交易，并且在接下来的调查过程中，他们如果发现了什么可疑的问题，随时都能够离开。这就把创业公司放在了一个弱势的位置上，因为只要你签署了这份意向书，你就必须将这个事实告知所有参与竞争的投资人。这样你获得优势的势头就会戛然而止，投资人的压力也会消失。此时参与领投的投资人会放慢他们的动作，接下来就是一个等待的游戏了。但如果领投的投资人最后退出了这笔交易，无论是出于什么原因，这都会给这家创业公司蒙上巨大的阴影。

这就是为什么无论从创业公司还是投资人的角度来看，整个尽职调查的过程都需要精心安排。我给创业者的建议很简单，在你签署投资意向书之前，你应该披露所有实质性的东西，不要让人感到你有什么不可告人的秘密。在你和投资人打交道的过程中，你越早这样做就越好。这样做不但能建立起相互的信任，而且可能会带来的影响往往也较小。在融资刚刚开始的时候，你也会面临同样的情形，在那个时候投资人还没有做决定，所以此时披露负面的事情产生的影响，要比投资人即将对这笔交易做出承诺时再披露负面的事情所产生的影响小很多。当交易往前推进到某一阶段，即使是一些非常小的细节也有可能打破平衡。

你还应该在一个云文件夹中保存你的公司曾经签署过的每一份协议的副本，比如你可以在 Dropbox 或者谷歌云盘上建立云文件夹。请确保这个文件夹中包括股权结构表、公司章程、专利文档、商标、雇用协议以及所有其他相关文档的副本。当投资人想要对你的公司做进一步了解的时候，你可以直接将云盘的链接和密码通过邮件发送给他们，这样所有的事情就会变得非常简单。

我曾经看到一笔失败的交易就是因为创业公司将其所有的书面文件分散地放在很多不同的地方。这家创业公司的文件有很多被存放在了一台很旧的笔记本电脑里，其他的甚至已经遗失了。创始人最后花了好几周的时间才把这些信息送到了投资人那里，只是在这个时候，几家原本感兴趣的公司已经转移了目标。投资人是出了名的善变的，他们常常会被其他耀眼的东西吸引。另外请记住，风险投资公司看过的交易实在是太多了，如果某一桩交易看上去似乎会很麻烦，他们的注意力就会很自然地转向下一家创业公司。

我知道，有些投资人甚至在他们承诺进行投资前就要求创业公司签署投资意向书，这样做只是为了排除可能存在的竞争对手。但随后他们就会拖拖拉拉，因为他们实际上还没有做决定，而且常常会找各种借口退出交易。这就是为什么在投资意向书中应该有一个条款专门用来具体设定尽职调查的时间表。为此你还必须设定一个明确的截止日期，如果投资人没有在这一天之前做出最后的决定，他们就应该支付一定的补偿。当我为我的第二家创业公司进行融资的时候，我们花了整整4万美元的律师费，但投资人在最后一刻修改了针对我们的条款，交易也因此泡汤了。当时我真的很希望在我们的投资意向书中有相应的条款可以应对这样的情况。

但是请记住，大多数投资人是不会同意任何形式的补偿条款的，但这并不意味着他们抱有恶意。顶尖的风险投资公司通常不会对有约束性的投资意向书，或者任何形式的补偿条款做出承诺。面对这样的情况，你将不得不做出一个决定：你会因此而放弃这笔交易吗？这通常取决于你们之间是否已经建立起信任。你相信这个投资人吗？如果你有疑虑，那么这个投资人也许并不适合你。如果答案是你也不清楚（实际上通常你面对的就是这样的情形），你可以慢慢来。不要匆忙地签下任何投资意向书，在你决定再向前迈出一步之前，你可以对这个投资人做一些你自己的尽职调查。

17．你具有哪些真正独特的元素？

我把最好的东西留到最后，那就是一家企业具有的真正独特的元素。这到底是什么意思呢？以我的经验来看，那些具有某种独特元素的公司往往也是最好的投资对象。创业团队中的每个人都充满热情，享受在一起工作，并且相信他们当下正在做的事情，这样的公司就是我喜欢的公司。当我从员工口中听到了这些的时候，我知道这家公司的管理团队肯定做对了什么。即便他们还没有找到产品的市场，甚至他们还在努力想达成一笔交易，但他们的团队无论走到哪里肯定能团结在一起。所以这必定是一支能够赢的团队，他们相互之间已经形成了一种无形的纽带，而这一点你是无法在电子表格或者损益表上看到的，但正是这种神奇的纽带或许能帮助他们克服某些似乎无法逾越的障碍。

两位来自加州大学伯克利分校的科学家共同研究发现，经常有身体接触（无论是拥抱、拍打后背还是击掌）的运动队，其获胜的可能性更大。当运动员表现出相互之间的友谊和凝聚力时，这实际上会转化为更高的分数。这两位科学家计算了运动员之间进行友好的身体接触的次数，发现这与他们的比赛成绩有直接的关联。"队友之间的身体接触可以促进团队合作，从而预测他们的比赛成绩。"加州大学伯克利分校的社会心理学教授达谢·凯尔特纳（Dacher Keltner）说道，"短暂的身体接触能够传递出重要的情绪，比如感激、同情、爱和愤怒。"

在创业公司里，情况也是如此。这就是为什么我会对每个团队成员的身体语言予以特别的关注。这些人是真的喜欢在一起吗？他们看起来真诚吗？或者他们在一起工作只是为了钱吗？这个团队的动力是什么？有时候我会带团队外出散步，或者在团队活动中对他们进行观察，这样我就能看到他们之间是如何进行互动的。团队活动可以是极限飞碟、彩弹对抗或者峡谷漂流。他们会互相帮助和支持吗？他们之间的沟通怎么样？他们在一起玩得开心吗？

情感上能相互联结在一起的团队是值得投资的。很多成功的创业者在一起创业之前就已经是很好的朋友，这并非偶然。很多时候，他们在之前就是同事或者大学室友，他们了解彼此的怪癖，也互相支持。这一点非常重要，因为创业是一件很艰难的事，无论在情感上还是在财务上，如果有一个团队能在背后给予你支持，这将是在困难时期让企业最终能够存活下来的关键。

我记得当我还是一个男孩的时候，我加入了少年棒球联盟，我被分到了史上最差的球队里，团队里的每个人都很糟糕。在最开始的两个赛季中，我们几乎输掉了所有的比赛，和电影《少棒闯天下》（*The Bad News Bears*）中的情节一样，只是我们这批人更缺少天分。我是队里最差的队员之一，这说明我在运动方面是多么没有天赋。因为非常害怕被球打到，所以我会站在右外野，默默地祈祷不要有人朝着我这个方向击球。

即使到了第三个赛季，我们中也没有人升级到高一级的联赛去。相信我，这并不是因为我们缺乏练习，我们所有人都想要进阶，没有人想在少年联赛中掉队，但我们所有人都失败了。当时的我们就是这样糟糕，我们被困在了这支与前两年相比没有任何进步的球队里。这是我们的最后一个赛季。在这之后，我们所有人都要上中学了，到那时因为我们的年纪太大，将不会被允许参加少年棒球联赛。当回到这支有些凄惨的球队，再次见到每个人时，我的心中可谓苦乐参半。我知道这一次可能也是前两年赛事的重演。

不出所料，我们以大比分输掉了本赛季的第一场比赛，接着我们又继续输掉了第二场和第三场比赛。我们绝望的教练想提升一下我们的士气，他答应我们，只要我们能在年底取得季后赛的资格，他就会带我们球队中的所有人去迪士尼乐园。当然，这对他来讲似乎是一个不会输的赌注，但对我们来说却意味着更多的东西。这既是他表达关心的一种方式，也是一个非常明确的目标。现在我们有事情要做了，我们并不需要去赢得冠军，我们只需要获得季后赛的参赛资格就行了。

在接下来的几周时间里，有一些神奇的事情发生了。我们球队里的所有人开始相互建立起某种联系，这种联系和我们之前的完全不同，这是一种更深刻、更感性的联系。我们相互信任并开始朝着一个共同的目标，即去迪士尼乐园游玩一起奋斗。也就在这个时候，我们赢了我们的第一场比赛，虽然比分差距不大，但我们还是赢了。这一次的赢球给了我们巨大的信心，接着我们又赢了第二场比赛和第三场比赛。每一次赢球都让我们之间的关系变得更加亲密，我们形成了一个整体，而不再是一群格格不入的人。我们这些平庸的球员好像突然也没有那么糟糕了，我甚至成为一个发挥稳定的击球手。我再也没有被三振出局，而且还打出了稳定的单打和双打。

正当我们的势头变得越来越好的时候，一件意想不到的事情发生了。我们的教练抛弃了我们，他打点好行李，远赴异乡，去一家好时巧克力工厂打工了，这让我们甚至没有时间去找一名替换的教练。你也许会认为这会让我们前进的脚步慢下来，但这样的事情并没有发生。现在比赛已经无关于我们的教练，甚至也无关于迪士尼乐园，它关系到的是我们所有的队员。我们不再需要教练，我们现在已经是一个真正的团队，我们将一起赢得后面的比赛。此时，一名队友的母亲暂时接任了我们的临时教练，我们开始一起向前冲锋。

就这样我们赢了一场又一场比赛，直接冲入了季后赛。我们不仅获得了季后赛的资格，而且还打入了决赛。最后与我们对阵的是我们的劲敌，正是这支球队在这个赛季刚开始的时候屠杀了我们。我们的教练仍然没有回来，所以我们对去迪士尼乐园已经不抱任何希望。但我们已经决定要赢得这个赛季的冠军，我们决不能让彼此失望。你猜一猜最后是什么结果？我们彻底碾压了他们。我无法告诉你的是，我们所有人最终以胜利者而不是失败者的身份结束这次少年棒球联赛的感觉到底有多棒。

　　这种类型的正能量正是我想在创业公司中寻找的。如果创业公司的团队能真正走到一起，并且热爱他们正在做的事情，在他们的面前就几乎不会再有太大的障碍。我想要看到的是像一支成功的球队那样运作的创业公司；我还想看到队员们可以为了彼此而无私地投入自己的时间和精力。这样的团队才能真正地享受在一起工作的时间，而且由此产生的兴奋感和情谊会感染每一个与他们有业务关系的人。这样的公司才是我想加入的公司，我会迫切地想成为它的团队中的一员，因为我知道，这必定会是一次非常奇妙的经历。即使这次他们赢不了，只要他们能坚持下去，他们也一定能进入季后赛。

　　公司的文化往往还会渗透到产品和客户服务中，当它的员工发自内心地热爱他们所做的事情并且还能互相关心时，它的产品以及与客户的互动就会很自然地反映出这一点。谷歌那张狂的标识、漂亮的办公室、蠢笨的投影幻灯片以及开放的氛围，让它成了一家多么有意思的公司。每当我在硅谷遇到谷歌的员工时，他们总是会吹嘘他们多么热爱自己的工作。运营拼车业务的创业公司 Lyft（来福车）也散发着同样独特的气息。这家公司的创始人从创业之初就在他们所有的汽车上都画上了巨大的粉红色胡子，而且他们现在还在不断地表现出优步所缺乏的那种独特的幽默感和对乘客的关怀。爱彼迎的 CEO 布赖恩·切斯基也非常痴迷于社区和关系的建立。在他创业的早期，他尤其注重亲自拜访在爱彼迎网站上注册的房东，并与他们建立紧密的关系。他甚至把他自己家里的沙发以每晚 50 美元的价格租了出去。

　　Boxed 是另一个例子。你可以把 Boxed 看成是好市多超市或者山姆会员店的电子商务版本，但如果你比较一下它们的网站，你就能感觉到 Boxed 那些充满趣味的独特元素正不断地从它好玩的标志（商标）以及用户界面中向外溢出。作为千禧一代的 CEO，黄杰希望他所有的员工都能热爱自己的公司，他承诺用他的个人资产为员工的孩子支付大学学费。他真的说到做到了，那些钱确实是从他的口袋里掏出来的，而不是公司的。

"小时候我家很穷。"黄杰说道，"在俄亥俄州的时候，我们的日子过得很艰难。当时我的父亲失业了，他只能在跳蚤市场上卖些杂七杂八的小摆设。而我的母亲是一家中餐馆的收银员。"但是教育不但给他的家庭生活带来了转变，还让他获得了成功。这就是为什么他想给公司里的每个人同等的机会。

黄杰并没有就此停步。Boxed 还实施了另一项政策，即员工可以为自己生活中的重大事件，比如婚礼，而申请报销相关的费用，报销的金额最高可达 2 万美元。"这并不是一个小项目。"黄杰承认，"但我们本来就不是一家普通的创业公司。"在他们的办公室里，你看不到乒乓球桌、啤酒桶或者免费的午餐。"我们很节俭，但我们会用我们的资金来资助我们认为真正有影响和有意义的事情。"通过采用这样的方式，他成功地在自己的公司里提升了员工的忠诚度，培养了同事之间的信任，并且留住了员工。在经过了 4 年的经营之后，该公司的员工总数已经超过了 200 人，而自愿离职的全职员工还不到 10 人。

西南航空公司以其工作积极且幽默风趣的员工而闻名。这也是它的客户服务要比其他航空公司好很多的原因。这家公司的员工发自内心地喜欢自己的工作，公司鼓励所有的员工畅所欲言，不要压抑或扭曲自己。所有这些独特的元素都源于这家公司的文化。西南航空非常重视员工，公司里的每个人都知道这一点。他们很在乎自己的工作，因为他们知道公司也很在乎他们。这体现在西南航空公司的方方面面上，从公司的管理风格和利润分享计划，到员工的工作环境。这使其成为 40 多年以来世界上最赚钱的航空公司之一。

户外用品零售商 L.L.Bean 同样通过支持和培养员工来建立忠诚度，这些年以来它始终被《财富》杂志评选为 100 家最适合工作的公司之一。当你走进它的商店时，你就能感受到那种积极向上的能量。其独特的元素，从其屡获殊荣的客户服务到著名的高质量产品，体现在这家公司所做的每一件事情上。这个品牌也因此赢得了顾客和员工的喜爱，他们的员工流动率只有 3%，这在零售行业是极其罕见的。更让人感到惊讶的是，L.L.Bean 这个品牌已经有超过 100 年的历史。所以，这一规则并不仅仅适用于创业公司。

无论什么样的企业，都会拥有某种独特的元素，而这也是为什么独角兽猎人会极其重视这些你无法触摸，但能用心感受到的品质。

第六章

扩大规模：建立独角兽企业

　　到目前为止我们已经讲述了企业的创立、资金的筹集以及风险投资的运作，接下来我们要解决的是如何才能促进你的企业的成长。我们将探讨如何才能找到最优秀的人才，吸引客户，并且加速你的业务扩张。我们还会回答一些问题，比如如何才能设计出一个更有创意的工作空间？哪一种市场营销和客户获取策略是最有效的？准备好一个退出的策略意味着什么？以及为什么对于创业公司来讲拥有一种不公平的竞争优势是非常重要的？当我们结束这一章节的时候，你会了解扩大你的企业规模的具体细节。

1. 招聘的艺术

　　在说服投资人用现金填满你的银行账户后，你首先需要考虑的就是招聘了。这听起来令人兴奋，但很快这件事就会变成一件真正的苦差事。你会淹没在一大堆的简历之中，接着就是没完没了的面试，即使只是为某一个职位找寻合适的人选也需要花费你大量的时间。更糟糕的是，你根本看不到结束的那一天。随着你的企业不断成长，这个问题只会变得越来越尖锐。

　　为了减轻压力，你需要提前规划，这意味着从一开始你就需要制订一份详细的招聘计划书。在这份计划书中，你可以一一罗列在接下来的

6 个月内你必须填补的所有岗位、岗位要求、愿意支付的薪酬以及招聘策略。你应该确保事先获得董事会对薪酬方案的批准，这样你就不必每次都临时申请了，而且这样做会容易很多。

在这之后，真正艰苦的工作开始了。我经常会说，一个 CEO 能够做的最重要的事情就是招募到合适的人选。如果你把这件事做好了，他们就能帮你完成所有其他的事情。谷歌的创始人拉里·佩奇对招聘是极其认真的，他坚持每一位新招聘的员工都必须由他亲自签字批准。到 2015 年，他已经亲自审核了超过 3 万名员工。"拉里给我们的最常见的反馈是，这个应聘者可能还达不到我们的招聘标准，或者某位应聘者表现出来的创造力可能达不到职位的要求。"前谷歌人事部主管拉斯洛·博克（Laszlo Bock）在他的《重新定义团队》一书中写道，"比反馈本身更重要的是，拉里向公司传递了一个信息，那就是公司的最高层对于招聘是非常重视的，所以我们有责任把工作做得更好。"因为拉里明白，在打造一家世界级的企业时，最重要的事情就是你会选择什么样的人。

或许在你的银行账户上有数百万美元的资金，并且你的投资人正不断地给你施压，要求你迅速扩大企业的规模来满足他们的要求，即便如此，也不要匆忙地进行招聘，更不要走捷径，你首先应该借鉴谷歌的经验，我相信仔细地审核每一位应聘者绝对是一种更好的做法。一种很好的传统做法是，在你决定聘用填补任何岗位的人选之前至少面试 10 位合格的候选人。如果你面试的人不够多，你就很难找到最合适的人才。在面试了 10 个人以后，回报通常会递减。也就是说，如果你在进行了 10 次面试后依然没有找到合适的人选，你就应该推迟做决定，然后再安排更多的面试。

　　组织一个团队来主持相关的面试可能是一种更好的方法，不要把面试交给某一个人来负责。依赖某个个体可能会出现的问题是，这个人也许会选择雇用他的朋友而不是更加合适的应聘者。尽管发生这样的事情很自然，因为他们本来就有关系，但这与你想建立的精英管理制度是背道而驰的。另外，当企业进行扩张时，创始人和经理们对于填补空缺岗位往往会有一种紧迫感，这也许会导致企业招聘一些低于标准的员工，从长远来看，这样的结果必定会损害企业的利益，这也是为什么像谷歌这样的公司会采用独立的招聘委员会来对招聘做出最终的决定。

　　当你设立一个招聘委员会时，你最好先列出你期望员工应该具备的能力。相应岗位的工作应该具备哪些具体的技能？你最看重的个人品质有哪些，诚实、关注细节、进行有条理沟通的能力还是曾经获得的成就？以下是我使用的5大标准：

◎ **学习能力**——应聘者必须能够快速地掌握新事物，并且还能做到边工作边学习。

◎ **领导力**——应聘者曾经担任过领导职务吗？在候选人的经历中有什么东西能够证明他有能力担负起相应的责任？

◎ **谦逊**——应聘者是否足够谦逊，他愿意考虑其他人的想法吗？应聘者是否能够倾听他人的想法并和他人展开合作？

◎ **责任心**——应聘者会承担责任并坚持到底吗？

◎ **专业能力**——应聘者是否有能力完成相应的工作？这一点对于技术性很强的岗位是尤其重要的。

最好的方式是，由招聘委员会的成员各自独立地对应聘者进行面

试，并写下他们对于每一位应聘者的评价，然后根据标准给出一个从 1
到 10 的分数，最后把这些分数加起来得到最终的分数。如果你想给予
某一项标准更高的权重，你完全可以自行调整相应的计算方法。最后你
会发现，对于应聘者是否适合你想要招聘的工作岗位，你只要将他得到
的总分与你的直觉一对照会就会形成一个更加精确的指标，大多数人在
面试的时候却总是依赖于自己的直觉。

　　如果你想要了解更多有关于这种方法的细节，你可以参阅由 2002
年诺贝尔经济学奖获得者丹尼尔·卡尼曼（Daniel Kahneman）撰写的
《思考，快与慢》。他在这本书中解释了我们的大脑是如何进化出这种对
其他人做出快速判断能力的，而这样的判断通常都基于一些无意识的偏
见。在过去的数千年里我们就是这样不断进化的，如果我们的祖先在一
条小路上突然遇到了另一个部落的人，此时他们必须在几秒钟内判断这
个陌生人是朋友还是敌人。一旦他们的判断出现失误，接下来他们所要
面对的很可能就是一场生死搏杀，如此一来，失败一方的基因也许就无
法传递给下一代了。

　　正因为这个原因，我们总是在扫视周围那些陌生人的面孔以便判
断我们是否该信任他们。整个过程几乎是在瞬间完成的，这意味着我们
根本没有时间从逻辑上对这个问题进行仔细的思考。由此而形成的本能
对于让你在一个残酷的世界中获得更大的生存概率是非常有用的，但对
于判断某个人是否能胜任他的岗位就不是那么有用了。托莱多大学的一
项研究也证实了这一点，他们发现，在面试的前 10 秒钟内做出的判断
能够用来预测面试的最终结果。这被称作"确认偏差"，即人们会倾向
于刻意地搜寻、解释或者优先考虑那些可以肯定自己的信念或假设的信
息。换句话说，如果我们的直觉告诉我们，那个正在推门而入的应聘者

适合这项工作，在接下来的整个面试过程中，我们就会下意识地去寻找相关的证据来强化这种直觉。

其结果是，我们会倾向于挑选让我们感觉顺眼的人。如果他们来自和我们相同的社会群体，这立刻就能为其加分。长得好看的人比长得丑的人能够获得更多的工作机会和更高的工资，外向的人比内向的人更有优势，男人比女人更容易被选中，白人比有色人种更受青睐，即使那个负责招聘的人也是一个有色人种。这是因为所有这些偏见都是我们社会的一部分，并且还在无意识中获得不断地传播。我们甚至没有意识到我们自己有这样的偏见，但这意味着那些最好的、最适合的应聘者常常会被人们忽视。

为了防止这样的事情发生，我们需要有意识地去分析相关的数据，并且把我们的第一印象放在一边，这就是为什么一个系统化的过程是很有必要的。准备好一些预先设定的、没有任何偏见的问题，以及一种对应聘者的反应进行排列和分析的方式。另外在面试的过程中对所有相关的因素做一个详细的笔录，然后让某个从未与应聘者见过面的人来审查这些笔录，并在既定标准的基础上形成一个独立的判断，这样的做法同样也是很有帮助的。

在面试结束后，当需要进行背景调查时，你不能只依赖由应聘者自己推荐的人选，因为对于你的问询他们的回答几乎总是正面的。你需要去寻找的是那些并不在这张清单上的人，而这就需要做一些类似侦探的工作了。每当你向一位知情人进行背景核查时，你都应该要求他将你介绍给其他那些与应聘者曾在同一家公司工作，但被排除在名单之外的人。绝不要就此止步，你还应该登录领英网并搜寻更多能够告诉你应聘者过去的人。

与此同时，你还应该查看一下应聘者在社交媒体上的帖文。其目的并不是去查看应聘者是否于某一天晚上在派对中玩疯了，或者这个人对音乐的品位如何，而是去发现可能会影响其工作表现的严重问题和成见。

虽然上述这些看起来会花费你大量的时间，你说的完全没错，但是正如我在前面说过的，没有什么比你正在做的事情更重要的了。雇用合适的人选是在为你的公司奠定一个基础。如果你在招聘的过程中出现了一系列的失误，尤其是如果这些失误发生在管理层，你的失误就很有可能会危害和颠覆一家最好的企业，只有当你招聘到真正合适的人时你才有可能加速企业的成长。

2. 识别人才

这些年以来，对于如何面试员工我已经越来越有心得。在刚开始创业的那段时间里，我其实什么也不懂。我根本不知道应该提什么样的问题，或者应该如何对应聘者进行评估。现在，对于新员工我已经有了非常具体的标准。一般来讲，比起那些只有专业技能的人，我更喜欢雇用有潜力的人。专业技能确实有用而且常常还是必需的，但是对于创业公司来讲，潜力是更为关键的要素。这是因为大多数创业公司的岗位还处于不断变动的过程中，尤其是在创业的早期，公司将来具体会开展哪些业务还有待厘清。今天每个人都需要了解的东西也许在 6 个月后就已经无关紧要了，所以每个人都必须有快速适应并持续学习的能力。

例如，我也许已经雇用了一位精通微软 SQL Server 数据库管理系统的工程师，但是到了下个月我突然发现我真正需要的是一位了解 MongoDB 数据库的专业人才。已经上岗的这位工程师有能力适应这种变化并进行自我学习吗？或者我是不是只能自认倒霉呢？大多数需要专业知识的岗位实际上都会出现这样的情况，新的东西总是不断地出现，技术的发展永远也不会止步。这意味着服务于当代企业的员工需要不断地对自己进行再培训。所以，在考虑了这些之后，我在下面罗列了一些我认为员工应该具备的品质：

◎ **自我提升的能力**——最好的员工永远也不会满足于他们现在所了解的知识。无论他们本人是多么有才华，但他们都决心让自己变得更好。所以他们会不断地搜寻新的课程、教练、导师、书籍以及其他提升自己的方法。

◎ **天生的好奇心**——能够在工作中进行创新的人往往对一切都充满好奇。他们会不由自主地提出各种问题并寻求答案，这种行为与他们解决创造性问题的能力直接相关。

◎ **热爱学习**——看重学习的人总是在吸收各种知识和新的想法，他们认为学习并不是一件苦差事，而是生活中的一大乐趣。

◎ **追求成功**——我喜欢雇用那些被内心的欲望所驱使一直想往上爬的人，因为这样的人总是在奋力向前，并愿意接受新的挑战。

◎ **责任感**——最好的员工会把工作当成他们自己的事情。他们会对自己的行为负责，并且不遗余力地履行曾经做出的承诺。

◎ **享受工作**——如果你不喜欢做某件事，你就无法把这件事做到最好。那些真正喜欢他们所做的事情的人往往会走得更远。他们可能是一些出于消遣在周末下载最新软件开发工具包的工程师；也可能是迫不及待地想要尝试新的数据分析软件，或者急切地想要开展一个实验性的活动，却只是为了看一看这种做法是否有效的市场营销经理。他们是如此享受自己的工作，以至他们已经把工作和玩乐混为一体了。

◎ **实干家**——最重要的是，我喜欢主动的员工。他们绝不会坐在那里等其他人来告诉他们该做些什么。他们会自己思考应该做什么，而且还会主动采取行动。

当我面试应聘者的时候，我会深入了解他们的过去。我会提出各种各样的问题，因为我想知道在之前的工作岗位上他们实际都做了些什么。我并不在乎他们是副总裁还是初级项目经理，他们曾经做了些什么以及他们是如何达成目标的，这些才是最重要的。他们有没有将工作当成自己的事情？他们有没有独立提出过什么项目，并且靠自身的力量推动了项目的完成？他们是否有能力为公司引进其他的人才？他们又是如何说服他们的同事、老板以及局外人这样做是完全值得的？通过深入地了解他们的过去，我希望能看到这样的证据：当他们想要做一件事的时候，他们也确实能做成。从长远来看，这样的员工才有可能为你带来回报。

3. 招聘策略

首先声明，我不是很喜欢外包招聘，我从不认为依赖那些向你收费的招聘专员（尤其是那些赚取佣金的中间人）能帮助你创立一家杰出的企业。那些收费的招聘专员的目标和你是完全不同的。如果他们的报酬是按照招聘的人头数来计算的话，他们就会以尽可能快的速度为你找来符合你的要求的候选人，而这就是在他们背后的推动力。他们花费的时间越长，成本也就越高。这意味着他们常常会掩饰可能会阻止某个候选人获得这份工作的一些过往，有些人甚至会辅导候选人该说些什么。我强烈建议你应该建立自己的内部团队来负责招聘，这样的团队才会把企业的长期利益放在心上，并且能够真正地理解你的目标和企业文化。

招聘杰出的人才最为有效的方式之一是利用你现有的员工以及他们的社交网络。对于那些最后被企业聘用的被推荐的人才，很多企业都会给予其推荐人一定的奖励。但是给予奖励带来的问题是，这种做法传递了一个错误的信息。员工很可能会为了获得额外的收入而推荐候选人，而不是因为他们真的相信他们推荐的人是最适合自己公司的人才。相反，你希望每一位员工都能帮助你寻找潜在的人才，是因为让公司成为一个更加理想的工作场所符合他们的利益。

为了让这种做法更加有效，你可以首先在公司里强调招聘合适人才的重要性，以及为什么招聘新的人才是每个员工的职责。向员工解释公司的招聘需求和标准是一件很重要的事情，另外你还应该定期向员工汇报公司的招聘情况。谷歌发现，每月简单地向员工提醒一下有哪些职位需要招聘，可以显著地提高员工的参与度。每当有新人加入你的团队时，你还应该举办一个派对，在这个派对上，你可以感谢那些在寻找新人的过程中贡献了大量时间的员工，并强调这些员工在招聘的过程中具体都做了哪些事情。只有这样你才能建立起可以持久运转的招聘引擎。

很多人在招聘过程中都会忽视的另一个方面是，你需要花时间去了解应聘者想从这份工作中得到什么。仅仅走个流程是不够的，你还需要去发现应聘者最重视的是什么。他对于你的公司有怎样的期待？他的长期目标是什么？他更喜欢什么类型的工作环境？如果这个人并不适合你的公司，那就完全没有必要雇用他。因为他最终还是会离开，而你将不得不重新启动招聘流程。一旦你确信应聘者确实适合某个工作岗位，你就需要确保他能理解为什么你的公司是他最好的选择。

请记住,任何优秀的应聘者都是很抢手的,你应该给他一个很好的理由,为什么他应该加入你的公司而不是你竞争对手的公司。通常这已经超越了工资薪酬的范畴,并关系到这位应聘者的长期职业目标、理想的工作环境、社会价值观以及个人需求。你需要去处理所有这些薪酬以外的东西,但如果你不了解这位应聘者是一个什么样的人以及他最关心的是什么,你就根本无从下手。

在应聘者来到你的办公室之后,你应该带他到处走一走,在一个相当随意而又轻松的环境中去了解他,并和他一起分享你的公司愿景。这样做你不仅能帮助他理解你们正在做什么,而且还能让他明白为什么你们正在做的事情很重要。留出些时间来让应聘者可以随意地探索办公区,并让他感觉到舒适和放松。你还可以把他介绍给你的员工,并且给他们机会一起闲聊。你会很惊讶地发现很少有公司会这样做。大多数公司唯一做的事情只有面试。但是请记住,招聘是双向的,你在挑选你想要的人的同时,他们也在挑选你。

另外,在决定雇用应聘者之前,让他们多来几次你们的办公室也是一件很明智的事情。在他们每次来的时候,你都应该把他们的访问变得更加私人化和更加轻松。你可以带他们一起去吃午餐,让他们参与户外活动,并和你的团队打成一片。邀请他们参加你的公司的远足或团建活动,甚至在他们被雇用之前,就尽一切可能让他们融入你的团队。这样,当你和他们谈论薪酬的时候,他们就不会只考虑谁支付了他们最高的工资,还会考虑与其他公司相比,加入你的公司对他们自己将意味着什么。

最后,不要让钱成为决定性因素。请记住,一个出色的员工的价值要远超十位平庸的员工的价值。如果这个人真的非常适合你的公司，你就应该支付远高于平均水平的薪酬，而不是小气地精打细算。这样做不但能让这个应聘者不会再有其他的想法，而且从长期来看，还能帮助你留住合适的人才。你想要的是最好的员工，而不是最便宜的，在最好的员工身上投资是完全值得的。

4. 用正确的方式解雇员工

你不可能在发展企业的过程中不犯任何错误，我们都会有被绊倒的时候。无论你多么小心谨慎，你仍然有可能会雇用到一个不合格的员工。关键是迅速果断地采取行动。当绝大多数的经理承认自己招错了人的时候，往往都已经是 6 个月以后的事情了。尽管没有人想故意解雇某人，但我们还是必须面对这样的现实。这是一个很痛苦的过程，不仅对于经理人是如此，对于员工更是如此。但是从另一个角度来看这件事还会带来更多的问题。你或许会认为你的团队对于解雇员工这样的事情会做出负面的反应，但是当你意识到在什么地方出了问题的时候，我可以打赌，你的团队中的大多数人肯定也会有同样的感觉。

常见的最糟糕的事情是你试图让这个人继续待在并不适合他的工作岗位上，其结果将是把整个系统搞得一团糟。如果你的团队中有一个没有能力的人，或者有一个只会搅局的人，这会让其他的团队成员也无法做好他们的工作，在这种情况下解雇那个人并不是一件什么坏事。这通常是唯一的解决方法，你最终会发现，如果你做得对，这只会让你的团队更加强大，而不是更弱。

我并不是说你应该在某个人第一次搞砸一件事的时候就马上解雇他，这不是好的管理方式。你需要去发现为什么这样的事情会发生，并且判断这个人是否会从错误中吸取教训。一个经理的职责是，分析并理解团队中的每个人，以及让他们能更好地合作。事情被搞砸很少是由于某一个人的错误，通常这样的错误可能缘于流程中的缺陷、不良的沟通，或者团队中的多人都在以一种错误的方式做事。

为了解决员工在绩效上出现的一些问题，你需要把你的公司看成一个正在不断演化的系统。在每一次迭代后，新的问题就会出现，所以企业中的每一位员工都应该参与到解决问题的过程中来。当然你自己肯定能把事情做得更好，但为了让你的系统得到改善，员工们也需要能够站出来解决相关的问题。你的目标应该是让每个人都能提出他们自己的解决方案，指责实际上于事无补，只会让人离心离德。

你应该关注过程，而不是关注问题所涉及的人。如果这是一个流程上的问题，你很轻易地就能解决它。但如果事情明显是因为某个员工无法胜任自己的工作，你就只有如下这两个选择：要么改变这个人的工作性质或岗位，要么直接让他走人。一旦你决定让某个人离开，绝对不要拖延，你应该马上采取行动。

这里有一个分成了12步的行动方案：

（1）记录下这名员工做错的每一件事。作为良好的管理实践的一部分，你应该坚持这样做。每次当这位员工向你报告绩效时，你都应该把内容写下来然后再与他沟通。绝不要因为你不喜欢某个人就开除他。你应该有证据表明这位员工没有能力完成他的本职工作，否则，你很可能会面临一场你毫无准备的法律诉讼。

（2）一旦你准备好了所有的书面文件，你就需要寻找一个替代者。

你甚至可以提前招聘好替代者，然后开始对他进行培训。这种做法对于技术性强的岗位通常是必需的，因为这样的岗位是不会有冗余的。

（3）在工作交接完成后，你应该为那位被解雇的员工制订一份离职计划。你应该很确切地知道每一步应该做什么，以及应该如何一步步地走下去。不要临场发挥，并且尽可能避免有意外事件出现。

（4）你打算支付遣散费吗？如果是，你应该把遣散费和一份在解聘时需要由该员工签署的、具有法律约束力的授权协议书放在一起。

（5）在上半周安排一个时间与被解雇的员工终止合约，不要在周末的时候做这件事。你需要有足够的时间向留下来的员工解释为什么会发生这样的事情，以及这件事对他们意味着什么。如果他们不理解，他们或许会担心自己成为下一个被解雇的人，由此而影响士气。

（6）在终止雇用合同的时候，你应该直截了当，并且诚实地告知对方原因。不要因为试图让被解雇的员工感觉好受些而隐瞒真正的原因，这不会对事情有任何帮助，而且这样做还会让他感到困惑。如果你很喜欢这个人，你为什么还要解雇他呢？你需要明确地向他解释为什么你会做出这样的决定，并且给他一些建议，这样他就不会再犯同样的错误。这也是唯一你能帮得上忙的地方了。

（7）当你进行解释时，把重点放在具体的行为上。这位被解雇的员工需要清楚地知道他到底做了什么导致你们会做出这样的决定。

（8）你应该言简意赅。不要拖拖拉拉，这只会让事情变得复杂起来。

（9）花时间去回答那位被解雇的员工可能会提出的问题。这是你应该做的。

（10）不要闲谈。如果他恳求你再给他一次机会，你不能让步。你应该坚持你的计划，你解雇这个人是有很好的理由的，这意味着你已经尽了一切努力想让他做出改变，但现在已经太晚了。让他回到原来的工作岗位只会产生更多的问题和混乱。

（11）要求被解雇的员工在当天就收拾好自己的东西并离开公司。请记住，你无法阻止这个人与团队的其他成员沟通。人们肯定会谈论这件事，所以你需要让他尽快地离开办公室，这样你就有时间把所有人都聚集在一起，然后向他们解释为什么你会解雇这个人。

（12）如果你事先都做好了安排，你应该已经在同一天的下午安排了一场全体会议。当所有人都在一起的时候，你可以解释发生了什么，以及你为什么会这样做。不要在背后说那位被解雇的员工的坏话，这对你来说并没有什么好处。你应该表现出公平、诚实和富有同情心。诚恳地回答任何问题，然后让所有人回去继续工作。

这就是你处理类似问题的方式。如果你遵循了这些步骤，你就会发现事情并没有那么糟糕，而且你的团队甚至会因此而变得更强大。只要你是为了公司而不是由于个人原因才做出这样的决定，所有留下来的员工就都会对此表示理解并保持对你的尊重。

5. 销售的 22 条军规

现在是时候探索一些销售的艺术了。如果你不知道该如何进行销售，你就不可能扩大企业的规模。每一家创业公司的核心都是销售，而且 CEO 还必须是公司内的金牌销售，毕竟你有一家公司需要养活。当我开始创业的时候，我从来没有把自己看成一个销售人员。事实上，我很不喜欢销售这份工作，因为我根本不知道该如何进行销售，何况我心里还很害怕。但是作为先后好几家创业公司的 CEO，我也只能到处进行推销。我不得不销售各种各样的东西，我向我的早期员工售卖我的愿景，这样他们才愿意为了股权而不是现金加入我的公司；我售卖我的产品给第一个客户；我把公司的股权卖给投资人；而且我还把我们的故事卖给媒体。

下面就是我在销售的过程中学到的一些东西：

（1）为你的客户建立一个 360 度模型，这样你就能非常确切地知道谁才是你的目标客户。当有人走进你的大门的时候，你就可以立刻辨识这个人会不会购买你的产品，因此，你的客户资料越详细越好。

（2）全面地了解你的产品。不管你是不是一个工程师，你都应该明白产品的技术细节。你需要确切地理解你的产品是如何工作的，这样你才能有板有眼地回答任何合理的问题。花时间和你的团队在一起，也只有这样你才会明白所有的产品组件是如何组合在一起的。你的工程师正在使用什么技术堆栈？你为你的客户解决了哪些具体的问题？你的产品有哪些功能是你的竞争对手所没有的？在你的产品路线图上还有哪些其他的产品？如果你无法正确地回答这些问题，你很可能会向客户推销不合适的产品，从而导致出现一系列的问题，我就曾看到几次。当一个 CEO 不清楚在一个合理的时间框架内他的企业实际能交付出什么样的产品时，他不应该对客户做承诺。我认识的最好的销售人员都对他们的产品了如指掌。这也是为什么他们能达成其他人无法达成的交易。

（3）有一款出色的产品还不够，你还需要知道坐在谈判桌对面的那些人想从这笔交易中获得什么。每当对方允许你向他们进行推销时，在谈判桌上除了有你想要的东西，必定还有对方想要的东西。如果你不能准确地理解他们的需求，你很可能只是在反复强调一些对方根本不感兴趣的东西。销售的关键就是确保各方都能获得他们想要的东西，尤其是当你进行重要的战略性销售的时候。你的推销对象会对哪些东西感兴趣？他们是想要解决某一个具体的问题，获得某种技术上的优势，给公司的高层留下某种好印象，还是只想省点钱？也有可能在达成这笔交易上他们还有其他的动机，比如赚取一笔佣金？你必须事先了解这一切，否则，你就只能像无头苍蝇一样，毫无头绪。

（4）尽早发现谁才是真正的决策者，也许正在与你谈判的那个人并没有任何对交易的决定权。我见过一些创业公司浪费了大量的时间与一家企业的某个错误对象进行商谈，最终却发现根本就没有所谓的交易。

（5）如果你想和某家大型企业达成一项战略性的销售协议，让一个销售行家来负责相关的谈判是很有帮助的。这个人会真正相信你的产品，理解产品所蕴含的价值，并且还会愿意承担一定的风险来促使交易的达成。如果没有一个真正的销售行家，大多数企业的销售在一段时间后都会面临瓶颈，并最终陷入困境。想要避免出现这样的情况，你需要找到你的销售英雄，并把他当成你的合作伙伴来推进交易的达成。

（6）销售不仅是向对方进行推销，还需要向对方提出正确的问题。如果只是在那里滔滔不绝地吹嘘你的产品，你根本就不会意识到哪些才是正确的问题。你需要坐下来仔细地聆听你的客户正在说些什么，这要远比你对着客户完成你的销售演说更加重要。你对客户以及他们的需求了解得越多，就能更快地向前推进你的销售进程。

（7）我认识的最棒的销售人员并不会只盯着钱，从客户身上榨取尽可能多的价值也从来不是他们的目标。相反，他们真正想要做的是帮助他们的客户做出正确的决定。他们会去弄清楚什么样的方案对客户才是最有利的，而且如果某一个产品并不适合他们的客户，他们就会告诉客户不要再进行下去。这听起来也许有点不符合逻辑，但是从长期来看，这样的做法可以建立起相互的信任，而没有什么比建立在信任基础上的关系更加强大的了。如果你能清楚地表明你所做的事情始终会以客户的最大利益为核心，即便这意味着你在短期内会损失一些利润，而这个客户会成为你最忠实的长期客户。

（8）销售并不是对你的客户一遍又一遍地进行同样的产品解说，销售是一个创造性的过程。在不同的情形下，销售人员需要针对不同的客户，去了解并弄明白什么样的销售方式才是有效的。每当你进行产品解说时，你都需要注意客户的反应，并按照他们的需求来调整你的解说。顶尖的销售人员会不断地对他们的产品解说文档和讲解方式进行迭代，尝试新的方式，并观察什么样的方式才是真正有效的。请记住，无论你有多么优秀，你都能做得更好。

（9）不要咄咄逼人。没有人会喜欢一个过于急切的销售人员。让你自己冷静下来，试着靠在椅背上，用一种非常放松的方式和你的客户聊天。让他们来找你，不要把你的意愿强加给他们。

（10）你肯定听说过有些销售人员的语速非常快，这并不是一种赞赏。说话的语速不要太快，讲得慢一些，同时确保你的客户能明白你在说什么。你如何进行沟通与你具体说了些什么同样重要。

（11）你可以信口开河，但真正重要的还是数据。你能拿出确凿的证据来支持你的说法吗？你有没有证据证明你所说的就是实际发生的？一个出色的销售人员会花时间去收集所有他能拿到手的数据，并且用这些数据来支持他的每一次产品解说。如果你的解决方案更加便宜、更快、更有效，而且在使用的时候还更加简便，你最好已经准备好了相关的数据来支撑你的说法。否则，你不过是在吹牛罢了。

（12）如果客户想要的某种东西，比如产品的某种功能，是你的公司当下没有的，在没有咨询你的团队之前你就不要做出任何承诺，否则这只会让你自己陷入麻烦。相反，你可以记录下客户想要的东西，然后告诉他你会把这些需求带回团队，看看是否有可能把这些需求添加到产品的路线图中。你没有必要给出具体的日期，通常来讲只要与客户确认他们的需求就已经足够了。在这之后，你就可以和你的团队一起坐下来商讨是否要去满足这些需求。

（13）拒绝也是销售过程的一部分。只要你做过销售，你就肯定有过被拒绝的经历。不要害怕被人拒绝，这样做只会导致你承受不断增加的压力、焦虑以及抑郁。如果你想要对这种打击产生免疫力，唯一的方式就是去拥抱它，而不是回避它，把这一过程当成一次学习的机会。每当你被拒绝的时候，你都可以要求客户向你解释为什么他们不愿和你再谈下去。一旦你采用了这样的方式，你很快就会发现，遭到拒绝并不会给你带来多大的伤害。这只是获得有价值信息的必经过程而已。

（14）不要尝试改变客户的核心理念。虽然这并不是不可能的，你完全可以做到，只是这不值得你去花费时间。如果有人相信小型汽车是不安全的，那么试图把他们变成小型汽车的爱好者会耗费你巨大的精力。与其浪费你的时间，还不如直接卖给他们一辆大型汽车，这样效率还会更高一些。毕竟，这就是他们想要的东西。如果你没有大型汽车可以卖给他们，你完全可以把他们介绍给大型汽车的经销商。虽然你会因此而失去这笔生意，但是你可以把时间花在更有前景的项目上。

（15）让你的销售可感知。如果你想销售某款产品，最好能让你的客户触摸到这款产品，或者想办法用一些其他的方式来展示你的产品。你可以用视频、幻灯片投影、图像，或者任何可以让产品变得生动的方式。展示要远比单靠语言来解释更加有效。

（16）出色的销售人员不仅销售他们已有的产品，还会销售未来的前景。他们会创造一条时间线，并形象地展示出公司和产品的发展方向。然后他们会向客户解释，如果他们现在就购买这份解决方案，他们在将来可以获得比购买竞争对手的解决方案多得多的价值。

（17）精选潜在的客户。确保你现在正在接触的客户确实有购买的意愿。把时间浪费在一个不准备与你达成交易的人的身上是没有意义的。在双方会面之前，你应该能大致判断出达成有关交易的概率，如果成交的可能性很低，你就应该把关注点转到其他更有可能达成交易的客户身上。

（18）很多公司都有一个完整的流程来寻找和过滤潜在客户。方法是预先向客户提出一系列问题。有时候整个过程是通过网络调查来完成的，其他时候你还可以通过聊天机器人、电子邮件或者现场的市场代表来完成。在你拿到了有关的数据之后，你就应该按照达成交易的可能性尽快将潜在的客户进行分类，然后把最有可能在今天就会下单的客户放在最优先的位置。

（19）弄清楚你的底线。你在谈判一笔很大的交易时，需要弄清楚在这笔交易中什么是你能接受的，而什么又是你完全不能接受的，这对你来讲是非常有好处的。你应该预先与你的团队一起商量，并确定你想从这笔交易中获得什么，以及什么是你不能承诺的。你没有必要事先与另一方进行沟通，但是你的团队中的每个人都应该参与进来，这样你才能用一种恰当的方式促成交易。

（20）如果交易最后没能谈成，那么果断地放手，不要试图去挽回注定无法达成的交易。不管你是否曾为了达成这笔交易投入了好几个月的时间。如果谈判无法继续推进下去，就不要再把它保留在你的工作日程表上。在一笔已经陷入僵局的交易中投入再多的时间也不会给你带来什么回报。让谈判维持下去也许会让你感到好受些，但这只不过是在消耗你的脑力、精力和各种资源而已。所以放弃才是你更好的选择。

（21）建立你自己的销售渠道。你可以用复杂的CRM（客户管理）工具，也可以用简单的共享电子表格。关键是首先罗列出所有你目前悬而未决的交易，然后再依据一些非常重要的指标来对这些交易进行优先级的排序，比如交易金额、战略上的重要性、长期发展潜力、预计成交日期等。这种方法可以帮助你优先处理那些最重要的交易，并同时跟踪其余交易的进展。

（22）最后，你会发现只需要少数几笔交易就能给你带来绝大部分的销售额。对于大型的战略性的销售，情况更是如此。把你90%的精力集中在少数几笔具有决定性意义的交易上，因为这些交易具有把你的企业提升到另一个层次的潜力。比如，假设在你的销售渠道中有上百笔有可能达成的交易，把这些交易按照成交的概率以及对你的业务的总体影响力进行排序，如果其中有一笔交易产生的影响力是其他所有交易加在一起的两倍，你就应该把这笔交易放在远超其他交易的优先位置上。换句话说，不要将你的时间平均地分配给每一笔交易。

如果你能遵循这 22 条规则，你就会远远地超越绝大多数我认识的销售人员。

6. 面向公众演讲

作为一个 CEO，在公众面前进行演讲，是你无法回避的事情。即使你非常害羞，就像我很早以前一样，你也必须逼迫自己走到聚光灯下，并在大众的面前代表你的公司。对我来讲这一切都始于我创立"蜘蛛舞"的时候。最初我不得不在投资人的面前进行演讲，然后我又被邀请在一些活动中演讲，再后来就是接踵而至的电视台访谈、电台节目以及视频等。

最开始我的表现非常糟糕，我到现在还能记得，当时我面向公众演讲时往往会语带颤音。对此我根本没有办法控制，而这又会让我变得更加紧张。我是如何克服这一点的呢？我唯一做的事情就是让自己坚持下去，并逼迫自己抓住每一次在公众面前发言的机会，因为我知道，要想克服我的焦虑，这是唯一的方法。今天，你永远不可能知道我以前是个在课堂上几乎不说话的害羞家伙。现在，每年我会有超过 50 次的演讲，而且在演讲中我始终感到很轻松随意，再也不会像从前那样为此而感到头痛。我给你的建议是，去做就是了，无论你感到多么尴尬和可怕，最终你都能够克服。

除了要跨出舒适区之外，你还可以尝试一下刻意练习。在练习的过程中，你应该仔细地分析自己的具体表现，然后通过不断地调整说话方式，最终找到最适合你的演讲风格。你还可以尝试各种不同的技巧，观看那些你欣赏的人的演讲视频，并注意在哪些方面他们做对了，以及向你的听众和你信任的人征求反馈意见，你甚至还可以加入一个演讲俱乐部，比如像 Toastmasters（头马）这样的主持人俱乐部，或者雇用一个专业教练。我自己从来没有这样做过，但我知道这会有帮助。

在这里，让我和你分享一些我在这个过程中所学到的东西：

◎ **少即是多**——说话要简洁，让你的观点简明扼要。不要只在那里耍嘴皮子，不要浪费人们的时间。演讲中最重要的不是你自己，而是你的听众。

◎ **练习和遗忘**——想要完成一次完美的演讲，唯一的方法就是练习、练习、再练习。当你登上讲台的时候，你应该忘记一切。你讲的话应该发自你的内心，不要背诵台词，任何台词都不是生动活泼的，你只需要说出当时出现在你头脑中的内容。你了解你的业务，你很清楚你的公司是做什么的。所以大胆地抛开你的讲稿吧，你只需要让你的演讲内容保持真实和生动就行了。

◎ **摆脱电线的束缚**——只要有可能，使用一个颈挂式的麦克风，这样你就可以把你的双手解放出来，并更自然地使用身体语言。如果你找不到一个颈挂式的麦克风，至少去采购一个无线的手持麦克风。

◎ **运用身体语言**——录下你的演讲视频。仔细检查一下你的身体姿态，你是不是站直了，还是有点驼背？你的手放在哪里？不要害怕走动，让你的身体具有表现力。只要你研究过那些伟大的演讲者，你就会发现，他们会使用身体来强化他们的表达。

◎ **避开讲台**——即便讲台就在那里，你也没有必要使用它。讲台会在你和听众之间设立一道屏障。最好不要有任何东西把你与听众分割开来。

◎ **出场的方式**——你需要特别关注该如何走上讲台，这是在为你的演讲设定基调。你的步伐要轻快，上了讲台后你应该直接站在中央，在正式开讲前，你还应该停顿片刻以吸引听众的注意力。

◎ **声调和节奏的变化**——没有什么比一个在演讲时声调和节奏都没有变化的演讲者更糟糕的了。当你进行演讲时，你需要灵活地改变你的声调和讲话的节奏。当你需要强调要点的时候，你应该降低你的语速；当你兴奋的时候，你可以提高你的音调；当你传递一个权威信息的时候，你需要降低你的音量。

◎ **暂停的效果**——沉默和语言一样重要。停顿可以让你强调某些具体的要点。当你停顿时，你就抓住了听众的注意力，他们的视线此时就会集中在你的身上。你保持沉默的时间越长，听众的期待值也就越高。你不妨试一试，你会发现停顿的力量。

◎ **谱写你的交响曲**——把你的演讲看成一首交响乐，而你就是作曲家。杰出的交响乐总是音调有起有落、节奏有快有慢，并且逐步走向高潮。另外，它们都有一个清晰的结构。你不妨仔细地聆听贝多芬、巴赫以及莫扎特的作品，并注意他们是如何构建他们的杰作的。从这些杰出的作曲家身上去获得灵感吧。

◎ **给你的听众惊喜**——不要害怕去做一些非同寻常的事，甚至稀奇古怪的事。也许你可以播放一段出人意料的视频，讲述一个搞笑的故事，或者演示一款很有趣的道具。只要能抓住听众的注意力并把他们唤醒，无论你做什么都是可以的。

◎ **提出 1 个要点**——当你制作投影文档的时候，每一张幻灯片上应该只放一个要点。绝不要把 3 个要点都挤在同一张幻灯片上，这样做只会让你的听众感到困惑。

◎ **6个单词的规则**——永远不要把你的幻灯片填满文字。我有这样的一条规则，每张幻灯片上绝不超过6个单词，这应该也是你的目标，这样一来，坐在下面的听众就可以在几秒钟内就读完整张幻灯片。如果你不能做到这一点，他们就很可能会错过你的讲解并为此而感到沮丧。这是因为人类并不擅长同时处理多项任务，他们很难做到在阅读文字的同时还能听清你的讲述。如果你想让听众倾听你的演讲，屏幕上出现的文字越少，效果也就越好。

◎ **把你的内容视觉化**——用让人赞叹的照片以及图像来填满你的整个幻灯片页面，以及强化你的主要观点。用插图、动画、视频以及三维模型来表现你的创意。你做的视觉效果越是吸引人，底下坐着的听众就能更多地记住你所说的内容。人们会忘记他们听到的大多数内容，但绝不会忘记他们看到的图像。当听觉和视觉的效果结合在一起时，记忆的效率就会大大地提升。

◎ **了解你的听众**——了解坐在下面聆听你的演讲的听众。他们有什么背景？为什么他们会来听你的演讲？他们想从中得到什么？你预先收集到的信息越多，准备得也就越充分。

◎ **高质量的内容**——专注于向听众提供高质量的、可操作的信息和思想，不要一味地在那里推销某种东西。大多数人并不想被你兜售什么，也不关心你正在做什么。他们关心的是他们自己正在做的事情，而且他们想要的是能够帮助他们的各种信息。所以，把你的演讲内容聚焦在帮助他们解决各种不同的问题上。

◎ **大胆一点**——不要胆怯，用清晰且有力的声音进行演讲。尝试用你的言语和肢体动作来表现你的自信，哪怕你一点儿也不自信。

◎ **不要大声喊叫**——过度的强势是没有用的，在这一方面我自己也需要改进。激情是有极限的，最好用一种平和的语调来进行演讲。如果你的内心充满了激情，你的激情就会以一种更加自然的方式表现出来。你没有必要表现得太夸张。

◎ **放慢语速**——讲话的语速不要太快，否则没有人能明白你到底在说些什么，尤其是如果音响系统的质量有问题，或者你带有某种口音的时候。

◎ **与听众保持眼神交流**——与你的听众建立联系。至少与一位听众保持眼神交流。找到一位专心的听众然后直接对着他演讲。你接收到的每一个新的、积极的反应都会给你注入更多的能量。不要去管那些正在打电话的人，他们对你来讲已经无关紧要了。

◎ **在你的心中做笔记**——在你进行演讲的同时，仔细地观察你的听众，因为他们可以给你实时的反馈。观察他们对你演讲中的哪一部分内容会做出反应，以及哪些内容会让他们感到无聊或者困惑。你应该在心中对这些反应做好笔记，这样下一次演讲的时候你就能加以改善。

◎ **始终不断地进行迭代**——准备一次演讲并不是一锤子买卖，这是一个不断迭代的过程。我从来没有过两次完全相同的演讲，我总是在不断地进行改进。在每一次演讲结束后，我都会对投影文档进行重新编辑，改变用词，把那些没有引起共鸣的内容砍掉，然后添加完全新鲜的材料。你也应该这样做。

◎ **永远不要停止尝试**——在每一次演讲中都尝试一些新的和不同的东西。不要害怕会搞砸或者走得太远。事实上，你应该尝试去突破你的边界。比如，讲一些笑话，看看效果会如何；表现得风趣些，或者变得更严肃一些，用不同的技巧和内容进行试验。你尝试的变化越多，你的演讲就会变得越好，越有创意。

7. 市场营销和客户获取

企业的扩张通常都取决于市场营销和客户获取。很多创业公司都犯了一个错误，即它们没有尝试用足够多的不同渠道去获取客户，而这最终限制了它们。仅仅测试一到两个渠道是不够的，创业公司至少应该每个月尝试一种全新的渠道，这是因为渠道本身也在不断地发生变化。实际上有上千种不同的方式可以获取客户，而如果你能在你的竞争对手之前找到最合适的方式将会使一切都变得不同。如果你能率先找到这种方式，并充分地利用它，你就会拥有极大的优势。

请对照一下，下方列出的这些基本的市场营销和客户获取策略是否都已经在你的清单上了：

◎ 搜索引擎优化

◎ 搜索引擎营销

◎ 网络广告营销

◎ 超本地化营销

◎ 集客营销

◎ 社会化营销

◎ 内容营销

◎ 客座博文营销

◎ 公共关系

◎ 游击营销

◎ 视频广告

◎ 展板广告

◎ 电子邮件营销

◎ 重定向广告

◎ 战略营销

◎ 网站联盟

◎ 推销电话

◎ 服务营销

◎ 病毒营销

◎ 推出新平台

◎ 贸易展览会和交流会

◎ 私人活动

◎ 公共演讲

◎ 交叉销售

◎ 传统广告

　　为了测试不同的市场营销渠道，你需要首先计算客户的平均生命周期价值，并确保这一价值可以显著高于平均客户获取成本加上商品成本之和。只要上述这个等式成立，你的业务就能够正常地运转起来。等式两边的差值越大，这一市场营销渠道的价值也就越大。

　　你的目标应该是用尽可能快的速度尽可能多地尝试各种不同的营销渠道，这样你才有可能找到效果最好的渠道。你会发现，当你只有很少的市场预算时，有些渠道还是相当不错的，但是，当你的市场预算增长到一定程度的时候，这些渠道很可能就跟不上你的需求了。随着时间的推移，对你有效的渠道会不断地发生改变。其中有些渠道将不得不退出，另外一些渠道会变得越来越有竞争力。这就是为什么你需要不断地进行实验和尝试。市场营销是一个不断发现的过程，绝不是一旦正常运作起来以后就可以不管不顾的领域。

正是上述这些原因，建立一支强大的内部营销团队就显得非常重要了。你无法简单地把你的市场营销外包出去，因为有效的市场营销首先需要了解你的公司的内部信息。但这并不是说你不应该寻求外界的帮助，你还应该经常聘请一些新的咨询顾问，并在某些特定的时间段将他们与你的团队进行整合，让你的团队可以从他们那里学到一些新鲜的东西。如果你这样做，你就能领先你的竞争对手一步，并因此而获得巨大的市场营销优势。

8. 设计工作空间

随着企业不断成长，你会搬进新的办公室。硅谷的创业公司都有一个传统，它们会把获得的风险投资花在独特的创意空间上。这些工作空间的设计不仅看起来要让人感觉时尚，能够给人留下深刻的印象，而且还往往会运用神经科学、社会学以及人类行为学等领域的研究成果。其目的是增强员工的协作、沟通以及创造力。

NBBJ 是负责为亚马逊、谷歌以及韩国三星设计企业总部的建筑公司，这家公司的管理合伙人斯科特·怀亚特（Scott Wyatt）解释道："通过测试，我们可以弄清楚某些特定的设计对于在其中工作的员工会产生什么影响。"比如，你的座位离某个人有多远将决定你与这个人产生互动的可能性。在一天的工作中，仅仅简单地扫视你的同事就很有可能极大地增加你与他们互动的概率。

"有很多研究表明，天花板比较高的空间可以提升抽象思维，而天花板比较低的空间对于数学思维会更有好处。"NBBJ 的设计师安德鲁·厄曼（Andrew Heumann）补充道。声音同样在员工的工作效率上起到了至关重要的作用。稍稍一点噪声实际上是有利于提高员工的工作效率的，而图书馆往往就太安静了。研究发现，70 分贝的背景噪声对于大多数人来讲都是最合适的，这样大小的噪声足以激发人们的创造力，但又不足以干扰人们在工作时的注意力。

在一个空间中，几乎所有的元素都会对你的员工的表现产生影响。比如，暖色的灯光可以降低人们感受到的压力并提升人们的认知能力。另一项研究发现，通过把自助餐厅中的小桌子换成大桌子，员工在回到办公室后与其他同事进行互动的可能性提升了 36%。

基石研究咨询公司（Cornerstone）和哈佛商学院发现，如果员工能够坐在一个合适的人的身旁，他们的劳动生产率就能提高 15%。把优势互补的人进行配对，其效果是最为明显的，最终他们之间会展开合作并互补。另一方面，坐在一个心态非常负面，态度又极其消极的人的身旁会极大地降低员工的工作效率，以及增加员工离开公司的可能性。

史蒂夫·乔布斯就非常痴迷于办公室的设计，他曾非常积极地参与了对皮克斯（Pixar's）公司办公室的重新设计。他希望能确保管理人员和编辑可以在同一幢楼内办公，他不想把他们分开。他甚至想限制厕所的数量，这样来自公司不同部门的员工会在工作时间里随机地碰到一起。研究表明，在工作中偶然的相遇往往会激发员工之间进行更多的创意分享和合作。

如果你观察苹果新的总部大楼，你就会发现，乔布斯把它设计成了一个巨大的"甜甜圈"，其目的是引导员工的走动方向，比如这样做可以让他们在去会议室的时候以及在会议结束后不得不穿越彼此的工作空间。这个巨大的"甜甜圈"的中心部位还留出了一个开放的绿色空间，员工们可以在这里休息、用午餐、与其他人会面并举行各种活动。乔布斯还非常在意在办公空间里员工们的行走路径，因为他明白，在任何一天的工作时间里员工之间沟通的机会越多，交换的信息和知识也就越多。

一家公司可以被看作一个活的生物体，其中每个人都是一个庞大的大脑的一部分。大脑中的神经元越多，大脑也就会表现出更多的创造力和更高的工作效率。这就是为什么大多数硅谷的创业公司在其内部都安排了开放的空间，以便让员工可以在这一整天的工作时间里随时进行轻松的交流。这样的交流和你在会议中或者走到某人的办公桌前进行的互动是完全不同的。当员工随意闲聊时，他们就会以一种更加开放的、轻松的方式来谈论他们当下的工作。这不仅能让一些在正式的场合中无法获得沟通的信息得到交换，还能促进新的合作关系以及增进友谊。

出于同样的原因，很多科技公司都已经取消了封闭的格子间，取而代之的是开放式办公桌。它们希望每个人都能聚集在一起工作，并且每个人全天都有机会进行眼神的交流，它们不希望让物理的屏障把所有人分割开来。有些公司的办公室甚至硬性要求员工必须在一周的时间里每天都更换座位，这样每一位员工几乎每天都会和公司里不同的人坐在一起。这种做法实际上隐含了一个假设，即随着每一次新的互动的发生，这家公司也将变得更聪明和更具有创造力。

同样的想法也促使一些企业在公司内部建立游乐区，其中必备的有乒乓球桌和桌上足球。在鼓励团队合作以及增进感情方面，没有什么东西能够超过体育运动和游戏了。有些创业公司甚至配备了小型的高尔夫球场、按摩椅以及电子游戏机房。这些东西看上去也许有些无聊，但是安装这些设备的目的是让员工能彼此敞开心扉，建立起超越工作的关系。只有亲近的关系才能让团队成员真正走到一起，从而产生整体大于部分之和的效果。

这些让人身心开放的措施都有利于合作的形成，但也会对员工注意力的集中产生负面影响。来自家具制造商 Steelcase 的三位高层管理人员在《哈佛商业评论》上撰文指出："人们感受到了一种迫切的需求，即需要有更多的隐私，不仅在埋头工作时，而且在应对当今工作的强度时。"按照他们的研究，无法专注于桌面工作的员工人数已经出现了16%的增长，这也是很多创业公司正在建立安静区域的理由。当员工需要在不受打扰的情况下进行思考的时候，它们希望能够为员工提供一个有安全感的场所。但是，仅有安静的空间可能还不够。

在 2017 年，大约 70% 的美国办公室只有很低的隔断，或者根本没有隔断。有些专家现在相信转向开放办公室的设计是一个巨大的错误。企业软件分析师威廉·贝尔克（William Belk）所做的一项调查发现，有58%的高绩效员工需要更多的私人空间来解决问题。心理学家尼克·佩勒姆（Nick Perham）发现，办公室噪声会降低工作人员回忆信息并完成类似算术这样的简单任务的能力。另外，缺乏隐私和不断地受到干扰会使员工产生巨大的压力，降低员工的劳动生产率，并导致出现健康问题。在硅谷，这已经引发了员工的强烈反对以及专家之间的激烈辩论。

在硅谷，有一个争议比较少的趋势是把户外的感受带入室内。自从人类出现以来，在绝大部分的时间里，人们都是在户外工作的，所以在我们清醒着的几乎所有的时间里把自己禁闭在一栋大楼里是一件违反自然的事情。这就是为什么设计师们正在想办法在办公室的内部模拟室外的环境。他们开始在室内添加宽敞的开放空间，安装大面积的窗户，引入自然光进行照明，并且放置各种绿色植物。他们甚至从室外抽取新鲜空气，并用泥土的色调来装饰墙壁和家具。有些公司还把天花板都漆成了蓝色，因为他们认为蓝色可以抑制褪黑素，而正是褪黑素这种化学物质会让人感觉疲倦。如果一个人抬起头就能看到蓝色，大脑就会告诉他现在是白天，哪怕真实的时间已经是晚上。

在这里我只不过稍稍提及了一些工作空间设计背后的科学，但是，当你的公司规模不断扩大以后，我希望这些内容能够激起你对于你的办公空间更具有创造性的思考，并让你真正关注办公环境将如何影响你的员工的工作表现，以及他们工作和生活的总体品质。

9. 小心那些平台公司

很多创业公司会选择在一些主要的平台上发布它们的产品或服务，这样的平台包括：亚马逊、阿里巴巴、Salesforce、微软、Facebook或者微信。因为这样做的好处有很多。这些创业公司可以利用一个已经成熟的基础架构、品牌、用户基础以及生态系统来构建自己的业务。所有这些加在一起可以让创业公司以远超由他们自己独立建立起所有的速度快速地成长起来，尤其是在这家创业公司选择的平台还填补了一个从未被满足的强烈需求的情况下。

但是，当这家创业公司成长到一定程度，以至引起了这些平台大公司的关注时，问题就会出现。以它们所具备的可以洞察自己平台上一切的能力，它们能够很快地发现究竟是什么机制在起作用，以及这些机制对于它们自己的用户价值到底有多大，在这个时候，这就很有可能会出现利益上的冲突。尽管它们会很高兴有创业公司在它们的生态系统内进行创新，但它们还是会想要控制其中最为核心且最有利可图的部分，这样它们不但能将提供给用户的价值最大化，而且还能够提升它们自己的利润。这意味着，如果这家创业公司所提供的产品或服务具备了战略价值，它所在的平台公司要么会选择收购这家创业公司，要么会直接拷贝相关的模式。

如果收购的报价很不错，这对于创业者来说就不会有什么问题。但是，如果这些大公司向这家创业公司只报了一个很低的价格，或者简单地推出了它们自己的版本，创业者就会陷入困境。在这些大公司自身的领地内，你几乎不可能与它们展开正面的竞争，它们拥有极其巨大的优势。它们可以用一种任何第三方都完全无法匹敌的方式将任何产品或服务完整地集成到它们自己的平台上。它们的用户对其有一种盲目的信任，所以它们对原有的用户进行推广几乎不需要成本。让我们面对这样一个现实吧，当你的竞争对手拥有你与之展开竞争的平台时，整个竞争环境就会对你极端不利，所以你根本没有任何赢的机会。

那么创业者应该如何应对呢？避免使用任何其他人的平台？不幸的是，这并不像你想象的那么简单。今天的数字世界就是由这些平台构成的，回避使用这些平台，同时还要让你自己仍然具有一定的竞争力常常是不现实的。几乎没有任何创业公司（当然我并不排除会有那么一到两家）有能力建立起自己的、可以与 Facebook 相提并论的社交网络，或者建立起能与亚马逊抗衡的电子商务门户，又或者建立起与 Salesforce 一样强大的客户关系管理平台。这根本就不现实，而且很多非常好的商业机会都需要依赖于类似的网络平台才能获得成功。

下面我会告诉你一个关于这些平台规模的概念。按照市场研究和咨询公司 Pivotal Research 的报告，全球数字广告费用（不包括中国市场）

的 84% 都被两家公司收入了囊中，这两家公司就是 Facebook 和谷歌；亚马逊目前包揽了美国所有在线产品搜索以及电子商务近一半的收入；Salesforce 则是客户关系管理的市场领导者，其营业收入在 2018 年 1 月结束的财年中超过了 100 亿美元，比去年同期增长了 25%。当大多数的市场活动都发生在这些大平台上时，你根本就不用奇怪为什么会有那么多的创业公司会选择在这些平台上建立自己的业务，即便它们知道所有与这些服务相关的数据都会直接落在一个潜在的竞争者的手上。

不幸的是，对于创业公司，这样做的风险是巨大的。总部设在纽约的非营利性调查公司 ProPublica 在 2016 年对亚马逊展开了调查，并发现亚马逊的搜索算法常常会诱导用户离开廉价的商品，让他们转而关注亚马逊的白标产品，这种做法显然损害了在亚马逊平台上经营的商户的利益。谷歌在看到了大众点评类应用 Yelp 的成功后，现在已经开始直接与这家创业公司展开竞争，它的做法就是在谷歌搜索中添加自己的评论功能。通过向自有内容提供有倾向性的支持，谷歌正在逐步地蚕食 Yelp 的业务。这只不过是一个更加普遍的问题的反映。事实上，欧盟以谷歌涉嫌反竞争行为为由对谷歌处以了 50 亿美元的罚款。如果你认为美国创业公司的处境很艰难，中国的情况也好不到哪里去。在中国，阿里巴巴、腾讯和百度也以同样的方式主导了整个市场。从全球来看，大公司的规模正在变得越来越大。

罗斯福研究所的经济学家，比如马歇尔·斯坦鲍姆（Marshall Steinbaum）就认为这些公司实际上已经涉嫌垄断，它们压制竞争以及抑制创业公司的发展。Facebook、谷歌、苹果以及亚马逊"正在形成权力的高度集中，这会导致大公司过早的死亡以及抑制小公司的发展。"斯科特·加洛韦（Scott Galloway）说道。斯科特是纽约大学斯特恩商学院的教授，也是畅销书《四巨头》的作者。在这本书中他写道："带有'亚马逊'字眼的新闻稿件有能力在数小时内拉低整个行业的价值。"

斯坦鲍姆声称这些准垄断企业是近期美国创业公司增量放缓的原因之一。Facebook 可以做到一旦它看到有哪家创业公司正在获得快速上升的势头就立即花巨资收购，对于 Instagram 和 WhatsApp，它就是这样做的。如果当时这两家公司不同意 Facebook 的收购，Facebook 可以很简单地盗取它们的最佳创意，这就像它之前对 Snapchat 做的那样。对于那些不喜欢的应用，苹果的做法是直接拒绝其更新，比如 Spotify 就曾遭受过这样的待遇。按照《算法的陷阱》的作者阿里尔·扎拉奇（Ariel Ezrachi）和莫里斯·斯图克（Maurice Stucke）的说法，那些大公司装出想要与其他公司竞争的样子，并且还鼓吹自由市场，实际上却在采取行动以巩固自己的垄断地位。

"亚马逊、谷歌、Facebook 以及苹果几乎已经汇聚起比历史上任何其他的商业实体都更加庞大的经济价值和影响力。"加洛韦说道。这四家公司的市值加起来已经超过了包括法国在内的很多国家的国民生产总值。就这些企业的规模来讲，它们创造的就业岗位相对来讲还是很少的，且由于采用了更加聪明的会计记账方式，它们缴纳的税费同样也是最低的，另外，它们还非常精准地压制了任何可能会出现的激烈竞争。想象一下，如果这四家公司中的某一家对一家创业公司说，要么按照它给出的条件被收购，要么就准备好被彻底地碾压，你认为这家创业公司会做出怎样的选择？这将导致投资人不得不以较低的估值更早地退出，从而使投资人更难获得继续支持新的创业公司所需要的回报。

但是，这并不意味着创业公司在一个由超大型公司统治的世界里无法存活下去，有很多公司通过开发巨头之间的边缘市场而获得了成功。

它们还可以使用新技术，通过在平台之外创造出价值来获得某种竞争上的优势。随着每一批新技术的出现，创业公司仍然有机会创造出新的经济模式并建立下一代的平台。亚马逊、谷歌、Facebook 以及苹果并不是电子商务、广告、搜索、社交网络以及操作系统的最终体现。在未来，各种创新肯定会远远超出我们今天的想象。运用各种全新的尖端技术，比如增强现实、人工智能、量子计算以及脑机界面，新兴的企业必定会重新定义我们如何进行互动、购物以及获取信息的方式。

这一切的出现只需要某一家大公司错失一次机会，而与此同时，另有一家创业公司能够率先闯入这个全新的领域，并且以足够快的速度建立起它的防御性平台。正如我们在过去所看到的，网络效应是极其强大的。尽管谷歌在当时已经拥有了那么多用户、数据以及人才，却依然无法与突然爆发起来的新贵 Facebook 竞争。即使谷歌也建立了一个它自己的复杂的社交网络，强制数百万用户进行了注册，并且还策划了一批非常正面的公众宣传，最终也没有获得成功。没人在乎，也没人想用谷歌的社交网络。Facebook 从那时起就已经成功地站住了脚跟，并且牢牢地抓住了用户。

还记得太阳微系统公司、诺基亚、IBM 以及微软在科技领域中似乎完全占据了主导地位的那个时代吗？现在只有微软还是一个强有力的竞争者。太阳微系统公司已经变得无足轻重，而且已经被甲骨文公司吞吃完了它剩下的残骸。诺基亚则输掉了智能手机这场竞争。IBM 最终还是选择放弃硬件，转向服务，并且不得不再一次尝试重新定义自身。它的最新定位是一个人工智能平台，但到目前为止，它还是没有证明自己。

所有这些昔日的巨人都没有能够预见和阻止谷歌、Facebook、亚马逊以及苹果的崛起，那么为什么我们会认为这一代的巨人会有所不同呢？我仍然还能够记起当时所有人都在说，没有人可以和微软抗衡，因为它控制了个人计算机操作系统超过 90% 的市场份额。人们最多只能在其中添加某个功能，或者将他们自己的版本与 Windows 进行捆绑，然后再将大多数其他的软件公司挤出市场。但现在你就会发现，个人计算机的重要性已经和以前完全不能相提并论了。移动设备目前正处在不断上升的势头中，微软实际上已经输给了苹果的 iOS 移动操作系统和谷歌的安卓系统。

所以不要轻易地放弃希望，在这个游戏中，你仍然可以赢。创业肯定是艰难的，无论你回到多么久远的过去，弱小的人类始终在依靠自己的智慧和敏捷躲避来自泰坦巨人的攻击，并让自己能够生存下去。采用同样的方式，一些在校的大学生创立了微软、Facebook 以及谷歌，所以下一代的巨人也会用同样的方式诞生。如果我们以史为鉴，就会知道今天的巨人必将成为明天的恐龙。

10. 不公平的优势

在商场上，那些所向披靡的企业之所以能赢和公平没有关系，事实上情况恰好相反。它们之所以能赢是因为与其竞争对手相比，它们拥有不公平的优势。如果你的公司与其他公司没有什么差别，你就不可能获取高额利润并主导整个市场。下面我罗列了一些企业设置障碍用来维护它们的业务、阻碍竞争对手并控制市场的方式。

◎ **网络效应**——一款产品或服务的价值会随着使用它的人、公司或者其他实体数量的增多而递增。像 Facebook、Snapchat 以及微信这样的社交网络，它们的市场价值取决于使用这些网络的人数。即使有客户想转换门庭，他也几乎不可能把他所有的朋友都同步迁移到新的服务平台上，这实际上在无形中给它们的竞争对手制造了巨大的障碍。

◎ **数据的获取**——数据是未来真正的资产，而且现在一波规模极其庞大的圈地运动正在进行之中，所有人都想拥有最有价值的数据。如果一家像亚马逊这样的公司能够生产专有的数据，并利用这些数据向其客户提供优质的产品和服务，它就具有了显著的竞争优势。Facebook 和谷歌之所以能够成为当今世界上最大和最赚钱的广告服务网络，专有的用户数据在其中扮演了一个非常关键的角色。

◎ **资本**——仅仅比竞争对手拥有更多的现金就可以让你拥有巨大的不公平优势。那些拿到了数亿美元融资的独角兽企业，在到手了大笔现金后，会运用自己手中庞大的基金与竞争对手争抢客户、压低价格，并把一些更小的竞争对手直接挤出市场。

◎ **技术**——如果一家公司的产品只是比其他公司的同类产品稍有改善，它的竞争对手就可以很容易地在价格和功能上与它展开竞争。但是，如果这家公司的产品要比其竞争对手的同类产品好上两倍、三倍，甚至四倍，它就能主导整个市场。这种情况通常在一家公司开发出了它的竞争对手还不具备的高新技术时才会出现。英伟达公司就是其中一个很好的例子。这家公司在研发上投入了极其庞大的资金，并且在图形处理技术的开发方面一直处于遥遥领先的地位。

◎ **提供最大的价值**——像亚马逊这样的公司非常擅长于向客户提供最大的价值。亚马逊一直在思考如何向其金牌会员提供比其他的电子商务网站更多的价值，包括免费送货、更快的送货速度、更低的价格、音乐、视频、电子书等。

◎ **锁定客户**——甲骨文是锁定客户的绝顶高手。它的软件要求深度的集成，一旦某一家公司采用了它的产品，转换门庭的成本就会变得极其高昂，即便竞争对手开出更低的价格，甚至承诺提供免费的服务，也很难抢走甲骨文的客户。

◎ **网上集市**——类似易贝这样的公司已经展现了网上集市的能力。如果一家创业公司能够率先吸引相当数量的买家和卖家，它就可以获得成功。买家总是会选择卖家数量最多的网上集市，因为这可以确保获得最低的价格以及最多的选择，而卖家又总是会跟随买家。一旦有某一家公司能够同时吸引住买卖双方，其他人想要复制这种模式就会非常困难。

◎ **定义一种产品的品类**——仅仅成为某一个产品品类的一部分是不够的，那些最成功的创业公司都拥有一个完整的产品品类，这通常意味着它们的产品实际上已经成为这个品类的代名词。拿舒洁为例，这个品牌是如此受人欢迎，今天的人们会很自然地说"请给我一张舒洁"而不是说"请给我一张面巾纸"。苹果在 MP3 音乐播放器上的影响力达到了同样的程度，现在 Podcasting（播客）已经成为一个正式的英文单词，这是因为当初 iPod 独占了音乐播放器的整个品类。而谷歌对于搜索引擎市场的主导也达到了类似的程度，今天我们会脱口而出："让我们谷歌一下吧！"

◎ **行业标准**——成为一个行业的标准，比如微软的 Windows 操作系统，就可以将竞争对手拒之门外。一旦所有人都在使用某一款软件，这款软件的价值就会呈直线上升。很多公司都曾尝试发布新的操作系统，但它们中的绝大多数都输得很惨。微软对于 Windows 寄予了厚望，而这也是为什么这些年以来在第三世界的国家里，微软会允许人们随意地拷贝 Windows。尽管微软说这样做是不合法的，它却并没有真的去阻止人们制作这些拷贝，因为它知道，成为一个行业的标准要比短期的利润更加重要。

◎ **规模经济**——通过优化从生产制造到供应链再到分销渠道等环节，一家公司的规模越大，它就能越加充分地利用规模经济的优势。你只需要观察一下沃尔玛当初是如何把一些规模更小的商店挤出零售市场的就能明白这一点了。

◎ **垄断**——我们都知道垄断的力量。标准石油信托公司是一家非常著名的公司。从运输到钻探再到石油精炼，这家公司几乎对所有的环节都有非常强大的控制力，以至事实上已经没有任何竞争对手可与之匹敌。当它进入一个新的市场后，它已经可以做到一直维持一个很低的价格，直到把它的竞争对手拖垮。最终美国政府不得不通过反托拉斯法才削弱了它在整个市场中的主导地位，并拆分了这家公司。

◎ **专利**——进入某个市场的最大障碍之一是产品的专利，如果有一家公司在扩大了自己的规模后主导了市场，它所持有的产品专利就会成为阻挡所有竞争对手的利器。在苹果、三星、微软、亚马逊以及高通等一些大公司之间一直存在着无休止的专利战争。每一家主要的大公司都依赖自己的专利来抵御并阻挡它的竞争对手。

◎ **关系**——与关键的战略性合作伙伴以及政府官员建立关系能够让企业拥有巨大的竞争优势。你只要看一些大型的制药公司每年在建立关系上花了多少钱就知道了。它们不但将钱塞入了政客的口袋，而且还投资了大量的时间、资源以及金钱来培养它们与医生以及医务管理人员的关系。

◎ **搭上一波趋势**——当某一家公司成为一种新兴趋势的代名词时，它就能乘着这波浪潮一路到达彼岸。比如露露柠檬（Lululemon）搭乘着瑜伽健身的热潮建立了服装帝国，或者蓝瓶咖啡（Blue Bottle Coffee）追随着极品咖啡这股潮流，最终以5亿美元的估值被其他公司收购。

◎ **政府的政策**——如果一家企业的发展方向和政府的政策非常契合，它就可以利用这一点来回避可能出现的竞争。只要回顾一下百度和谷歌在中国的发展你就能明白这一点。百度遵循了政府设定的规则并且还充分利用了这一优势。而谷歌因为没有这样做，所以不得不离开中国市场。

◎ **进入市场的速度**——如果某家公司是第一家用新的技术、优质的产品或者更低的价格进入某个市场的企业，它就有了一定的优势可以让后来的竞争对手无法站稳脚跟。那些有意愿快速应对市场变化的企业总是第一个在市场上降低价格、提升服务、推出新型号，并采用最新的技术。通过始终领先竞争对手一步，它们主导了自己所在的市场。三星电子就是其中一个很好的例子。它一直在努力成为第一家采用最新技术的企业，这实际上也是它抵御低价竞争者的核心战略的一部分。

◎ **品牌**——在某个市场上拥有最受用户认可的品牌会让所有的事

情都变得不同。用户会购买的往往是那些他们最了解的产品。当他们在一家杂货店或者超市购物时，购买他们之前曾经用过的品牌产品比购买一个他们从未听说过的竞争对手的产品让他们感到更舒服。无论在哪一个产品品类中都是如此。一旦有一家企业建立了一个占据市场主导地位的品牌，其他人就很难在一个公平的基础上与之竞争。

◎ **媒体关注**——获得媒体的关注是一个不公平的优势。如果某家公司总是出现在媒体上，人们就会对其另眼相看。从提高个人工作效率的应用到剃须膏，在网上，这一切离你的距离实际上只差一个点击。首先出现在人们头脑中的名字就是那些他们在电脑中输入的名字。亚马逊或许不一定提供网上的最低价格和最好的服务，但因为我们在媒体上经常听到它的名字，这让我们感到亚马逊是网上购物时最自然的选择。亚马逊的会员日甚至已经成为一个特殊的日子，相当于夏季的黑色星期五，这在很大程度上要归功于媒体的关注。

◎ **名人效应**——因为名人都有一定的知名度以及一定数量的粉丝群，仅仅一次活动就有可能创造奇迹。你只要看一看耐克是如何通过获得来自全世界各地顶尖运动员的独家代言而成为其所在市场的主导者的就知道了。

◎ **领域专长**——那些有能力改进一个复杂的流程，并且在它们所在的行业积累了更多知识和专长的企业始终能够在竞争中胜出。比如，在竞争极为激烈的半导体领域中，英特尔公司一直维持着行业领先地位。

◎ **商业机密**——通过对其配方进行严格的保密，在过去的 120 多年里，可口可乐公司围绕着自身的业务为其竞争对手设置了重重障碍。只要竞争对手不知道这个秘方，它们就无从复制。

◎ **退出陷阱**——很多公司通过降低客户的前期成本成功地锁定了它们的客户，如果客户想要离开，它们就会向客户收取一笔很大的费用。电信运营公司威瑞森和AT&T在它们的手机业务上已经这样干了好几年。如果客户同意签署多年的服务合约，它们就会在手机上给出很高的折扣。合约的年限越长，它们建立起来的壁垒也就越高。

◎ **合伙关系**——与关键的合作伙伴签订独家协议可以把竞争对手阻挡在重要的分销渠道之外。在我撰写这本书的时候，Netflix将其视频娱乐服务与移动电话运营商T-Mobile公司的手机服务捆绑在了一起。换句话说，T-Mobile的客户现在可以获得免费的Netflix视频节目。这就使得葫芦视频网、康卡斯特有线网络服务公司、HBO电视网等其他竞争者都更加难以争取到新的付费客户并与之签下长期的服务合约。

◎ **专用耗材**——如果一家公司同时生产某一款产品以及相关的耗材，它就可以提高利润率并且在市场营销的费用上超越竞争对手。你只要看一下吉列的刀片、惠普的打印机以及克里格公司的咖啡机就可以明白这一点了。大多数的消费者会选择默认的耗材，也就是从产品的制造商那里购买配套的耗材，这样这些公司就把它们的竞争对手从市场上最有利可图的那一块中驱逐了出去。

◎ **学习曲线**——有些产品需要客户花很长的时间去学习，而一旦人们接受了针对这些产品的训练，他们就不会再想做出改变。

奥多比系统公司通过销售面向图形艺术家、视频编辑人员以及其他创意人员的软件赚到了大钱。客户不得花时间来学习如何使用这些复杂的产品，而一旦他们在一款产品上投入了大量的时间，他们就不太会转向另一种解决方案。

◎ **产品服务化**——像劳斯莱斯这样的公司已经将喷气式发动机业务转变成一种服务，这使得其竞争对手实际上已经没有可能再踏入这一市场。喷气式发动机当然不是便宜的产品，但是该公司并没有对发动机直接收费，而是将发动机作为服务套餐的一部分提供给了航空公司，其中还包括了发动机的保养以及一个按照发动机的使用次数进行收费的商业模式。这使得航空公司可以更好地控制成本，同时也让劳斯莱斯的竞争对手很难打入市场。由于非常高昂的前期成本加上长期的服务合约，复制这一模式实在是太过昂贵了。

◎ **生态系统和平台**——建立一个生态系统是取胜的最佳途径之一，这也常常被称作平台运作。一家创业公司可以通过引入第三方进入自己的平台从而向客户提供一系列附加的产品和服务，来为这家公司的产品创造出附加的价值。Salesforce 就是一个完美的案例。尽管 Salesforce 现在已经不是最好的客户关系管理解决方案，它不但很贵、很难掌握，而且还很难实施，但它已经建立起了一个无人能够匹敌的、强壮的生态系统。在它的平台上，时时刻刻有上千名开发人员在提供各种类型的附加产品和服务，正是这些附加产品和服务提升了 Salesforce 原有产品的价值。现在你几乎已经不可能击败它，甚至还无法离开它。微信则是另外一个超级生态系统的案例。微信几乎包括了所有的东西，从语音通信和短消息一直到支付、市场营销、小程序以及开发人员账户等一系列的应用。

每一个创业者都需要努力争取获得尽可能多的不公平优势。如果你的创业公司没有上述的几项优势，你在创立一家独角兽企业时就会感到困难重重。

11. 计划好你的退出

很多创业者认为，他们需要有一个退出策略，从一开始就考虑如何退出是一件很明智的事情。确实，这样做并没有什么不好，但是在早期花太多时间担心这一类的事情就不太值得了。在创业的第一年里，大多数的创业公司至少会改变一次公司的主营方向，所以在找到明确的与产品相匹配的市场之前，花费大量的时间去计划一个退出策略并没有什么意义。无论你在创立公司的时候有什么样的创意，这很可能并不是你到最后实际会去做的东西。

另外，在你发布产品之前，你很难掌握和了解你所在行业中的所有企业，而且很难弄明白为什么它们会想要收购你的公司。但是在你不断成长的过程中，你很自然地就会了解所有这些事情。只有通过运营你的公司，并且真正弄明白相关的生态系统，你才有可能知道谁才是最合适的收购方，它能给你带来什么，以及你又能为它提供什么价值。

我个人很喜欢与这样的创业者一起工作，他们会热衷于建立一家能够改变世界，并且存世时间将远远超过他们作为 CEO 的任期的企业。他们会用长远的眼光来制定退出策略。对他们来讲，无论是收购还是上市，这些都只不过是他们努力的副产品，而不是最终的目标。

我发现，那些只是把自己的精力集中于如何在尽可能短的时间里把他们的公司卖给出价最高的一方的创业者，其业绩表现并不好。通常这样的创业者都有一种赚快钱的心态，会寻求捷径。他们常常会忽视他们的客户，制造出一些廉价的商品，同时还会把短期的收益放在长期的成长之上。这一切意味着，如果没有人对于收购他的公司感兴趣，他就没有能力在市场上展开竞争并最后获胜。他最终只会成为错失机会的众多机会主义者中的一员。

另一个警告信号是，在公司遇到了困难后，创始人在匆忙中开始寻找收购方。他们不去思考该如何处理和解决问题，而是一味地寻求解脱的方式，这样的事情在硅谷就经常发生。当一个创业者开始四处兜售他的公司时，每个人都想知道发生了什么。这家公司出了什么问题？它就要破产了吗？有没有涉及什么法律诉讼？没有一个成功的创业者会愿意出售一家还没有实现所有增长潜力的市场赢家。这就是为什么那些顶尖的创业公司都会以接近独角兽的估值被收购，它们绝不会四处搜寻买家，而且只有当收购方的报价好到让它们已经无法拒绝时才会考虑退出。

大多数人都曾听说过那种让创始人大赚特赚的退出案例。所有的媒体都会热衷于讲述这样的故事，而那些较小的退出案例根本就没有人会关注。但是，任何一家公司被收购都会有很多原因，对于创始人和投资人来讲，公司被收购带来的结果可能大相径庭。以下是四种在硅谷很常见的低价值退出类型。

◎ **团队收购**——收购方收购一家创业公司的目的是获得这家公司的团队，而不是它的技术、市场份额、增长潜力或者品牌。通常像谷歌、Facebook、亚马逊以及微软这样的大型企业会收购这一类型的创业公司，因为它们想要人才。在完成收购后它们会关停原来的产品和服务，然后将团队整体并入它们正在进行的项目中。团队收购的估值往往在 2 000 万美元以下。

◎ **减价出售**——因为一家创业公司很快就会倒闭，所以这家公司会以极低的价格被收购。通常此类收购是为了获取这家公司的域名、用户数据、软件平台等资产。

◎ **僵尸企业处置**——出售一家创业公司或者将其与另一家公司进行合并，其目的只是把这家创业公司从风险投资公司的投资组合中清理出去。每只基金都有自己的生命周期，通常为 6 年到 12 年不等，如果在这个时间段内该基金无法从一家创业公司退出，该基金就会对这家创业公司进行清算。不过有些创业公司并不愿意就此关门大吉，它们就是我们通常称为的僵尸企业。它们会继续踽踽前行但已经没有了任何发展潜力。如果一家创业公司不愿意关门，它通常会被并入该基金的某个更为成功的投资项目中，或者卖给与这家风险投资公司有关系的另一家比较适合的公司。

◎ **技术收购**——收购一家创业公司的目的是获得它的技术。根据所涉及的技术的不同，收购的价格可能会很低，但也有可能会高到不可思议。在这种类型的收购中没有什么固定的规则，一切都归结于专利以及这项专利对于收购方的战略重要性。

估值最高的创业公司往往是那些在市场上占据了领先地位，并且已经表现出了高速增长势头的企业。这就是为什么我告诉创业者，不要担心如何出售他们的公司，他们更应该担心的是如何建立起一家能够让所有人都感到震惊的企业，如果你真的做到了这一点，你就会在买家中变得炙手可热。

这样说吧，如果你真的喜欢思考将来你应该如何退出，预先做好计划没有什么坏处。我认识很多成功的创业者，他们在早期就已经做好了一个退出计划，但依然能够保持长远的眼光。下面是一些你在做计划的时候应该仔细考虑的实际问题：

◎ 确保你的公司有一个合适的法律架构。在美国，通常你注册的都是特拉华 C 类公司，但也有可能是 S 公司。[1]如果你的公司注册在中国或者其他国家，你就需要考虑今后准备在你自己的国家上市，还是在纽交所、纳斯达克或者某些其他的交易所上市。你在早期做的决定会对你的将来产生重大的影响。

◎ 与你所在行业的顶尖公司建立战略合作伙伴关系。与更大的企业一起合作并展现出你的价值，你就会引起关注。

◎ 维持一定曝光度。如果你出现在了贸易展览会上，有非常可靠的公关公司，而且还获得了足够多的关注，你就会有更多的机会找到一个合适的接盘者。你在行业中的影响力越大，你的机会也就会越多。

◎ 充分利用你的投资人和顾问能够给你带来的资源。让他们给你介绍可能的收购方，并要求他们帮助促成可能的交易。

◎ 在你的生态系统中与关键的决策者建立个人关系，认识一个人会让事情变得完全不同。买卖双方之所以决定开始进行收购谈判，

---

① 在美国超过 50% 以上的上市公司以及超过 60% 以上的《财富》500 强企业都是在美国特拉华州注册的，特拉华州在 20 世纪早期成为公司注册的天堂。——译者注

常常是因为双方相互欣赏，并且想要建立更紧密的合作关系。

◎ 随着你的企业不断成长，你需要建立起你自己的专利组合。拥有强大的知识产权是从来不会有什么坏处的。

◎ 善待你的员工。如果收购方足够聪明，作为尽职调查的一部分，他们会与你的员工进行交流。如果你的员工说了些对公司不利的话，这笔交易很可能会不了了之。

◎ 保持你的财务状况井然有序。马虎的记账、会计差异以及财务问题都会妨碍整个谈判的进程。

◎ 做事一定要讲诚信，一个人的口碑很快会传递到所有人的耳中，所以你的声誉非常重要。

◎ 最后，你可以尝试雇用一个投资银行家来协助兜售你的公司，但这样做的成本是极其高昂的，而且你还无法确保肯定能够获得成功。尽管这种做法对于收入可预测的大公司来讲还是非常有效的，但对于早期和中期的创业公司来讲效果就不那么理想了。

说到底，寻找买家来收购你的公司不应该是你的首要目标，甚至也不应该是你的次要目标。相反，只要你能专注于让你的公司、员工以及客户做正确的事情，该发生的事情自然就会发生。

第七章

取胜的法则：提升领导力

领导力并不是某种单一的技能，它是一系列不同的技能和能力的组合。有些人天生就具有这些技能和能力，而有些人永远也无法成为一个好的领导者，我们大多数人则处于这两者之间。因此，如果想要提升领导力，我们只有更加努力地工作，仔细地分析我们曾经犯过的错误，并持续地改善和学习相关的技能。

在这一章里，我将解释杰出的领导者是如何为他们的公司设定基调，界定他们的愿景，和团队进行沟通，并成为一个超级老板的。我还会回答很多实际的问题，比如，你应该如何有效地管理你的董事会？当你无法达成预期目标，并且与预期目标还相差很远的时候，你该怎么做？要想充分发挥你的潜力，你需要付出什么代价？

1. 领导力的基本要素

当我刚开始创业的时候，我还不是一个称职的经理人。我以前性格很内向，缺乏沟通的技能，并且当事情没有完全按照计划去发展的时候我会变得焦虑。所以我需要克服很多的困难，这意味着，如果我想成为一个成功的领导者，我就必须改变我自己的很多方面。

这种改变虽然很困难，但并不是不可能的。下面是我在这个过程中所学到的一些最有价值的东西：

◎ 不要对困难的问题视而不见，只有通过解决公司面临的真正困难的问题，你才有可能取得进步。

◎ 不要走捷径。每当你认为有捷径可走的时候，你都应该三思。

◎ 当有事情出错的时候，不要推卸责任。无论遇到了什么样的失败，你都应该承担起责任，然后努力确保不会再犯同样的错误。

◎ 给你的团队成员一些他们能够相信的东西。告诉他们如何才能够脱颖而出，并实现某些持久的价值。

◎ 鼓励你的团队畅所欲言，自由地表达他们的观点，即使他们的想法和你自己的相冲突。

◎ 认可你的团队的辛苦工作，并适当地给予奖励。

◎ 不要厚此薄彼。这样做只会滋生怨恨。

◎ 在你的周围聚拢各种顶尖的人才，你的核心管理团队即使被放在顶尖的管理团队中也应该是最优秀的。

◎ 了解你的团队成员，理解他们的动机。你对他们了解得越多，就能更好地引导他们。

◎ 不要只关心你的员工的工作，你还应该为他们的职业发展多加考虑。总有一天他们会离开你的公司去从事他们自己想干的工作，所以你应该帮助他们制订相应的计划并为此做好准备。

◎ 当你对员工的工作表现进行评估时，你应该关注结果，不要被各种甜言蜜语、借口或一个人的外表所左右。

◎ 将你的团队成员的天赋和他们的职责相匹配。

◎ 如果某个团队成员无法胜任他当下的工作，首先，你应该在你的公司里为他另外寻找一个与他的能力相匹配的工作岗位。如果公司里没有这样的岗位，你就应该让他离开。

◎ 不要期望人们会自觉自愿地改变自己，很少有人能做到这一点。

◎ 不要安于现状，你应该鼓励你的团队每天都进行各种不同的尝试，并以此来努力提高自身。

◎ 不要用恐惧来控制你的团队，当有事情出错的时候，恐惧只会让你的员工掩盖事实的真相，并竭力推卸他们的责任。

◎ 不要独揽大权，充分授权给你的团队，并让他们对自己的工作有归属感。

◎ 花时间去了解每一个直接向你汇报的下属在工作中都做了哪些事。如果你不知道你的下属具体做了些什么，你又如何对他们进行有效的管理呢？

◎ 保持井井有条的状态。如果你不是那种善于制订计划的人，在你的周围去找一些能为你做出各种安排的人吧。

◎ 永远也不要撒谎，如果你想欺骗你的团队，你就会失去他们的信任。

◎ 向你的团队成员表达你很在乎他们。如果他们有了麻烦需要你的帮助，你就应该伸出援手。

◎ 你应该平易近人，不要躲藏在幕后，或者在你和你的团队之间竖起一堵墙。领导的作用就是，当你的团队需要你的时候你应该到场。

◎ 不要光说不练，去做一些你应该做的事情。你的行动胜过千言万语。

◎ 请直截了当，不要回避问题。用最直接的方式和你的团队进行交流，即使你们谈论的是一些非常敏感的话题。

◎ 清楚地了解你自己的强项和弱项。你对自己的了解越是透彻，你就能更加有效地领导其他人。

◎ 永远信守诺言，如果你做出了承诺，那就应该想办法兑现。

◎ 即使面临最艰难的情形，也依然能够保持镇定。

◎ 不要发脾气，与其为已经发生的事情生气，还不如尽快地解决问题，然后继续前行。

◎ 为其他人做出榜样。你应该以身作则，你希望别人做到的事情自己首先要做到。

◎ 不要悲观，消极情绪只会滋生更多的消极情绪。

◎ 对周围的人始终抱有同理心，没有人是完美的，每个人都会犯错误。

2. 设定基调

当一个领导者决定拥抱新的创意，消除各种障碍，并定下了一个积极大胆的基调来鼓励人们去承担风险和大胆尝试时，这个基调就会改变团队中每个人的行为方式。它使每个人都可以突破他们的传统角色，并尝试以前他们自认为根本做不到的事情；它能帮助团队的成员挑战极限，克服各种心理障碍；它还将促使公司对于那些更加雄心勃勃、更具有变革性以及持久影响力的项目进行投资。

一些硅谷创业公司已经在日常的交流中去除了像"不能"以及"不可能"这样的词汇，因为它们认为这些词汇限制了人们的思维。即使某种想法看上去有点古怪，但每个人都已经被告知，应该保持一种开放的心态，不要随意地对其进行批评。这并不是说在你的企业中每一个不成熟的概念都会得到支持，但如果有员工提出了一些可能会被认为是极端的或者非正统的想法，上面这种做法就能消除一些让人担惊受怕的因素。

对于新想法持消极态度甚至敌视的态度只会扼杀可能性。随着技术的不断发展，很多以前我们认为属于科幻范畴的东西现在即将成为现实，比如小行星采矿、向其他星球移民、具有自我意识的人工智能、量子计算、纳米机器人、脑联网、基因编辑、疾病的消除以及长生不老等。在接下来的数十年里，我们的新发明只会让我们感到更加震惊。如果一家企业想要开展创新，它就必须创造出这样一种环境，让各种奇思妙想都能被探究和尝试，绝不会因为它们看上去不太靠谱而被立刻抛弃。

当你面向你的团队进行演讲时，让所有人都参与进来是非常重要的，毕竟，任何公司的文化都是从它的 CEO 开始的。如果你想建立起真正的精英管理，让最优秀的人才和观念都能脱颖而出，从现在开始，你就应该把所有人都当作创新者。那些性格内向的人以及说话不多的局外人往往会有最不同寻常的创意，他们是你需要去激活的资源。让他们能舒适地参与进来将为你打开一扇大门，这样你就能看到一种你没有的思维方式。

我很敬佩像拉里·佩奇、埃隆·马斯克、马云、杰夫·贝佐斯（Jeff Bezos）以及理查德·布兰森（Richard Branson）这样的企业领袖，因为他们敢于承担巨大的风险，他们始终在不断地重塑他们的企业。而且在有足够的时间和资源的前提下，他们从不认为在世界上还有什么事情是做不到的。他们总是在问：我们应该怎样做？为什么以前没有人做过这样的尝试呢？让这件事成为可能需要付出什么？接下来我们还可以朝哪个方向前进？想要到达目的地，我们的团队还缺少什么样的人才？这些就是你必须向你的团队提出的问题。另外，你还必须把你的标准定得更高一些，正如拉里·佩奇喜欢说的那样："如果你的目标足够高，你几乎不可能彻底地失败。"

如果你对你自己和你的思维设下限制，同样的心态也会限制你公司的愿景。你只有通过拓展思维以及与社会的接触面才能为你的公司打开新的视野，而很多传统的公司被卡在了这一点上，它们的领导者无法让自己的视野超越他们过去的成就。无论他们过去有多么成功，未来总是不同的。这就是为什么在每天早上醒来后，你都需要用一种全新的眼光去观察这个世界，去想象接下来可能会发生些什么，而不是去回想过去已经发生了什么。

设定一个合适的基调不能只停留在口头上，语言若没有行动予以支持，对事情的发展并不会起到推动作用，所以"言必行"非常重要。心理学家在研究家庭成员之间的互动时发现，孩子的行为、道德和价值观不是建立在父母的说教基础之上，而是以父母的行为作为榜样的，父母的行为总是胜过他们的说教。父母如果说一套做一套的话，这会给孩子传递一个错误的信息，同样在你的公司里也是如此。你是否在公司里谈论创新、授权以及开放实际上并不重要，只有当你用行动来支持你的语言时，这才有真正的意义。所以你必须言行一致。

如果你想在公司里建立起这样一种文化，即每个人都能够对新的可能性保持一种开放的态度，愿意自由地分享他们的创意并且相互支持，形成一个有凝聚力团队，从一开始你的行为就应该要反映出这一点。你在鼓励你的团队尝试新鲜事物的时候具体做了些什么？你是如何对待创意的，即使是完全不受人欢迎的创意？在评判成功和失败的时候，你采用的标准是什么？你会提倡一些非正统的想法并鼓励进行这种思考的人吗？你会奖励质疑权威的团队成员吗？当有人提出的想法和你之前所设定的方向产生冲突的时候，你又会如何做出回应？这是对你领导能力的真正考验。

随着你的公司不断成长，你可以考虑如何用具体的方式将这些想法表现出来。这将有助于建立一个能够促进不同意见的表达、讨论以及辩论的氛围和流程。让这个流程透明化是非常重要的，这样每个人都能看到某些决定是如何做出的，并随后能更积极地参与对系统的微调中。在这里唯一重要的是结果。

毕竟，你也只不过是一个个体，仅仅依靠你自己是不可能完成所有事情的，你还需要有一个可以依靠的团队。所以，即使在最开始，当你的创业公司可能只有两三个人的时候，你也应该考虑如何将合适的基因植入你的团队中。同样，你还应该在公司里构建一个能够培养创造力、原创精神、胆量和魄力以及主动反思的环境。创立并培养这种类型的企业需要一个非常特殊的人来作为领导，而所有这一切都是从你为企业设定基调开始的。如果你选择了合适的人，为他们提供了在工作中所需要的灵感和支持，并且还能在前行的道路上为他们指明方向，剩下的工作就交给他们吧。

3. 界定你的愿景

每个人都在谈论企业需要有一个愿景，但这是什么意思呢？Salesforce 的 CEO 马克·贝尼奥夫从第一天起就对此非常痴迷。当他还在甲骨文工作的时候，他就对一件事感到非常疑惑，即在公司的成长期，它居然没有一份书面的商业计划书或者正式的沟通流程。当他参加新员工培训的时候，他甚至问了甲骨文的 CEO 拉里·埃利森（Larry Ellison），甲骨文的 5 年计划是什么。埃利森回答道："我们没有 5 年计划，我们只有一个半年计划。"

"在甲骨文的时候，我非常渴望公司能对我们的愿景以及我们想要达成的目标有一个清晰的阐述。"贝尼奥夫说道，"当我开始管理部门的时候，我发现自己并没有合适的工具来阐明我们需要做什么，以及针对这个目标应该如何进行沟通的简单流程。"为了弥补这个缺陷，他向个人职业发展导师、领导力专家甚至精神导师寻求智慧。最终，所有这些凝聚成了他自己的管理流程，他把这个流程称作 V2MOM。这几个大写字母的意思分别是愿景（Vision）、价值（Value）、方法（Method）、障碍（Obstacle）以及衡量标准（Measure）。1999 年 4 月 12 日，贝尼奥夫在一个很大的信封上为 Salesforce 很潦草地写下了第一版的 V2MOM。以下就是他写下的具体内容：

◎ 愿景

为"销售自动化"快速地创建一家世界级的互联网公司和网站。

◎ 价值

（1）世界级的企业

（2）营销节点

（3）实用性

（4）可用性（不亚于亚马逊的品质）

（5）增值合作伙伴

◎ 方法

（1）雇用团队

（2）确定产品的规格和技术架构

（3）快速地把产品规格的开发推进到贝塔测试版本，并进入生产阶段。

（4）与大型的电子商务、内容以及托管公司建立合作伙伴关系。

（5）制订一份产品发布计划

（6）制定退出策略：IPO/ 收购

◎ 障碍

（1）开发人员

（2）产品经理 / 业务开发人员

◎ 衡量标准

（1）产品原型必须是最先进的。

（2）必须是高品质的实用系统。

（3）伙伴关系将会是在线的和集成的。

（4）Salesforce.com 被看作整个行业的领袖和远见卓识者。

（5）我们所有人都赚到了钱。

2004 年，在 Salesforce 上市前的那个晚上，贝尼奥夫的共同创始人帕克·哈里斯（Parker Harris）递给了他已经装裱好的、当初他亲笔写在信封上的 V2MOM 原件。这些年以来，这份简单的文件厘清了贝尼奥夫当初的想法，并使得他能够清晰地将这些内容传达给整个公司。他的 V2MOM 的美妙之处在于，在公司生命周期中的每一个阶段，同样的结构都能够适用。Salesforce 从一家很小的创业公司到现在拥有超过 3 万名员工、业务遍及 25 个国家的大型企业，他一直都在使用这个模板来制订商业计划。"V2MOM 给了我们一张当下我们正在走向哪里的详细地图。"贝尼奥夫说道，"它同时还是指引我们走向目的地的指南针。"

我并不是说你应该逐字地拷贝 V2MOM，你完全可以把它当成是一个参考来做出你自己的个人愿景陈述。你可以从回答以下 5 个简单的问题开始：

（1）你想要达成什么目标？

这就是你的愿景。

（2）你的目标为什么重要？

这些就是你的价值。

（3）如何达成你的目标？

这些就是你的方法。

（4）什么东西可能会挡住你的路？

这就是你的障碍。

（5）你如何知道你已经达成了目标？

这些就是你的衡量标准。

我相信所有出色的愿景陈述都应该带有个人色彩，因为它们不仅应该来自个人的核心理念，还应该体现个人的价值观。简单地将另外某个人的愿景粘贴到你公司的愿景上是行不通的，因为这不真实，所以你也许不会长时间使用这一愿景。你不仅应该事先仔细地思考公司的发展方向，而且还需要尽可能地厘清你想从生活中得到什么，以及你打算建立一家什么类型的公司，所有这些对你来讲都是极其重要的。你希望你的员工在当下以及未来数十年后如何看待你的公司？他们应该关心什么，以及他们又该如何实现这些目标？如果你能将所有这些浓缩成一个优雅的格式化文件，就像贝尼奥夫所做的那样，你就会有一个很好的开始。

4. 成为一个超级老板

作为一个领导者，你的工作不仅关系到如何雇用有才能的人，还关系到如何让你已经招聘上岗的员工更有效地开展工作。为了把你的公司提升到另一个层面，仅仅拥有大量的资金以及一支庞大的团队还不够，你还需要知道如何管理你的员工。

你有没有遇到过这样的老板，他认为他必须控制公司的方方面面？至少你可以这样讲，在这样的老板手底下干活一点也不好玩儿。这是一个典型的崇尚自上而下管理模式的经理人，他喜欢公司里的等级制度，他是老板，所以他希望你能按照他的方式来做事。他总是说："去做这件事！不，不是这样做，要用这种方式去做！"每当你犯了一个错误，或者没能达到他的期望，他就会感到不安。

最终，大多数处在这种环境中的员工要么辞职了，要么成为提线木偶。他们实际上已经关闭了自己大脑的决策功能，习惯于等待他们的老板告诉他们应该做什么。对员工来讲，他们这样做显然更容易而且风险更低，他们不会再因为犯错而被人当面大声斥责，也不需要承担任何责任。如果你的员工是在一条流水线上工作，你让他们盲目地听从命令是没有什么太大问题的，但如果你需要他们进行独立思考，你就不能这么做。在信息时代，拥有一个能够创新并且具有创造力的员工团队是至关重要的。如果你想超越你的竞争对手，你就应该让员工的头脑全速地运转起来。

我的建议很简单：提出你的问题，但不说出你的答案。每当你想告诉你的员工应该做什么，或者该如何完成他们的工作时，你都需要克制住自己，什么也不说。相反，你应该向他们提问。想象一下，如果你准备举办一次活动，让你的团队完成这项工作的最佳方式是什么呢？

告知：我们打算举办一场创业大赛。

提问：什么类型的创业活动你们认为是最有效果的？

告知：我们需要为 100 个人安排座位。

提问：你们认为我们需要安排多少个座位？

告知：让我们在舞台的右侧播放每一位演讲者的视频。

提问：我们需要播放演讲人的视频吗，或者播放其他什么东西？

告知：每位讲者都有 5 分钟的时间。

提问：你们认为最佳的演讲时长应该是多少？

告知：这里是我们上次使用的计划。

提问：我们该如何来改善我们上次所使用的计划？

通过提出这些问题，你实际上是在迫使你的团队成员自己解决问题。对于如何举办活动你也许比你的员工知道得更多，但是你的目标不应该是去包办整个活动的方方面面，这样做是很低效的。相反，你应该扮演一个指导者的角色，并用你的问题来引导你的员工完成整个过程。每一次当你向他们提出问题而不是告诉他们答案时，你都在激活他们的大脑，你在迫使他们进行独立思考，他们需要拿出自己的想法和解决方案。就这样突然间，这份工作成了他们自己的事情，他们开始和你一起创新。

你也许会惊讶地发现，在你的团队中，甚至那些完全没有经验的成员想出的方法也能比你的更好和更有创意。部分原因是他们并没有浸淫职场多年，所以才不会被过去的经验束缚。也许从表面上来看，他们想出来的也只不过是一些非正统的甚至完全行不通的方法，但是，这样的方法往往很可能就是你正在寻求的能够让创业公司超越竞争对手的突破。

至少，当员工感到在工作中拥有了一定的自主权，并且还对他们自己的岗位产生了一种强烈的归属感时，即使没有你的督促，他们也会更加努力地工作，并且延长工作时间。他们会自愿地投入更多的精力，因为这是他们自己的计划，他们会想尽一切办法确保计划取得成功。但如果这是老板提出来的计划，上面所说的这些事情都不会发生。

现在，假设你眼看你的团队就要犯一个很大的错误，你会直接干预吗？你会直接告诉他们应该如何做吗？不，更好的做法是，你应该向他们提出更多的问题：

◎ 为什么你们会提出这样一个计划？

◎ 你们有没有考虑过这样一种可能性？

◎ 万一这种方式行不通呢？

◎ 你们有没有一个后备计划？

◎ 你们能不能提出一些可行的替代方案？

如果你提出的问题足够深入，你不但能更好地理解你的团队成员的思维过程，而且还能迫使他们更透彻地思考所面对的问题，并拿出一个可行的解决方案，而不是依靠你来帮助他们解决问题。杰出的经理人就是这样做的，他们会训练他们的团队进行思考。这关乎的不是如何让你的团队完美地完成某项工作，而是如何让他们变得更加自信，而这就要求他们能够懂得如何分析和解决复杂的问题。如果你招聘到了合适的人才，他们就会直面你的挑战。但如果你没有招聘到有能力自己学习和思考的人才，那这就是你的问题了。

你的最终目标应该是建立一支能够独立运转的团队，你只需要给他们指明一个正确的方向，然后就彻底放手。这让你可以退居幕后，去关注一些其他的事情，也只有这样，你才能成为一个超级老板。

5. 管理你的董事会

随着公司不断走向成熟，学会如何有效地和董事会成员一起工作对创业者来说也是一种挑战。即便创始人保留了对公司的控制权，良好的沟通依然是必要的。董事会成员都希望了解在公司里发生了些什么事情，并且参与公司的决策过程。如果你尊敬并且信任你所有的董事会成员，而且你还很乐意让他们参与进来，帮助你一起运营企业，也许你们之间根本就不会有什么问题。但是有些创业者已经习惯于用自己的方式来做事，他们很害怕受到任何形式的干预，所以这就很有可能造成双方之间的紧张关系。

当公司的 CEO 试图通过不与董事会分享某些细节或者不讨论真正的问题，从而与董事会保持一定的距离时，公司的内部就会出现一系列麻烦的事情。当董事会成员对事情有了不同的看法，或者当公司在外面遭遇到了什么麻烦的时候，各种问题常常也会随之出现。一个人的个性以及沟通风格可能也会在其中起到很大的作用。这些在台面下的紧张关系很容易发展成公开的对立。这就是为什么对于创业公司的创始人来讲，从第一天起，在处理与董事会的关系上采用一种合适的策略就是一件非常重要的事，等到出了问题你再临时处理往往是行不通的。如果没有一套明确的原则，你就会很容易掉入以下的某个陷阱中，并最终摧毁你们之间的关系。

以下就是这些年来我曾亲眼所见的一些陷阱：

◎ **炒作陷阱**——当公司的 CEO 试图通过夸大企业的业绩来给董事会留下一个好印象时就会出现这种陷阱。

◎ **沙袋掩护陷阱**——这是指 CEO 让其设定的目标看起来要比实际的情况更加困难，这样当他最后达成目标时，董事会就会认为他的工作非常出色。

◎ **隐瞒陷阱**——这是指 CEO 故意向董事会成员隐瞒公司存在的问题。

◎ **数据过滤陷阱**——这是指 CEO 对数据进行过滤，使得过滤后的数据符合公司对于现实状况的描述。

◎ **防御陷阱**——这是指 CEO 有一种受困心态，并将董事会的成员拒之门外。

◎ **阳奉阴违陷阱**——这是指 CEO 对董事会成员表现得非常礼貌和友善，无论董事会成员提出什么样的要求他都会同意，但从来不会按照董事会的要求不折不扣地执行。

◎ **骡子陷阱**——这是指 CEO 变得非常倔强，并且在没有给出合理理由的情况下就直接拒绝董事会的要求。

◎ **霸凌陷阱**——这是指 CEO 试图控制董事会，并且胁迫董事会的成员向他屈服。

◎ **政治陷阱**——这是指 CEO 与董事会玩弄政治，通过有偏向性地支持某些董事会成员来达到他压制不同意见，并操控其他成员的目的。

我会为你仔细地剖析一个案例，来看一看某些似乎无伤大雅的行为是如何让董事会的功能逐渐失调的。这一切可以从一件很简单的事情开始，比如创业公司的创始人为了让公司看起来很不错而夸大了公司的业绩。这在那些第一次担任 CEO 的人之中更为常见，他们已经习惯于推销他们的创业公司的愿景。通过不断地夸大期望值，那些 CEO 最终会让他们自己处于一个很危险的境地。当企业无法实现在之前的炒作中宣称的业绩时，各种问题就会不断地出现。起初，投资人也许并不清楚到底发生了什么，但是他们并不蠢。随着时间的推移，他们会开始明白事情的真相。即使这个 CEO 从来没有明目张胆地说过什么谎言或者篡改过什么数据，但是随着董事会成员越来越清醒地意识到这种人为的操控行为，双方之间的信任就会逐渐被消磨。

大多数的时候，这样的事情并不会被拿出来说，尤其在公司迅速发展、形势大好的情况下。但是当这家创业公司遇到了困难，一旦 CEO 开始用炒作掩盖真正的问题，董事会的成员就会开始质疑 CEO 的决策，并给这个 CEO 施压。很多创业者相信，只要他们能赢得更多的时间，就能解决这个问题，所以谎言就会变得越来越多。但是这样的做法基本上是行不通的，每说一个谎，那个 CEO 就是在为他自己挖一个更深的坑，直到他再也爬不上来为止。当董事会发现事情的真相时，所有的信任就会丧失，到那时就再也没有回头路了。此时，这位 CEO 很快就会陷入受困心态，从而发起他与董事会成员之间的战争，就好像他们本来就是敌人那样。

现在请记住，这种情况的发生并不一定总是 CEO 的错，这可能有多种不同的原因。有时候董事会的某个成员就是一个浑蛋，而其他的时候，可能双方在理念上有些不同。沟通失误以及个性上的差异在任何时候都有可能会出现，但最终那些更深层次的问题依然需要由 CEO 出面来解决。如果 CEO 从来没有掉入我在上面提及的各种陷阱，事情就会好处理很多。这也就是为什么我会在下面列出 15 条指导原则，那些高效的 CEO 在处理与董事会的关系时往往就会利用这些原则。

◎ **坦诚**——诚实是首要的也是最重要的原则，永远不要说谎。如果被董事会成员发现你在说谎，这只会让事情变得更糟，即使他们没有发现，你也同样会随时失手。董事会成员应该知道在公司里正在发生哪些事情，这是他们的受托责任，而作为 CEO，确保他们能了解相关的情况也是你的职责。即使是一些很小的谎言也会很快地积少成多。揭露之前犯下的错误、坏消息或者事情被搞砸的真相是让人很痛苦的，但是承受这样的痛苦要远比把所有的事情都掩盖起来好很多。这也许会让人感到很气馁，但你很快就会习惯于这种彻底的坦诚，而你的董事会对此也会非常地赞赏。

◎ **展示你的弱点**——不要掩盖任何会让人感到不愉快的事情，这比诚实更加重要。你确实可以做到在不撒谎的情况下把一些事情隐藏起来，但是这样做对你并没有什么帮助。事实上，你这样做只会在你和董事会之间竖起一堵看不见的墙。相反，把你的错误以及弱点放在桌面上不仅有助于建立起你和董事会之间的信任，而且还可以让董事会向你提供帮助。如果你只是在一场不太完美的市场活动中浪费了大量的金钱，你应该让所有人都知道这个错误让公司付出了什么样的代价。或许董事会里的某个人会向你提议采用另一种方式，或者为你找来一个市场营销专家来改善你的状况。如果你的产品因为某个工程师的粗心大意而漏洞百出，你也应该让所有人都了解这一状况。你应该向董事会解释你解决这些问题时采用的具体步骤，然后征询他们的建议。如果你的竞争对手刚刚推出了一款非常出色的产品，不要装作这样的事情从来没有发生。你完全可以大胆地承认这一点，然后制定你的应对策略。这种坦诚可以把董事会中的每一个人都团结在一起。你们应该是专业处理这些问题的团队，而不是只有一个想隐藏这些问题的孤独的 CEO。

◎ **谨慎选择**——如果你不想让某个人成为你一生的合作伙伴，就不要让这个人进入你的董事会。如果你认为某个投资人不会给你带来什么帮助，但他提出想要在董事会中占据一个席位，在这样的附带条件下，你就绝对不能拿他的钱。一旦某个人进入了你的董事会，你再想让他离开就会非常困难。所以，事先花时间和精力去寻找一个能够让你尊敬和信任的人，然后让他成为你的合作伙伴，要远远好于你到将来再想办法将某个人从你的董事会中除去。

◎ **有备而来**——永远不要毫无准备地走进董事会的会议室，你应该对你想说的东西了如指掌，并且事先将所有的材料准备好。你还应该在开会前就将这些材料发送出去，这样所有的董事会成员就会有时间来阅读这些材料，并在你们见面前就形成想法。在开董事会的时候应该最大化地利用你们所有人都在一起的宝贵时间。你应该在会议的一开始就以最快的速度通过所有的例行审批事项，然后利用接下来的大块时间来讨论真正的问题，并充分利用董事会成员的经验、眼界以及关系来帮助你处理公司当下面临的最为艰难的决定。

◎ **不要推销**——你的工作并不是向董事会推销你的愿景、创意和进展，这不是他们待在董事会中的理由。他们没有必要倾听你的演讲并相信你的梦想，因为在加入你的董事会的时候，他们早就已经这样做了。一旦他们进入了你的董事会，他们的工作就是帮助你引导公司朝着正确的方向发展，而为了做到这一点，他们需要各种信息。你应该向他们提供尽可能精确的信息，然后征求他们的意见，这样你们才有可能做出最好的决定。

◎ **不要处处防备**——请记住，当董事会成员对公司提出批评，并因此而引出一些非常棘手的问题时，他们通常是想要提供帮助，而不是对你进行攻击。你应该把你自己和公司区分开来。你的工作是针对这些问题找到解决方案，而不是为这些问题寻找借口。如果你把公司的问题和你自己的问题混淆在一起，你就无法做到这一点。

◎ **在公司外会面**——除了董事会的正式会议之外，你可以定期与董事会的个别成员共进午餐和聚会。这将有助于你建立起你自己的人脉，并促进有价值的信息交流。如果你们只是每个月或者每个季度在正式的场合见一次面，你永远也无法真正了解并信任你的那些董事会成员。你们需要在一个很放松的环境中去真正了解彼此。你们在一起的时间越多，当事情变得真的很麻烦的时候，你的境遇也就会越好，而这样的事情是肯定会在某个时间段发生的。

◎ **对决策进行管理**——当你打算让董事会做出一个复杂的或者有争议的决定时，你需要提前做好准备。这意味着你应该一对一地去拜访每一个董事会成员，听取他们的建议，并确保你们所有人都对有关的决定保持一致。你绝不会想让你的董事会大吃一惊，这样做只会导致灾难。你需要和每一个成员沟通，就有关的问题向他们做出解释，并弄明白他们是否对此有异议。有时候你的兴趣和你的投资人的兴趣并不一致，但这并不意味着你们之间无法达成妥协，只不过这不是一件很简单的事。想要就问题拿出一个合理的解决方案往往需要很长的时间，而做到这一点的唯一方式就是在董事会的正式议程之外仔细地管理整个过程。在事情解决了以后，你再把这件事拿到董事会上进行表决。这样就不会让所有人都感到意外了。

◎ **会议时间不要太长**——董事会会议的时间不应该超过 3 个小时。2 个小时以下是最理想的。会议超时不但会让其变得低效和毫无效益，而且还会导致出现糟糕的决策。在人们被动地陷入冗长的会议后，每个人都会感到疲惫，变得脾气暴躁。你需要让你的董事会成员发挥出最大的效用，而这就意味着你必须让董事会会议尽可能简短、专注以及高效。

◎ **时间安排就是一切**——会议最好安排在上午，这个时候每个人都很清醒。我认为上午 9 点到中午 12 点是最好的时间段。请务必在会议开始的时候提供一些点心和咖啡。在会议结束后，你们还可以一起吃午餐并享受彼此的陪伴。

◎ **简化流程**——不要期待你的董事会成员会在会议期间花时间钻研你的电子表格中的一些细节，仔细地探究法律合同中的某些条款，或者通读你那些厚厚的 PPT 文档。你应该简化所有递交给他们的文档，以便他们能更容易地理解并展开相关的讨论。如果你有很复杂的法律文件或者其他的材料，你应该提前发送给他们。在会议期间，你更应该专注于公司的宏观状况。这是你们做出高层决策的时刻，不要迷失在一些鸡毛蒜皮的小事中。

◎ **不要喋喋不休**——在会议期间，你不应该是那个一直在喋喋不休的人。这个会议应该更像是一种开放式的对话而不是单向的汇报。你不应该花很长的时间在那里讲解你的文档，相反，你应该提出一些关键性的问题，并且在大多数的时间里安静地聆听。董事会成员应该是你最值得信赖的顾问，在每次会议中你应该尽可能多地从他们那里得到反馈和建议。

◎ **贯彻到底**——承诺了某些事情但最后没兑现，这肯定是有问题的。这一点应该是不言自明的。但有些 CEO 在董事会上做出了承诺，却总是在以后有意无意间没有付诸行动。这样的行为只会在你和董事会成员之间滋生摩擦乃至怨恨。如果你宣布你会去做某一件事，请务必完成这件事。如果你想与董事会的其他成员维持一个良好的关系，你所做出的任何承诺是否能被贯彻到底将会是一个很关键的因素。如果你无法兑现承诺，你最好有一个很好的理由。

◎ **不要发怒**——愤怒有两种形式，要么是失去自我控制能力，要么是试图对其他人进行控制。当你心烦意乱，无法控制自己的情绪时，这是一种软弱的表现，强大的领导者绝不会任由情绪来控制自己。另一方面，用愤怒来迫使某些人向你屈服，类似于试图通过武力来获得控制权，而不是利用说服或者逻辑来让他人信服。即使你能通过恐吓让董事会成员同意你的做法，那也只不过是一种短期的获利，必然会付出长期的代价。因为你并没有改变其他人的想法，而且你还很可能激起他们对你的敌意。

◎ **承担责任**——如果你或者你的团队把事情搞砸了，你需要主动
承担起责任。把责任推给你的团队对你不会有任何帮助。每个
人都能看透这一点，毕竟你才是 CEO，所以这依然是你的问题。

如果你能遵守这 15 条规则，在与董事会打交道时，你的处境就不
会很糟糕。当然你不可能总是那么一帆风顺，但这时你应该已经有能力
在暗流涌动的海上不让你的船倾覆。作为一个 CEO，这就是你能得到
的最好结果了。

6. 太疯狂了？没这回事儿

有远见的领导者往往都会比较疯狂。你只要看一看理查德·布兰森
以及他所做的那些事情就知道了。和我一样，他也是一个诵读困难者，
而且他还很讨厌数字，他甚至声称他根本就不关心公司的损益表。他只
关心自己的梦想和建立新的业务，他不怕尝试任何东西。他的维珍集团
已经尝试了从推出朋克摇滚乐队（比如性手枪乐队），到建立航空公司、
酒店、健康俱乐部、婚礼服务、橄榄球队、银行、影视工作室、无线电
台、杂志、在线娱乐、移动通信服务、电力公司以及太空旅行等各类业
务。另外他还生产了自己品牌的避孕套、化妆品、伏特加、可乐、游戏、
替代燃料等。类似这样的清单我还可以继续罗列下去，而且他还是在全
球市场上推出上述这些东西的。

这听起来好像很多，那只是因为和所有杰出的创业者一样，布兰
森确实有点疯狂。他在工作中总是会不时地做出一些冒险的事情，他
曾驾驶一辆水陆两用车从英国到法国；他还曾经乘坐热气球跨越太平
洋，从日本飞抵加拿大的北极区；他攀登过欧洲的最高峰勃朗峰；他用

一艘定制的快艇打破了横渡大西洋的世界纪录；他在拉斯维加斯棕榈赌场的楼顶蹦极，在以每小时 100 英里的速度下降的过程中，他曾两次撞击大楼，虽然他最后侥幸生还，但是全身上下只剩下了一条破破烂烂的裤子；他甚至曾经在纽约的第五大道上堂而皇之地驾驶一辆坦克；他用风筝冲浪的方式穿越了英吉利海峡，他还曾让一个裸体模特趴在他的背上进行风筝冲浪，不过那一次他没有再穿越任何海峡。我不能确定的是，上面这两次冲浪到底哪一次对他的风险更大，最好还是去问问他的妻子。

埃隆·马斯克不像布兰森那样会铤而走险，但是在生意场上他同样非常敢于冒险。他曾同时创办了几家公司，每一家公司都有一个极其大胆的目标。SolarCity（太阳城）在太阳能住宅这个领域上引领了整个世界的发展方向；特斯拉为席卷全球的电动汽车革命铺平了道路；SpaceX 太空探索技术公司的最终使命是把人类送上火星。如果上述这些对于一个人来说还不够的话，他还继续开拓了更多让人震惊的项目，包括 Hyperloop（超级高铁），他在这个项目中寄托了他对于未来高速交通的愿景；The Boring Company（隧道公司），这家公司将为超级高铁挖掘隧道；Neuralink（神经链接），这是一家有希望们将人类的大脑与人工智能进行集成的创业公司；还有 OpenAI（开放人工智能），这家公司的愿景是希望能阻止人工智能最后毁灭人类。另外，他在网上销售从火焰喷射器到把一辆特斯拉汽车发射送入太空的服务，从中你可以看到，他还是一个不折不扣的营销行家。

我并不是说你也应该像布兰森或者马斯克那样古里古怪才能获得成功，但是稍稍有那么一点疯狂并没有什么坏处。大多数有远见的创业者都会去挑战社会以及他们自身的极限，这就是为什么他们能够看到未来，并让他们所见的一切成为现实。他们不是普通人。即便是那些外表看上去非常温顺的人，比如扎克伯格和盖茨，在他们的内心深处也往往会有反叛的那一面，这使得他们能够挑战传统思维，并且规划他们自己的人生道路。

如果你真的想测试一下你自身的极限，培养在你的内心深处不愿意墨守成规的本心往往是非常有好处的。看一看自己反叛的那一面会怎样做，你或许会很惊讶地发现，你自己居然有能力做到那样的事情。仅仅因为到目前为止你都在遵循某些规则，并不意味着你就应该继续沿着这条路走下去。从打破一些规则开始，你肯定能够成为你渴望成为的那种人。你和马斯克或者布兰森实际上并没有什么不同，只是他们大胆地去做了他们想做的事情，并且还坚持到了最后。

第八章

创业的生活：在生活中学习

在前面的章节中，我们讨论的都是如何建立一家成功的创业公司。现在是时候把这些概念和想法都运用到你自己的身上了。我坚信，杰出的创业者既是天生的也是后天培养的。在这个世界上有很多既聪明又非常有能力的人，但是那些在他们的一生中不断取得卓越成就的人，并不完全依赖于他们与生俱来的能力。随着他们周围的世界不断发生变化，他们也在一次又一次重塑自我的过程中扮演着积极的角色。

和他们一样，你也需要在你自己身上、在你的公司里以及在你的生活中进行持续不断地迭代和实验，这样你才有可能接受更大的挑战、获得更好的结果，并且帮助你周围的人取得更多的成就。

你会如何做出一个艰难的决定？在生活中，你会选择一条什么样的道路？如果你的道路最后被证明是一条死路，你又会如何处理？最终你是否能成为一个合格的领导者以及其他人追随的榜样，并不取决于你的公司会成为一家什么样的企业，或者你会变得如何富有，抑或会变得如何贫困，而是取决于这一路走来你在处理问题时采用的方式。

1. 东山再起

在这里我想先告诉你一些关于创业者东山再起的故事。这些家伙曾经在不断滚动向前的浪潮中倒了下去，但他们又成功地站了起来并继续奋力前行。

　　格雷格·博南（Greg Bonann）当然很清楚那种被彻底打趴下去是一种什么滋味。他曾经梦想制作一部他自己的电视连续剧，电视剧的内容是关于执行海湾救生任务的精锐救生队，片名叫作《护滩使者》（*Baywatch*）。当这部连续剧在美国播出时，结果可以说是一败涂地，它的收视率是如此之低，以至在仅仅播出了一季后就被撤档了。"这对我来说是一次彻头彻尾的失败，"博南说道，"我花了几年的时间才让这部连续剧能够播出，但有人在星期五的时候告诉我一切都已经结束了。几天后，我作为一个救生员再次回到了海滩，我为自己感到非常难过。"

　　在父亲节那天，他的父亲问他，对于那部连续剧他还有什么打算。博南回答道："没什么打算了。"因为电视网拥有这部连续剧的所有版权，所以他确实是有心无力。但他的父亲并没有因此而气馁，反而告诉他应该想办法把版权要回来。博南试图向他的父亲解释事情不是他想的那样的，但他的父亲坚持让他答应至少会就此事去问一问。所以在星期一的早上，仅仅是为了兑现他在父亲节那天所做的承诺，博南打电话询问他是否可以和电视网的主管见一次面。让他感到惊讶的是，他们很愿意把那档节目再卖给他，而且只向他要了 1 美元，因为他们当初确实什么也没有做。

　　"在我拿回了版权后，"博南说道，"我带着这部连续剧去了欧洲，然后游说每一家电视网，希望它们能接受这部连续剧。期间我试着用某一个国家的电视网的利益来撬动另一个国家的电视网的利益，直到我开始引起了它们的关注。"在中国，为了吸引观众，他甚至免费送出了这部连续剧。两年后，当它终于成为一档热门节目的时候，他开始向电视网收取版权费。中国最后为《护滩使者》支付的费用创了一档电视节目的纪录。

"最终，美国人也开始关注这部连续剧，但这一次必须按照我的条件来了。"博南说道。《护滩使者》后来成为一个世界性的现象。和大多数成功的创业者一样，博南学会了如何让自己东山再起，但如果当初没有他父亲的那一番建议，可能这一切永远不会发生。在这个案例中，我们可以学到不少的东西。永远不要让你无法控制的环境和其他人击败你，你认为前面再也没有路了并不意味着事实就是如此。

当亚当·比索尼（Adam Pisoni）只有 19 岁的时候，他就已经离开了学校，并且搬到了洛杉矶创立了他的第一家公司，那是一家网页设计公司。他当时还很年轻、很天真，而且不可救药地极度乐观。1995 年的时候，互联网泡沫才刚刚开始出现，每个人都想要一个网页，比索尼正好利用这个机会赚取了他人生的第一桶金。他根本不在乎每周工作 100 个小时，而且很快他就有了 30 名员工。他的客户包括一些知名的大公司，如本田和索尼，而且公司的年收入飙升到了 200 万美元。他当时已经站在了世界的顶峰，直到这一切都化为泡影。正当他想扩大公司规模的时候，互联网泡沫破灭了，他的世界也随之崩溃。他的所有大客户取消了原来的项目，而且还砍掉了相关的预算，与此同时，大多数比较小的客户纷纷破产。

这可以说是毁灭性的打击，在这家创业公司里，他已经投入了他拥有的一切，但现在已经没有任何办法可以拯救他的企业。在没有营业收入并且费用还在不断上升的情况下，比索尼被迫关闭了公司。"这就好像失去了一位家庭成员，我们大多数人的心情都很压抑，你需要很长时间才能走出这样的状态。"比索尼说道。由于想不出该继续从事什么业务，他把家搬到了山上。他在加利福尼亚州猛犸湖（小镇距离优胜美地国家公园不远）的一家滑雪板商店里工作了 3 年。这个时候，距离他能重新鼓起勇气建立另一家创业公司还需要等待 11 年。

但这个时候，他已经重新成了一名工程师，并且回到了科技行业。也就在这段时间里，他与大卫·萨克斯（David Sacks）建立了联系，大卫是贝宝的早期员工，并且还是著名的"贝宝黑帮"（PayPal Mafia）中的成员。比索尼选择加入了 Geni，这是一个由萨克斯创立的家谱网站。他们之间的合作非常愉快，所以萨克斯问比索尼是否愿意和他一起创立一家新的公司。这家公司的目标是把社交网络引入大型企业，公司的名字会叫作 Yammer①。比索尼就这样成了共同创始人和新公司的 CTO（首席技术官），他再一次回到了创业的冒险乐园。

看上去他们似乎想要追赶当时的那波浪潮。2008 年是社交网络最疯狂的一年，几乎每家公司都想在这里面插上一脚，更何况他们还有自己的解决方案。时机可以说非常完美，但当你创立一家新公司时，没有什么事情是容易的。他们很快就发现他们并不是唯一有这种想法的人，在公司成立仅仅数周后，已经有 3 家新的对手进入了市场。一年后，市场上出现了超过 20 家的竞争对手。竞争可以说极其残酷，而且公司的增长还非常缓慢，他们的处境也因此极为艰难。

在这个过程中，比索尼一直非常冷静，毕竟之前他早就经历过这一切。他对艰难的处境不抱任何幻想，把疑虑和恐惧都隐藏在了自己的心里。"在包含不确定性的情况下，领导者所面临的挑战之一是，他应该明白有一系列的情绪是不能与团队中的其他人分享的。"前 Yammer 的

---

① Yammer 是 2008 年 9 月推出的一个企业社会化服务网络。Yammer 不仅是一个通信平台，它还包括了很多应用程序，比如投票、聊天、活动、链接、主题、问答、想法等。Yammer 现在已经拥有超过 500 万已认证的企业用户。——译者注

工程总监扎克·帕克（Zack Parker）说道，"你永远不能让别人看到你正在担心某些事情，亚当（比索尼）完成了一件非常了不起的工作，他为Yammer建立起一种积极文化的基石。"

比索尼采用了迭代增长的思维方式。即便他知道眼前的这些机会对他们来说并不是很有利，他也依然坚定地继续改进他们的产品，并最终找到了通向成功的路径。他不会对任何东西抱有盲目的信心，他把每一个新的产品特色以及销售策略都当成一个很可能会失败的实验，但这样的实验必定可以让他们学会一些东西。他鼓励他的团队去挑战一切，尤其是当他们面对传统思维的时候。"在我们做的每一件事中，"比索尼说道，"我们应该假设，我们很可能是错的。如果我们从一开始就认为在大多数的情况下我们都是正确的，我们就很可能在长期不做出任何改变的情况下一条道走到黑。"

这样一种思维方式使得Yammer能够顺应市场的变化而不断地调整自身，并随后快速地改变策略。Yammer最终从洛杉矶搬到了旧金山，因为他们的大部分业务都在那里。在这个过程中，他们遭遇了一场文化冲击。在硅谷，你到处可以看到各种富二代和常春藤联盟的毕业生，比索尼和他的团队却恰好相反。亚当·比索尼、扎克·帕克以及他们的工程副总裁克里斯·盖尔（Kris Gale）都是在高中的时候就辍学的。作为回应，他们变得比以往任何时候都更想获得成功，他们想证明他们的团队一定能够成为人生赢家。

这时他们的目标不再是增长两倍，而是增长十倍。他们同时鼓励他们的客户开发一种更加透明、敏捷和协同的工作方式。比索尼很清楚，只有最好的产品才能够在市场上存活下来，而且还必须是排名在第一或第二位的产品，第三位都是无足轻重的。很快就有了结果，他们最终攀升到了整个行业最顶尖的位置。为了促进公司的进一步增长，他们在已经筹集到的 5 700 万美元的基础上又再一次地引入了 8 500 万美元的风险投资，员工人数也上升到了 250 人左右。尽管他们还没有开始盈利，但是这已经不再是一个问题，现在真正重要的是如何保持住在市场上的领先地位。

也就在这个时候，微软提出用 12 亿美元的价格收购他们的公司，报价好得令人难以置信。他们的创业公司只有 4 年的历史，而且他们甚至还没有证明他们的商业模式。尽管如此，团队中的大多数人都不想自己的公司被人收购。他们对 Yammer 实在太有信心了，这已经和金钱无关，因为他们正在创造的是某种能让人感到震惊的东西。

"这在当时让人感到心碎。"盖尔说道，"我们对于 Yammer 的愿景已经有了如此多的投入，而且我们对于将要达成的长期目标深信不疑，所以我们所有人都为此感到非常沮丧。在那个时候，我对亚当（比索尼）说的第一句话应该是'难道就这样了吗？'"

因为有过一次失败的经历，比索尼知道这样做才是完全正确的。毕竟在前方依然还有巨大的挑战在等待着他们，但是有了微软的支持，他们可以排除所有的风险，并领导整个市场。事后看来，这是一个正确的决定。Yammer 为微软确实增添了很多价值，但是它再也达不到人们的预期。比索尼曾经的挣扎帮助了他应对 Yammer 在后面所需要面对的每一次挑战，并最终帮助他成功地登上了顶峰。现在他正在经营另一家创业公司，因为真正的创业者是永远也不会退出这个舞台的，他们会不断地东山再起。这是每一个创业者都需要学习的重要一课，毕竟"知进退永远胜于蛮干"。

2. 你的年龄太大了吗？

硅谷有一个共识，那就是，最好的创业公司的创始人都是二十几岁的年轻人。毕竟，当比尔·盖茨、史蒂夫·乔布斯以及马克·扎克伯格开始创业的时候，他们都才 20 岁出头。人们有一个刻板印象，那就是只有年轻人才能构想出新的创意并掌握新的技术。如果你已经 30 岁或者 30 岁以上了，你就已经开始走下坡路了。但人们并没有意识到，没有任何事实支持这样一种看法。美国国家经济研究局针对高增长的创业公司组织了一次相当全面的调查，他们发现，人们对于年轻创业者的那种刻板印象没有任何数据的支持。

这也许会让你感到很惊讶，但是对于那些处于最顶尖的 0.1% 的高增长创业公司来讲，它们的创始人的平均年龄是 45 岁。这意味着有相当多的创始人的年龄在五十几岁和六十几岁。如果你进行更深入地挖掘，这个数字也没有发生太大的变化。前 1% 的创业公司创始人的平均年龄是 44 岁，处于前 5% 的创业公司创始人的平均年龄是 42 岁。这些统计数据表明，尽管那些年轻的创业者是在数字时代中长大的，但他们并不比那些经验更丰富的创业者有更大的概率获得成功。这份研究报告在最后总结道"在创建具有最高增长速度的企业这一方面，那些年轻的创始人似乎处于一个非常不利的地位。"

尽管如此，社会依然歧视年纪较大的创业者。在硅谷，很多投资人更喜欢投资年轻的团队，如果某个头发花白的人走进大门，有些风险投资人就会不假思索地予以拒绝。维诺德·柯斯拉（Vinod Khosla）是硅谷顶尖的风险投资人之一，他在 27 岁的时候就已经成为太阳微系统公司的共同创始人，他曾对外宣称："年龄不到 35 岁的人才能为这个世界带来改变，而且年龄超过了 45 岁的人基本上是不会再产生任何新的创意的。"

这种带有偏见的看法在很多科技公司里普遍存在。如果你已经超过了 40 岁，有时候你就会被看成一个"老人"。大多数硅谷的公司都会用旨在吸引千禧一代人的活动和福利给自己戴上一副年轻人的面具，这些活动包括攀岩、风筝冲浪、啤酒狂欢、桌上足球，以及会延续整个晚上的黑客马拉松。甚至那些最大的企业也掉入了"年轻就等于创新"这样的陷阱。独立非营利机构 ProPublica 在 2018 年发布的一份调查报告中指出，IBM 公司在过去的 5 年里已经裁掉了 2 万名老员工，但与此同时，这家公司雇用的在 1980 年后出生的员工人数急剧上升。另外，谷歌在同一时期也遭遇了一系列与年龄有关的法律诉讼，其中有一个案子是集体诉讼，一共有 269 人在诉状上签了名。一家名叫 Hired 的网上招聘平台进行的一项研究表明，一旦技术人员的年龄到了 45 岁，他们往往就会发现，不仅工作机会大大减少，薪资水平也进入平台期。更具有讽刺意味的是，按照研究所获得的数据，这个年龄段正是这些老员工对于公司最具有价值的时候。

如果你认为硅谷的公司这种做法很糟糕，那么你再看一看中国。中国的公司甚至不想隐瞒他们对于中年人的歧视。如果你搜索一下那些最受欢迎的求职网站，你就会发现，有成千上万的招聘信息明确地表明，他们想要招聘的人年龄必须低于 35 岁。一家在北京的技术创业公司甚至表示，尽管他们可以放松对于学历的要求，但绝不会放宽对于年龄的限制。而且不仅只有创业公司在这样做，一些像京东、携程以及百度这样的行业巨头也在这样做。一位在上海的技术招聘人员何海伦对于这种相当普遍的态度是这样总结的，"大多数 30 多岁的人都已经结婚了，他们有家庭需要照顾，因此他们已经无法再专注于那些高强度的工作了。

如果一位 35 岁的应聘者不想成为一个经理，那么甚至没有哪一家招聘公司会看他的简历。"

正因为有如此残酷的竞争，很多中国的科技公司常常期望他们的员工能够按照 996 的时间表工作，也就是说早上 9 点上班，晚上 9 点下班，每周工作 6 天，而且你不要奢望还会有什么假期。"在一家科技公司工作就像在当一个专业运动员，"罗宾·陈（Robin Chan）说道，他是一位中国的天使投资人和创业者。"从 20 岁到 40 岁，你非常努力地工作，才有可能获得成功。但是到了 40 岁以后，你就应该去做些其他的事情，并让更加年轻的人来试试他们的运气。"

这样的态度已经越来越有市场，因为我们确实看到了有很多成功的创业公司是由年龄只有二十几岁的创业者创立的。但我们没有考虑到的一个因素是，年轻人创立的企业数量也比以往任何时候都多很多。由于基数庞大，我们肯定能看到一些成功的案例。事实上，有大量的年轻人在创业的过程中失败了。

另一个扭曲了我们对于大龄创业者的观点和态度的因素是那些痴迷于年轻人的媒体。我们很少会看到五十几岁的创业者获得成功的故事，但如果有一个年轻人创立了一家已经显露出成功迹象的创业公司时，那就是一个天大的新闻了。部分原因是，当一个年轻人确实做出了某件非同寻常的事情时，他会给人留下非常深刻的印象，但如果是一个有经验的商人完成了同样的事情，这就不是一个让人感兴趣的故事。不寻常的事情通常都可以构成一个很好的故事，但这样的故事也会误导人们。所以，接下来我会和你们分享一些满头银发的超级巨星的故事来试着纠正你们的一些看法。

在互联网泡沫时代，朱莉·温赖特（Julie Wainwright）加入了一家名叫 Pets.com 的很小的创业公司。这家公司当时只有一个创意和两个人，作为公司的 CEO，她带领着公司一路走到了上市，只是当互联网泡沫破裂的时候，她也只能够看着公司轰然倒塌。在她决定关闭公司的同一天，她的丈夫和她提出了离婚。如果这还不够糟糕的话，Pets.com 最后还成了互联网泡沫时代创业公司失败的典型。你完全可以这样说，当时她已经被压垮了。

"公司倒闭了，而我也成为被这个社会抛弃的人。"温赖特说道，"在硅谷，我就是那个最愚蠢的人，当时真的很艰难。"在这之后，她在风险投资行业里试了试自己的身手，但是她真正想要的还是创立另一家公司。唯一的问题是当时没有人向她提供任何有价值的选项。作为一个已经年长的女性，她已经没有太多的选择，而且她之前的创业记录也帮不上任何忙。

"朋友，这可能是我设想中最糟糕的后半生。"温赖特说道，"没有人会给我一份梦寐以求的工作，所以我还是自己想办法吧。"尽管她当时差不多已经有 55 岁了，但她还是决定着手创办另一家公司。她从她的一个热衷于购物的朋友那里获得了灵感，她的这个朋友常常会在高档精品店后面的二手货架上搜寻她感兴趣的奢侈品服装，因为她认为这些店里的东西肯定不会是假货，这也是她从来不在网上购物的原因。

温赖特意识到，如果她能够确保这些奢侈品都是真货从而赢得客户的信任，她就会有很大的生意可做。单单在美国，个人奢侈品就是一个高达 500 亿美元的市场。在对市场有了更深的理解后，她创立了 RealReal。这是一个在线的二手奢侈品市场，它验证并确保了在这个网站上销售的每件物品都是正品。

这是一个非常出色的创意，但想要获得融资并不容易。大多数的风险投资人都是二十几岁或者三十几岁的年轻人，他们只是扫了她一眼就不再感兴趣了。"真的非常、非常难。"温赖特很坦白地说道，"在我遇到一位女性投资人之前，我一次都没成功。"但最终，在经过了七轮融资后，她一共从 22 位投资人那里拿到了 1.73 亿美元的风险投资。到 2017 年，RealReal 已经雇用了 950 名员工，而且每年的营业收入也超过了 5 亿美元。尽管她经历了那次很多人都熟知的失败，以及随后的离异，她的年龄也即将满 60 岁，但温赖特又一次把她的企业带到了上市。如果她当时对自己说年龄已经太大了，那么上面这一切都不可能发生。

温赖特的故事绝非个案，还有很多人有着和她一样的经历。琳达·温曼（Lynda Weinman）在她 40 岁的时候成为 Lynda.com 的共同创始人，Lynda.com 是一家从事在线教育的创业公司，这家公司后来被领英以 15 亿美元的价格收购了。奇普·威尔逊（Chip Wilson）在他 42 岁的时候创立了一个瑜伽服饰品牌露露柠檬，并最终把公司推向了上市，现在这家公司的市值已经超过了 130 亿美元。赫伯特·博耶（Herbert Boyer）在 40 岁的时候成为基因工程技术公司（Genentech）的共同创始人，但他随后又把公司以 468 亿美元的价格卖给了瑞士罗氏制药公司（Roche）。事实上，在科技发展史上，30 岁以上的成功创业者的数量要远远超过 30 岁以下的创业者。查尔斯·弗林特（Charles Flint）在 61 岁的时候创立了 IBM 公司；罗伯特·诺伊斯（Robert Noyce）在 41 岁的时候成为英特尔公司的共同创始人；比尔·波特（Bill Porter）在 54 岁的时候创立了 E*Trade（亿创理财）；阿里安娜·赫芬顿（Arianna Huffington）在 55 岁的时候创立了《赫芬顿邮报》；而埃文·威廉斯在 34 岁的时候成为推特的共同创始人。

并不是只有成功的技术创业者的年龄会超过 30 岁，阿萨·坎德勒

（Asa Candler）在 41 岁的时候创立了可口可乐公司；阿玛迪奥·詹尼尼（Amadeo Giannini）在 60 岁的时候构思出了美洲银行；亨利·福特在 40 岁的时候建立了福特汽车公司；萨姆·沃尔顿（Sam Walton）在 44 岁的时候创立了沃尔玛；伯尼·马库斯（Bernie Marcus）在 50 岁的时候开设了家得宝连锁（Home Depot）；玛莎·斯图尔特（Martha Stewart）在推出《玛莎·斯图尔特生活》之前就已经快要 50 岁了；王薇薇（Vera Wang）直到 39 岁以后才刚刚开始她的专业服装设计生涯。

最后，我想说的是我们每个人都要谨慎，绝不要成为刻板印象的牺牲品，克服这个问题的唯一方法就是坚持不断地学习，并采取实际的行动。当为公司引入联合创始人和早期员工时，我们所有人都应该谨慎，不要用他们头上的灰发和脸上的皱纹来对他们进行评判。尽管他们已经没有了年轻的外表，但他们拥有丰富的经验。去理解潜在合作者的真实想法，以及他们实际能够给你的公司带来什么样的价值是非常值得的。

如果你是一个头发灰白的创业者，那么请鼓起勇气来。在硅谷，还是有一些投资人是明白这一点的。"创始人应该是一个会受到他的团队尊敬的人，同时也是他的团队梦寐以求的指导者和领路人，而这样一个人是需要有阅历的。"柏尚风险投资公司（Bessemer Venture Partners）的一般合伙人鲍勃·古德曼（Bob Goodman）说道。由西北大学凯洛格商学院、麻省理工学院以及美国人口调查局的学者所做的一项新研究肯定了他的这种观点。他们发现，50 岁的创业者获得巨大成功的可能性几乎是 30 岁创业者的两倍。

显然，并不只有二十几岁的年轻人才可能进行创新，创新还可以是一个人毕生的追求。任何人在任何年纪都可以拥有能够改变我们这个社会并且重塑整个行业的深刻见解。如果你有足够的精力、想法和抱负去完成一些事情，那么年龄绝对不会成为你的问题，反而会成为你的资产。你可以充分地利用你的人生经验，然后再和二十几岁的年轻人一起投身进去，你拥有一种他们所没有的强大实力，而这会让一切都变得截然不同。

3. 回馈

能够通过创业赚很多钱固然是一件好事，但更重要的是如何回馈社会。Salesforce 的 CEO 马克·贝尼奥夫不但在工作上，而且还在慈善事业上进行了创新。他开创了企业慈善的 1–1–1 整合模式，即企业将 1% 的资产、1% 的员工工作时间以及 1% 的产品回馈给社区。这个模式中的部分做法已经被全球超过 700 家的企业所采用。

贝尼奥夫相信，创业者的责任就是用他们的财富来改变这个世界，不但可以通过经营企业，而且还可以通过资助非营利性组织来实现。企业在有些事情上可以做得非常出色，但它们和非营利性组织完全不同，它们无法处理一些与市场无关的问题。自然灾害、流行病、大规模饥荒、战争难民、人口贩卖等一系列问题常常需要通过非营利性组织才能更好地得到解决，这也是为什么把时间、金钱和资源捐赠给慈善机构是一件非常重要的事。

与贝尼奥夫的做法大同小异的是，比尔·盖茨一直以来也为慈善事业带去了很多新的想法。他已经表明在非营利部门中进行创新和在营利性部门中进行创新同样重要。通过他的基金，他正在利用新技术来对抗传染病的传播，赋予女性权利，改善教育和保护环境。

和盖茨一样，中国最大的电子商务公司阿里巴巴的共同创始人马云也宣布在辞去公司董事会主席的职务后将专注于慈善和教育事业。马云在过去就已经有了从事慈善事业的经历。2014 年，他与联合创始人蔡崇信成立了一个专注于健康和环境的慈善信托基金。这个基金由他们两人个人拥有的股票期权提供资金，这些期权在当时大约占了阿里巴巴股份的 2% 左右。马云还投资了 3 亿人民币（4 500 万美元）用于中国的农村教育，并在澳大利亚纽卡斯尔设立了一个奖学金项目。

盖茨、巴菲特、扎克伯格以及其他有很高知名度的亿万富翁可以说都继承了由包括安德鲁·卡耐基和约翰·洛克菲勒这样一些伟大人物所传递下来的美国慈善事业的悠久传统，他们都宣称将捐出他们几乎所有的财富来支持公益事业。由此他们也成了全世界创业公司创始人的榜样。我鼓励你们所有人都尽可能达到他们所表现出来的那种社会意识的水准。即便你无法成为一个亿万富翁，也仍然有很多事情是你和你的创业公司可以做的。

我和王瑛婕是在北京认识的，当时她参加了我们在北京举办的一个创业活动。在她告诉我她的故事后，我知道我应该把她写进我的书里。她就是一个创业者将创业精神和社会责任结合在一起的完美案例。

在国外工作和学习了 8 年后，王瑛婕回到了中国，然后作为一个志愿者为一家非营利性机构工作。一年后，一场突如其来的意外冲击了她的家庭，并使她走上了一条全新的道路。当时一支工程队正在她家房子的隔壁进行拆迁，有一个工人要求她的父亲进房间去核对一些东西，就在他刚刚踏入那间房子的时候，房顶塌了下来。他几乎当场被压死，被埋在瓦砾下好几个小时。

她的父亲最后失去了一条腿，但渐渐地恢复了健康，为了能够重新站起来，他需要安装假肢。王瑛婕开始搜寻各种资料，然后她发现最好的假肢是由德国制造的，但在中国非常昂贵。她的家庭要么得花一大笔钱，要么接受质量差很多的假肢。

在搜寻了更多的资料后，王瑛婕发现，同样的假肢和治疗在俄罗斯只需要花费不到一半的价格。她带着她的父亲去了莫斯科，然后尽力给了他最好的治疗，这一切都是她自己独自安排的。在这个过程中她意识到，全中国有数百万的家庭，尤其是那些生活在不太富裕的社区中的家庭，会因为缺乏相关信息的渠道而不得不接受低于标准的治疗。

王瑛婕无法接受这种不公平的状态。当她和海外的医院直接取得联系的时候，她发现医院已经支付给了医疗旅行公司 10% 到 30% 的佣金，而且中介在拿到了佣金后还把医疗的价格向上涨了两到三倍，这样的做法显然是有问题的。

也就在这个时候，为了给世界各地的人们带去更多他们能够负担得起的医疗服务，她决定创立 HeyGood。王瑛婕正是那种我想看到的创业者，她不仅在打造一家具有增长潜力的颠覆性企业，而且还在回馈社会。幸运的是王瑛婕并不孤单，还有很多其他的创业者也正在努力让这个世界变得更美好。我希望你也能被这些创业者的故事激励，和他们一样为社会做一点事情。

4．求知

如果要增加你获得成功的机会，你可以做一件事，那就是尽可能多地去吸收各种各样的知识。我想说的并不只是让你去阅读各种商业书籍，比如你手中这本正在读的书，更重要的是你应该阅读在不同的话题下正在涌现出来的最新思想，包括从新技术和创新管理到行为心理学和用户体验。

当今世界上最具创意的思想家都有一个共同点。他们会不断地消费大量的信息，并且去实际接触范围极其广泛的各个学科的全新概念。像谢尔盖·布林（Sergey Brin）、阿斯特罗·特勒（Astro Teller）、杰克·多尔西、查理·芒格（Charlie Munger）、雷·库兹韦尔（Ray Kurzweil）、狄恩·卡门（Dean Kamen）、布赖恩·切斯基和瑞·达利欧（Ray Dalio）等这些极其出色的头脑都会积极主动地去吸收其他人的创意，并把这些创意当作他们自己进行突破时必需的原材料。①

大多数新的发明并不是凭空出现的，它们常常是通过把某一学科中现有的过程或方法移植到另一个学科中而得到的。这就是为什么扩展你对于其他学科的理解会如此重要。幸运的是，我们今天生活在一个高度互联的世界中，每一个你能想象到的主题与其有关的信息只需点击一下你的鼠标就能获得。

但是也不要整天坐在你的电脑前，有时候，你的亲身体验要远好于网上的体验。想要真正欣赏艺术，在线观赏一件作品和现场观赏这件作品是无法相提并论的。想要真正的欣赏罗丹的雕塑，你至少需要围着它走上一圈。没有什么能与在剧院里现场观看莎士比亚的戏剧，或者倾听尼尔·杨的音乐会更棒的了。

不要把你自己局限在艺术和科学之中，学习一项新的体育运动可以教会你非常多的关于团队合作、人类的身体、物理学以及社会学方面的

---

① 谢尔盖·布林是谷歌的联合创始人，阿斯特罗·特勒是著名的创业者，智能技术方面的专家，2016 年后他开始主持谷歌 X 项目。杰克·多西是推特公司的联合创始人和移动支付公司 Square 的 CEO。查理·芒格是美国投资家，也是沃伦·巴菲特的黄金搭档，他现任伯克夏·哈撒韦公司的副主席。雷·库兹韦尔是奇点大学的创始人兼校长、谷歌技术总监。狄恩·卡门是赛格威的发明人。布赖恩·切斯基是爱彼迎公司的联合创始人和 CEO。瑞·达利欧是桥水联合基金的创始人，也是 2017 年出版的畅销书《原则》的作者。——译者注

知识。掌握一种语言是另一种扩展思维的方式。学习一种新的语言不但能让你更好地与人沟通，而且还能揭示隐藏在语言背后的文化、历史以及心理的方方面面。

学习有很多种不同的形式，特别需要注意的是不要故意去筛选学习的内容。你可以去读一点中世纪用盖尔语书写的诗歌，参加昆达里尼（瑜伽）冥想课程，或者下载　些传统的马达加斯加音乐。新的体验往往会是最有冲击力的，因为在这之前你也许根本就没有接触过这一类的信息。你在主流文化之外走得越远，你就会遇到更多原创的和从未想到过的创意。

追寻知识的美妙之处在于，你永远不会有终点。你学到和明白的东西越多，你就会越渴望用新的概念和经验来填充你的大脑，同时你也会意识到，你已经学到的知识只不过是等待你去发现的很小一部分。

5. 穿越寒冬

每个人都会遭遇挫折，但我不会把挫折称之为失败。只有当你在遭遇挫折后放弃了，挫折才有可能会转化为失败。如果你能够重新站起来，再试一次，那么挫折也只不过是你坎坷的一生中的一道障碍而已。我成为一个创业者已经有很长时间了，我很清楚，并不是所有的事情都会按计划进行。事实上，只有极少数的创业者能够实现他们最初的愿景。所以，无论在你的头脑中有什么样的计划，你都要做好你设想的一切都可能会化为泡影的心理准备，只有这样你才会对任何结果都泰然处之。

无法达成目标并不是一个坏消息，很多时候，你会突然发现世界上还有很多更好的东西。如果你能够对改变保持一种开放的态度，在前进的道路上，你就会发现你之前从未想到过的全新机会。你遇到的任何一次惊喜或者挫折都有可能把你引向全新的发现。人类历史上绝大多数最伟大的突破都不是预先计划好的，很多完全是偶然发生的。

让我们以贝尔实验室发现大爆炸理论的证据过程为例。最初，科学家们以为他们的新天线上出现的嗡嗡声是由鸽子的粪便引起的，这是一个必须要解决的问题。他们尝试了所有的办法去除掉这种嗡嗡声，但这种声音始终存在。直到很久以后，科学家们才在无意间发现了正确答案。当时一位来自普林斯顿大学、名叫罗伯特·H.迪克（Robert H. Dicke）的物理学家正在对他们遇到的这种现象进行理论研究，他指出，或许他们发现了宇宙大爆炸后遗留下的宇宙背景辐射。当然，贝尔实验室以及该实验室的科学家们为此还获得了荣誉并赢得了诺贝尔奖。

同样地，正是由于意外事件，包括错误，人们才有了以下一系列的重大发现，包括青霉素、X射线成像、LSD迷幻药、微波炉、心脏起搏器、便利贴、薯片、可口可乐、特氟龙涂料、塑料、放射性、维克罗粘扣、炸药、麻醉药、不锈钢、智能微尘等。在创业的过程中也是如此，大多数创业者都是在偶然间撞见了一种能够彻底改变业务的全新商业模式、洞见或者创新，这样的事情往往都发生在经历了一系列失败的尝试和挫折之后。

失败是你创业过程的一部分，理解这一点可以说是非常关键的。如果你想创造出世界上从未出现过的某种新鲜事物，你肯定会遇到各种障碍，而且其中有些障碍也许还是你无法跨越的。这意味着你将不得不寻找另外的方法，或者完全改变之前专注的方向。你的目标越大胆，想要达成这个目标也就越困难。所以你要有心理准备，你将面对的是一个长期而又艰难的旅程。如果你恰好是一位知名的亿万富翁，而且你还错误地认为应对这样的挫折是一件很简单的事情，我可以向你保证事情并非如此。

如果你不相信，那么想象一下，在开发了历史上最具有创新性的个人电脑后，你被踢出了你自己的公司会是一种什么感受，史蒂夫·乔布斯就有过这样的经历。你被要求参加美国国会组织的听证，然后在国家电视台上遭到诋毁，说你泄露了数百万人的数据，这会是一种什么样的体验？对此马克·扎克伯格可以告诉你这一切。眼睁睁地看着你那价值9 000万美元的火箭在你的面前爆炸，这又会是一种怎样的痛苦感受？埃隆·马斯克就不得不多次面对这样的情形，而且如果他想实现让我们登上火星的梦想，也许这还只是他痛苦的开始。你的知名度越高，情况就会越糟，因为你的一举一动会被更多的人关注，并且他们会对你的所有行动进行评判。当你知道你把事情搞砸了的时候，你的心情可能就已经很糟糕了，但是当大半个世界都在对你的失败进行评判时，这才是真正沉重的负担。

阿里巴巴可以说是中国最成功的创业公司之一，马云作为这家公司的创始人曾经失败了不止一次，而是两次，但这只不过是他遭受挫折和遇见惊喜的开始。他的第一家公司"海博翻译社"从来就没有能真正地成长起来。他的第二次冒险"中国黄页"依然是一个哑弹。阿里巴巴是他的第三次创业，在这次创业的过程中他遇到了更多的麻烦，并不得不改变原来的方向。直到他采用了易贝的模式，并对这种模式进行调整以适应中国市场后，他才看到了一丝成功的希望。即便在那个时候，他所面临的依然是一场苦战，直到他最后拿到了来自软银和雅虎的投资才取得了真正的突破。

甚至像马克·贝尼奥夫这样具有远见并且从一开始就拥有正确想法

的人也在创立他的公司时遇到了麻烦。当贝尼奥夫第一次为 Salesforce 进行融资时，他几乎接触了所有愿意倾听的风险投资人。"我必须毕恭毕敬地。"贝尼奥夫说道，"就好像我是一个高科技行业中的乞丐，到硅谷就是去专门要钱的……我一个接着一个地拜访了那些风险投资人，其中有很多还是我的朋友，我甚至和他们一起用了午餐，但所有人都拒绝了我。"

最后贝尼奥夫放弃了寻找风险投资进行融资，他根本没有办法从他们那里拿到一分钱。但如果他在面对这些负面反馈时就放弃了，那么 Salesforce 永远也无法获得成功，而他也无法成为云计算的先驱。相反，他开始寻找替代的资金来源，在经过了一番努力后，他成功地从天使投资人那里拿到了足够的资金，并且把 Salesforce 一路带上了纽交所。今天，Salesforce 已经是一家市值 1 000 亿美元的企业。

遭到拒绝往往更多是一种常态而不是例外。风险投资人也许很聪明，但他们无法预测未来，在预测未来这件事情上他们并不比其他任何人做得更好。一些知名的创业者有时候也不得不寻求替代的资金来源，这样的故事实在是太多了。这其中就包括史蒂夫·乔布斯，他当时不得不向银行贷款 25 万美元；还有迈克尔·戴尔（Michael Dell），他当时在他的寝室中创业，并不得不向家里借了 1 000 美元；鲍勃·休利特（Bob Hewlett）和戴维·帕卡德（David Packard）是在他们位于帕洛阿尔托的车库里开始创业的，当时他们只有 538 美元的资金；比尔·盖茨和保罗·艾伦是在退学后靠他们自己的钱创立微软的。上面这些知名人士在当初也都不得不寻找替代的融资方式来实现他们的远大梦想，而这些人还只是其中的一小部分。

当每个人都拒绝你的时候，你很难不怀疑自己，但是在极端情况下克服自我质疑正是一个 CEO 的职责。这就是当你想挑战极限的时候常常会发生的事情，你绝不能让那些无端的质疑得逞，你也不能在压力下崩溃，你不应该听信那些怀疑论者所说的东西。你的工作就是在事情变得更加困难的时候更加努力地向前推进。

请记住，当有人告诉你有些东西是行不通的时候，他们可能没有看到你所看到的东西。往往一个人对于一个特定的主题了解得越多，他引领未来的可能性也就越小。这是因为专家们往往会认为只有他们才了解自己所在领域中的一切，只要他们碰到了自己没有考虑过的东西，他们就会自动地将其归结为不可能。

专家们还有另一个致命的弱点，即他们在某个特定的领域中已经积累了太多的知识，这使得他们很容易沉浸在过去。这就是为什么很多风险投资人会错过一些非常杰出的创意。他们会基于自己过去的经验进行判断，而这样的思维方式往往会使他们得出错误的结论。如果某种东西在过去是行不通的，人们很容易会认为它在今天也行不通。事实上，世界已经发生了变化，几年前失败的概念也许在今天能颠覆整个行业。

Youtube、Dropbox、亚马逊生鲜、Facebook 以及 iPhone 都是之前曾经遭遇失败的创意的重现。还记得数字娱乐网络（Digital Entertainment Network）、网络存储创业公司 Xdrive、生鲜电商 Webvan、社交网站 Friendster 以及 Palm 手持电脑吗？它们不过是实践这些创意的第一批失败者。问题在于，要想获得成功，时机往往比你的愿景更加重要。过去失败的尝试并不能否定一个出色的创意，这有时只能证明时机未到，或者还缺少某些关键因素。

作为一个创业者，与其去思考如何避免失败，你更应该在心理上做好准备，随时面对不断出现的失望、错误的后果以及彻头彻尾的灾难。

你制订出计划、生产出东西，然后眼睁睁地看着它们崩溃。接着你又制订出新的计划并生产出更多的东西，就这样一直循环下去。如果你能够坚持足够长的时间，并且还足够幸运，或许你会偶然碰上什么东西，在这个时候你会奇迹般地开始起飞。而这一切将出乎所有人的意料。

当我与世界各地的创业者一起合作时，我曾多次看到，无论他们是谁或来自哪里，他们讲述的故事总是相似的。只有当你突破了那些阻碍你前进步伐的无形障碍，尝试去超越各种可能性，避免再犯其他人犯过的错误，并且已经准备好在这条混乱、曲折、颠簸的道路上义无反顾地向前冲锋时犯下你自己的错误，你才能成为一个真正的创业者。也只有当你做好这些准备时，你才有可能让你的创业公司存活下来，并且穿越在你创业的旅途中必然会遇到的寒冬。